"十二五"国家科技支撑项目

儿童语言发育早期干预图解

主　　编　肖政辉　　胡继红

副 主 编　覃　蓉　　王跑球

编　　者　（按姓氏笔画排序）

王跑球　　陈建树

卢秀兰　　周平秋

刘丽君　　胡　晔

刘春雷　　胡继红

刘超宇　　段雅琴

阳伟红　　郭春光

苏珍辉　　黄凤舞

肖政辉　　覃　蓉

编者单位　湖南省儿童医院

人民卫生出版社

·北 京·

图书在版编目（CIP）数据

儿童语言发育早期干预图解 / 肖政辉，胡继红主编
. —北京：人民卫生出版社，2021.3（2025.2 重印）
ISBN 978-7-117-31293-6

Ⅰ.①儿… Ⅱ.①肖…②胡… Ⅲ.①儿童语言 —语
言发育 —早期干预 —图解 Ⅳ.①G762-64

中国版本图书馆 CIP 数据核字（2021）第 033878 号

人卫智网	www.ipmph.com	医学教育、学术、考试、健康， 购书智慧智能综合服务平台
人卫官网	www.pmph.com	人卫官方资讯发布平台

儿童语言发育早期干预图解

Ertong Yuyan Fayu Zaoqi Ganyu Tujie

主　　编：肖政辉　　胡继红
出版发行：人民卫生出版社（中继线 010-59780011）
地　　址：北京市朝阳区潘家园南里 19 号
邮　　编：100021
E - mail：pmph @ pmph.com
购书热线：010-59787592　010-59787584　010-65264830
印　　刷：廊坊一二○六印刷厂
经　　销：新华书店
开　　本：787 × 1092　1/16　　印张：15
字　　数：356 千字
版　　次：2021 年 3 月第 1 版
印　　次：2025 年 2 月第 5 次印刷
标准书号：ISBN 978-7-117-31293-6
定　　价：129.00 元

前　言

语言是人类最重要的交际工具和思维工具,也是人类区别于其他动物的本质特征之一。儿童的语言系统在 6 岁左右就已基本发育完善,可以在社会环境中进行最基本的语言交流。由于遗传、生理、心理和环境等因素的影响,儿童开始说话的年龄差异较大,有的是生理性的,但更多的是语言发育异常所致。婴幼儿期是语言发育的关键期,年龄越小,脑的可塑性越大,如果出现了语言发育迟滞或者言语表达异常,越早干预训练,效果越好。

儿童言语发育异常主要包括语言发育迟缓和语音表达障碍两大类,可能是由于智力发育障碍、听力障碍、构音器官疾病、中枢性疾病、语言环境不良等所致。国内儿童语言康复起步较晚,既专业又通俗易懂的语言训练指导书籍较少,对于初入门的儿童康复工作者和相关的医疗机构及家长来说,急需一本全面、专业、通俗易懂的书籍对他们进行专业有效的指导。本书与国际先进理念接轨,并以通俗易懂、图文并茂的形式展现出来,而且结合了中国传统的中医治疗方法,既专业又通俗实用,便于康复工作者和孩子家长学习和掌握。

本书针对语言发育落后和异常的儿童,通过七个章节,介绍了语言障碍的分类、早期表现及伴随症状,如何筛查及早期干预的时间及意义;以时间轴为主线,从大运动、精细动作、适应能力、语言和社会行为五个方面描述儿童发育的进程及各年龄阶段的警示信号,家属可以根据这些通俗易懂、容易观察的警示信号决定是否去求助医生;重点介绍了各个年龄阶段语言发育迟滞的训练干预的内容,结合孩子的认知特点,列举了多类干预方式;从呼吸、发声、口部、构音四个方面较全面地阐述了构音障碍儿童的训练方法;儿童摄食吞咽障碍往往与言语障碍伴发,本书也较全面地介绍了其早期识别评估、训练干预及护理策略;与语言障碍相关的穴位及按摩手法在本书中有详细的图片解说;对于不同疾病所致的语言障碍的特点及干预方法也进行了详细的介绍。

　　总之,我们尽可能地在专业的基础上做到通俗易懂又具有实际操作性,让读者和需要训练的孩子们能从中获益。同时,也非常感谢各位编委对本书编写所做出的努力。

　　本书出版之际,恳切希望广大读者在阅读过程中不吝赐教,欢迎发送邮件至邮箱 renweifuer@pmph.com,或扫描下方二维码,关注"人卫儿科学",对我们的工作予以批评指正,以期再版修订时进一步完善,更好地为大家服务。

肖政辉

2021年3月

获取数字资源的步骤

① 扫描封底红标二维码，获取图书"使用说明"。

② 揭开红标，扫描绿标激活码，注册/登录人卫账号获取数字资源。

③ 扫描书内二维码或封底绿标激活码随时查看数字资源。

④ 登录 zengzhi.ipmph.com 或下载应用体验更多功能和服务。

扫描下载应用

客户服务热线 400-111-8166

目　录

二维码资源目录

（以下视频需下载"人卫图书增值"客户端，扫码方法见说明）

1

第一章
儿童语言和言语发育障碍概述

第一节 语言和言语概述

语言是人类最重要的交际工具和思维工具,也是人区别于其他动物的本质特征之一。语言发育也俗称语言习得,是指个体对母语的语音、词汇、语义、语法等系统要素以及语言运用技能的理解和产生的发育过程。有研究表明,儿童到了 5 岁左右,语言系统就已基本完善,可以在社会环境中进行最基本的语言交流。

一、言语与语言的含义

在学习儿童语言和言语发育障碍之前,必须明白言语和语言这两个概念,在日常生活中,人们往往将言语和语言两个词混淆,虽然不会影响意思的理解,但从心理学、言语病理学以及康复医学的角度来说,两者既有区别,又有联系。语言和言语是两个彼此不同而又紧密联系的概念,正确区分"言语"和"语言"这两个概念就十分必要,有利于理解各种言语与语言障碍,从而进行有效的康复治疗。

1. **言语的定义** 言语是有声语言形成的机械过程,即人们说出的话和听到的话。言语就是说话,即口说的语言,是语言表达形式中最常用的一种方式。与言语活动密切相关的大脑功能区域是布罗卡语言区,其功能主要是控制与协调下颌、唇、舌、软腭等构音器官的肌肉运动。在人们说话和唱歌时,需要有与言语产生相关的神经和肌肉参与,当其相关神经和肌肉发生病变或者出现功能异常时,就会出现发音费力、语音不清,甚至发不出声音等现象,即言语障碍。典型的言语障碍有构音障碍、嗓音障碍以及口吃(结巴)。

2. **语言的定义** 语言是人类社会中约定俗成的符号系统,它是一个以语音或字形为物质外壳,以词汇为构建材料,以语法为结构而形成的信号系统。作为语言基本单位的词,具有音、形、义三方面的特点。语言是保存、传授和领会社会历史经验的手段,是人们之间进行交际、交流思想的工具,是人类进行思维活动的武器。产生语言的关键是大脑的语言中枢。

按其功能不同,语言中枢可分为四类:①运动性语言中枢(言语中枢);②听性语言中枢(感觉中枢);③视运动性语言中枢(书写中枢);④视感觉性语言中枢(阅读中枢)。

外界各种信号或刺激经过眼、耳等器官传递到大脑的语言中枢;语言中枢对传入的信号或刺激进行综合分析后,经由神经系统,将分析的结果传递到语言表达器官(主要指发音器官),从而发出声音。语言能力指对信息的接受(理解)和运用(表达)的能力,表达的方式包括口头语言、书写、肢体语言。代表性的语言障碍为失语症和语言发育迟缓。

综上可见,语言包括了言语,即言语是语言的一部分。言语主要与相应中枢(运动性语言中枢)和发音器官的生理功能有关;而语言还需要大脑高级神经活动(如认知能力)的参与。

二、言语产生的过程

言语的产生过程涉及呼吸系统、发声系统和共鸣系统。而这三大系统具有言语的五大功能，即呼吸功能、发声功能、共鸣功能、构音功能和语音功能。

由肺、气管组成的呼吸系统；呼吸是言语产生的动力源，主要器官是肺。贮存在肺、气管与支气管内的气体随呼气运动有规律地排出，形成气流。

由声带组成的发声系统；气流作用于声带，声带运动并产生振动，发出声音。

由咽腔、口腔、鼻腔组成的共鸣系统，也就是我们所说的共鸣腔；不同共鸣腔形成不同的嗓音。通过舌、软腭等构音器官的运动，改变了共鸣腔的形状和大小，从而使人发出不同的元音和辅音。

三、言语传递的过程——"言语链"

言语到底是如何进行传递的呢？这里就需要提到一个"言语链"的东西，"言语链"是借用"链条"的结构形式，形象地说明说话人的意思到达听话人，从而完成言语交际任务的紧紧相扣的转换过程。人们在平时的生活和工作中用言语进行交往和传递信息，在产生和运用言语的过程中常是无意识的，包括意识不到哪些言语器官如何地进行活动，但实际上言语处理的过程是相当复杂的。为了便于理解，可将言语的传递过程分为三个阶段。

1. **言语学水平阶段**　不论是汉语、英语，还是其他语种，都是以所规定的符号为基础，用语言学概念将所要说的内容组合起来，例如小单位由一个个的音排列成单词，大单位依语法结构接列成字句和文章等。

2. **生理学水平阶段**　如果决定了要说的内容，就要实际运用构音器官，通过构音器官的协调运动，说出单词、字句和文章。

3. **声学水平阶段**　由说话者通过言语肌肉的协调运动产生的单词或语句，是以声音的形式传递的，这种形式包括三方面的因素：声音的大小、高低和音色。

言语功能与大脑的发育有关，不管是先天性因素所致的大脑发育不全，还是后天性因素如脑梗死或脑外伤损伤了大脑的语言中枢，都会影响言语的传递过程。

四、言语和语言影响因素

言语和语言发展受到多种因素的影响，包括遗传因素、年龄、环境因素和教育因素。各种影响因素的相互作用，导致了儿童言语和语言发展的障碍。

1. **环境因素**　主要包括父母文化程度、父母职业、带养人的文化程度及语言、家庭经济状况等。语言的发展与环境所提供的信息刺激量的多少有关，接受外界信息刺激多的孩子，其语言发展就快于其他儿童。

2. **年龄因素**　语言学习显然受年龄的影响。年龄是影响词汇发展最主要的因素。同时年龄也是影响语法发展的一个重要因素，随年龄增长，逐渐出现各种短语结构。

3. **教育因素**　家庭教育对儿童早期语言的发展有巨大的作用，父母经常阅读育儿书籍，孩子的语言发展优于其他小儿。幼儿园教育具有家庭无法替代的效果，通过合作性游戏可提供做练习及增进语言技巧的媒介，孩子们在游戏中通过相互接触、学习，可促进各

一、语言发育障碍

1. **表达性语言障碍**　是一种特定语言发育障碍,患儿表达性口语应用能力显著低于其智龄的应有水平,但言语理解力在正常范围内。

2. **感受性语言障碍**　是一种特定语言发育障碍,患儿对言语的理解低于其智龄所应有的水平,几乎所有患儿的语言表达都显著受损,也常见语音发育异常(表 1-1)。

表 1-1　感受性语言障碍和表达性言语障碍的临床表现

监测年龄	感受性	表达性
6 个月	听到声音没有转头、眨眼等反应	不会笑或叫出声
9 个月	对呼唤名字没有反应	很少或没有咿呀发声
12 个月	听不懂任何词汇	不使用挥手或摇头等动作来交流
15 个月	不能指出五个以上日常生活用品,或对"再见""不"等指令没有反应	不会使用爸爸、妈妈或其他任一词汇
18 个月	不会指认身体部位	不会使用 3 个以上词汇
24 个月	不会执行两步指令	不会使用 50 个以上词汇
30 个月	不会使用口头语言或使用点头、摇头来回应别人的提问	不会使用双词短语
36 个月	不能理解介词、动词,不能理解三步指令	词汇量少于 200 个,不会使用简单句

3. **伴发癫痫的获得性失语**　主要表现为理解性失语。是指患儿在病前语言功能发育正常,病后丧失了感受性和表达性语言功能,因此本综合征又称为"伴发癫痫的获得性失语"。在一开始出现言语丧失的前后 2 年中,出现累及一侧或双侧颞叶的阵发性脑电图异常或癫痫发作,而非语言智力和听力异常。本病原因不明,但临床特征提示有可能是脑炎所致。其特征为:

(1)典型病例起病于 3~7 岁,但也可起病更早或更晚。

(2)多突然起病,病前言语功能发育正常,失语症状的出现及进展迅速,语言技能多在数天或数周内即告丧失。通常不超过 6 个月。

(3)抽搐与语言丧失在发生时间顺序上变异很大,二者发生间隔可为数月到 2 年。

(4)最具特征性的是感受性语言严重受损,听觉性理解困难常为首发症状。

(5)有些患儿变得缄默不语,有些则只能发出无法理解的声音,也有一些表现为较轻的讲话不流利和表达不清并伴有发音障碍。

(6)在语言开始丧失后的数月内,行为和情绪紊乱很常见,但当患儿能重新运用某种交流方式以后,这种情况会趋于改善。

(7)本症病因未明,有可能是一种脑炎。主要是对症治疗。约 2/3 患儿遗留轻重不等的感受性语言缺陷,大约 1/3 完全恢复。

二、言语发育障碍

1. 特定言语构音障碍　是一种特定言语发育障碍,患儿运用语言的能力低于其智龄的应有水平,但言语技能正常。特定言语构音障碍在言语障碍患儿中占很大比重,然而病因尚不明了。

获得语音的年龄以及不同语音的获得顺序存在着明显的个体差异。正常发育儿童在 4 岁时常有发音错误,到 6 岁时能学会大多数语音,尽管可能存在某些复合音的发音困难,但不应妨碍交流。到 11~12 岁时,应能掌握几乎全部发音。

发音学习延迟和偏差的儿童常出现以下症状。

(1)讲话时发音错误,使人很难听懂,讲话像外国人。

(2)语音省略、歪曲或替代,给人的感觉是讲话太快太急。

(3)同一语音发音不一致,即在某些词中发音正确而在别处则错误。

2. 言语流利障碍(口吃)　是一种表现为言语节律异常的言语障碍。常见的口吃有两种,即痉挛性口吃与强直性口吃。前者是发音器官肌肉的痉挛,出现多次重复第一个字的音节,后者是发音器官肌肉的强直,难以发出或停顿在某一字上。口吃的临床表现有以下 8 点特征。

(1)开始讲话时有紧张及挣扎的表现。

(2)开始的词有声音延长。

(3)词的多重复,讲话时充满了"a、en"和词的第 1 个音节。

(4)插入了别的音。

(5)嘴、腭周围肌肉发生颤动。

(6)声音的定调及响度升高,并有延长。

(7)避免使用特殊的词和讲话过程中暂停次数增多。

儿童预料发出某些词时会有困难,所以脸上有恐惧的样子。

第四节　婴幼儿语言功能的筛查与评估

一、婴幼儿语言发育阶段

1. 第一阶段　婴儿从出生至 4 个月,属于无意识的交流阶段。父母对小儿的咕咕声或啼哭只能根据自己的想法做解释,所以,这一阶段又称为解释性的交流。小儿开始时也没有意识自己的发声或啼哭声能够影响父母的行为,但父母自小儿出生后第一天就把孩子当作交流的个体,对孩子的不同声音做出不同的照顾性应答,有的父母会用短的简单句对小儿说话,特别是母亲,有时以高的音调和夸张的声音逗引孩子。在这样的环境中婴儿懂得了寻找交流对象,渐渐地产生父母与小儿之间的相互作用,例如用哭声示意要父母抱、饿了或尿湿了要父母关照等。

2. 第二阶段　4~9 个月,为有意识交流阶段。4 个月的小儿能用眼睛盯着父母所指的事物,父母和小儿把眼光共同落在同一事物上,此时,最好父母口中念念有词,对孩子说物品的名称。6~8个月的时候,父母可对着图片说出名称。而在9个月的时候,小儿可有交流性的眼光注视,即不但注视着事物,还会转向父母,注意父母的反应,这一能力的出现意味着小儿与父母有了有意识的信息传递。不仅如此,9个月的婴儿还可理解一些名词,如"灯""球""狗"等。

3. **第三阶段**　9~18个月,为单词阶段。约12个月的小儿会说出单词,单词的性质大多数为名词。尽管小儿很早就能理解一些动词,但说动词要落后于说名词。在这个阶段,小儿会在情境中使用会说的一些单词来表达自己的意思,单词开始时发展得比较慢一些,但接着就会出现一个很快的两个字组成的词组。一般来说,小儿至少能说50个单词,才会发展词组。因此父母在这个阶段的主要任务是扩大儿童的词汇量,在18个月左右,两个字的词组就会出现。

4. **第四阶段**　18~24个月,为词组阶段。这个时期的小儿会用单词和词组说自己的事情以及他们生活的环境,而且有了最初的语句形式。父母们无需再把精力放在小儿词语的内容上,而是训练孩子使用句子表达,其中包括了语法的成分,而且语言的训练应在小儿的生活环境中进行,鼓励他们与父母和老师交流。在这个阶段开始时,父母为孩子提供词组示范,如说"坐凳子""吻娃娃"。对这种"电报式"的说话示范,语言专家各执己见,有的赞成,有的反对。不过,有一条原则应当记住:语言不只是用简单的词的组合来表达意思,而是要用语法组成句子后才能说明意义。因此,在对儿童语言的干预中,父母要避免用语法不确切的话与孩子沟通。

5. **第五阶段**　24~36个月,为早期造句阶段。小儿说事物已不再局限在此时此景,还能说不在眼前的事情,能用简单的短句如名词加上动词。在说话中,小儿还能使用代词"我、你、他",介词"上、下",形容词"好、坏、多、少"等。至36个月左右,小儿基本上能用短句进行表达,并且开始步入完整的造句系统。

6. **第六阶段**　3~5岁,为句子掌握阶段。小儿可以使用简单句和较复杂的句子,掌握了大部分的语法结构形式,而且能够有一点点理解词语的抽象关系。一些心理学家认为小儿这一阶段的词汇已接近成人,说话俨然像个"小大人"。这时,父母与孩子的交流要注重完整的句子表达,为孩子起示范作用,同时要培养孩子听从指令做事,从而为入学做好语言的准备。

7. **第七阶段**　5岁至成人,为完整的语法阶段。从此,儿童逐渐建立了成人样的语言能力,而这个过程中的儿童,也还是在不断地扩充自己的词汇,改善自己的表达及语言在环境中的应用,但不再增加新的语言形式。这个时期是个体交流能力明显增长的时期,有些专家认为,5岁是语言发育的一个分水岭,从这时开始至12岁,语言的发展将出现根本性改变,不仅仅是句子的复杂化,而且句子的含义和语言的用途向高级发展,最为显著的一个变化是儿童用语言学习阅读和书写。

二、如何进行婴幼儿语言功能的筛查与评估

1. **筛查**　筛查是言语、语言障碍诊断评估工作的第一步。筛选一般采用简单易行的言语、语言工具,以甄别需要进一步做言语、语言障碍鉴别的儿童。筛查可由教师、语疗师或言语病理专家来做。筛查一般是定期举行的,形式多采用让儿童模仿说、回答问题、依

指令行事、数数、复述、看图说话、简短交谈或听写、抄写等方式进行。通过此环节,能够将在构音、语流、声音、语言理解、语言记忆、语码转换以及语用等方面有明显障碍的儿童检测出来。当筛选出需要做全面语言鉴定的儿童后,再将这些儿童转介给专门的言语、语言障碍诊断评估机构做进一步的检查鉴定。

2. 评估

(1)听力测试:目的是了解儿童的语言障碍是否因听力障碍引起,如果儿童确实存在着听力或中枢听觉神经系统疾病,需再进一步检查听力损失的程度,以确定儿童的听觉能力以及听觉反馈是否健全。如果儿童的听力受到损害,那么在矫治训练前,应先讨论采用怎样的医学手段弥补听力不足,并验配合适的助听设备,为语言矫治与教育打好基础。

(2)智力测试:目的在于确定儿童的语言发展与智力发展之间的关系。若存在关系,在语言训练过程中,还应考虑智能、社会适应性等方面的问题。

(3)构音检查:这是确定言语、语言障碍类型、障碍原因的重要依据,因而该环节在整个检查过程中显得非常必要。构音检查首先应检查患儿的构音器官,如肺、呼吸、喉、声带、口腔、鼻腔、面神经等影响构音功能正常发挥的各器官是否存在问题。一般而言,重度言语、语言障碍儿童往往能通过这部分检查发现障碍所在,这为下一步的矫治训练提供了依据。

(4)语音检查:语音检查也是确定言语、语言障碍的一个重要内容。语音检查直接影响训练计划的制订与实施。语音检查应包括构成汉语音节的声、韵、调基本部分,同时还应检查儿童话语过程中的节律。语音检查有一定的专业要求,首先要求检查者有良好的语音听辨能力,其次要求检查者有该语音的系统知识,再次要求检查者能够采用国际通行的音标记音。如有必要,检查者还应具有该地区方音系统知识,并能够采用方音系统进行初步的语音障碍的分析与筛选。

3. 评估方式 评估的目的是为了确定儿童的言语、语言障碍类型和程度,内容包括儿童对语言的理解水平、儿童话语中语音的可懂度、儿童运用语言的复杂程度以及儿童对交流过程的把握度等。

对儿童言语、语言障碍类型与程度的评估主要采用测试、观察和调查三种方式。

(1)测试:利用仪器和评估诊断工具对已筛选出的儿童进行诊断,以确定其障碍的类型、程度。诊断内容包括构音、语流、嗓音、表情、手势、语义、语用等几个方面,可采用看图说话、跟读、朗读、回答问题、交谈、复述或操作工具等形式进行。

(2)观察:在接受语言测试时,儿童可能会因为心理紧张而出现假性的言语、语言障碍,为使诊断可靠,还应同时采用观察的方法以获得儿童语言能力的真实情况。主要观察儿童的日常交际行为与内容如儿童的交际兴趣、手段、心理等。

(3)调查:调查儿童的语言环境、父母语言发展史和儿童以往病史等,都能够为诊断和治疗提供帮助。

1)语言环境调查:儿童言语、语言能力的发展与其所处的语言环境,特别是家长、老师、同伴等人的语言能力和语言使用习惯有很大的关系。因而,了解儿童的语言发展背景,能够提供儿童言语障碍的一些信息。方法有与儿童的老师面谈,以了解儿童的学习、认知、交际风格等;与儿童的父母交谈,以了解父母对儿童教养方式、对儿童言语和语言障碍的看法以及父母的语言运用能力等。

2）家族调查：有言语病理专家提出，言语、语言障碍往往有家族倾向，因此，调查该类儿童父母以及亲属的语言发展史或许能为诊断评估提供帮助。

3）病史调查：有些儿童的言语、语言障碍可能与其以往的某种疾病或创伤有关，因而，了解儿童的既往病史以及受伤情况也是很有必要的。

当评估者掌握了资料，并对其进行分析时则应考虑如下几个问题：这个孩子是如何运用语言的？这个孩子交流的目的是什么？这个孩子是否成功地表示了他的需要？这个孩子的要求得到满足了吗？孩子和他的父母、同伴间是怎样交流的？孩子表现为何种交流障碍？孩子能进行什么交流？是否有其他因素必须综合考虑？是否有其他的行为提供他心理——社会发育的线索？

4. 筛查与评估过程中应注意的问题

（1）要充分考虑儿童的发育特点、语言获得特点、认知特点、年龄特点，不要将儿童的认知局限、发育局限和语言获得的年龄限制误认为言语、语言障碍。

（2）要充分考虑被评价者的语言背景和文化背景，切莫将被试者的语言背景、知识背景和文化背景的贫乏误认为是言语、语言障碍。

（3）评估时要注意儿童的身体与情绪反应，评估应在儿童身体状况良好、心情充分放松、有积极配合意向的情况下进行。

（4）语言障碍的评估应与障碍者的心理评价结合起来，因为语言障碍影响交流，但又不易被人所理解，长此以往，语言障碍者就很有可能伴有心理障碍，有人甚至对交流产生恐惧，因而产生自卑、自闭、烦躁等倾向。评估时面对陌生人，这种倾向往往表现得愈加突出。对此，除要求评估者在评估前与患儿建立良好的关系外，评估者还应多观察、多疏导，及时调整评估计划，以确保评估的科学、准确（表1-2，表1-3）。

5. 如果对智力障碍儿童作言语、语言障碍的评估，还应与障碍者的智力评价相结合。

表 1-2 常用的语言筛查量表

筛查量表	筛查年龄	筛查内容
丹佛发育筛查测试（第 2 版）（DDST-Ⅱ）	≤ 6 岁	大运动、语言、精细动作、适应性、个人 - 社会行为
0~6 岁发育筛查测试（DST）	≤ 6 岁	运动能力、社会适应能力、智力（包括语言与操作能力）
儿童发育筛查父母问卷（CDSQ）	≤ 6 岁	语言、运动、认知等能力
年龄和发育进程问卷（ASQ）	1~66 月	沟通、粗大动作、精细动作、解决问题、个人 - 社会
早期语言发育里程碑（ELMS）	≤ 36 月	视觉理解、语言理解、语言表达
1~3 岁小儿语言发育迟缓筛查量表	1~3 岁	听觉、语言理解、语言表达、运动能力、社会性发展

表 1-3　常用的语言诊断量表

筛查量表	筛查年龄	筛查内容
学前儿童语言障碍评定量表	3~5 岁	语言理解、语言表达、构音和流畅性
学前儿童语言量表(第 4 版)	0~6 岁	听觉理解、表达沟通、发音
语言发育迟缓检查法(S-S)	1~6.5 岁	语言理解、语言表达、交流能力、操作能力
汉语沟通发育量表(CCDI)	8~30 月	沟通、粗大动作、精细动作、手势、动作、词汇、句子
贝利婴儿发育量表	0~42 月	智力量表(包含语言能力)、运动量表
0~3 岁婴幼儿发育量表(CDCC)	0~3 岁	智力量表(包含语言能力)、运动量表
儿心量表	0~6 岁	大运动、精细动作、适应性、语言、社交行为
格赛尔发育诊断量表	0~6 岁	适应行为、大运动、精细动作、语言、个人 - 社交行为
麦卡锡幼儿智力量表	2. 5~8.5 岁	言语、直觉 - 操作、数学、一般智能、大运动

第五节　儿童语言和言语障碍的早期干预的时间和意义

儿童言语和语言障碍的病因和表现非常复杂,涉及多学科和多领域,因此对儿童语言障碍的研究是一个系统工程,不仅涉及到医学上的预防、诊断和治疗,也需要社会的重视和支持,同时也涉及到教育计划的制订。

一、早期干预的意义

我们知道婴幼儿期大脑功能发育未完成,未成熟脑的可塑性强,年龄越小,其大脑的可塑性就越强,儿童发音器官及肌肉还没有发展成熟,模仿能力强,只要有一个良好的语言环境和正确的语言信息输入,可以学到相应语言;人的一生中有一个固定的时期比其他任何时期都更容易习得语言,每个孩子从出生伊始,从只会哇哇啼哭到基本掌握自己的母语,孩子只需要用生命最初的短短两三年,一般 1 周岁以后是宝宝语言发育的关键期,早期适宜的语言康复训练对促进语言障碍儿童的语言发育非常重要。特别是有听力障碍的儿童,如果在语言发育关键期积极采取补救措施可以最大限度地促进患儿的语言发育。因此,开展儿童言语和语言障碍的流行病学调查研究和建立儿童言语和语言障碍门诊非常重要,以达到对儿童语言障碍的早期识别和早期干预,从而有效地促进儿童语言能力的发展,避免因语言障碍对儿童学习能力、心理健康和认知能力的发展产生不良的影响。

原则上讲,所有的语言和言语障碍都是语言训练的适应证,但有时严重的意识障碍、情感障碍和行为障碍的训练效果却极差。

所有语言障碍的患儿都应从早期开始训练,所以婴幼儿语言障碍的早期发现很重要,只有早期发现,才能早期治疗。

应该强调的是腭裂、脑性瘫痪是比较容易早期发现的,但一些轻症患儿的诊断、治疗往往被延误。功能性构音障碍和口吃患儿,如果不是障碍达到一定程度,也是很难引起人们重视的,理论上讲是要设法早期发现,早作对策。

如果语言未达到一定年龄应有的发育程度,又不能肯定是语言发育迟缓的儿童,也不要等诊断明确再下手治疗,应该早期开始训练。

智能障碍可以预测的疾病,如唐氏综合征,也需要早期的语言训练指导。

另外,运动发育、整体的行为发育及认知发育迟缓的儿童,语言发育迟缓的发病可能性增高,要注意早期的观察,必要时尽早开始语言训练。

二、语言训练的次数和时间

总体来讲,语言训练次数越多,时间越长,效果越好,一名语言治疗师一天中一直与患儿一起,肯定会有效果。但实际上,这是不可能的。对患儿的个别训练,对家属的家庭训练指导,患儿自我训练的指导,日常交流的有关事项,语言环境的调整等诸项工作都必须在语言治疗室这段有限的时间内进行,这样,每天的训练时间就由训练者以及诊治患儿的人数决定了,但至少,应保证 0.5~1 小时,幼儿可以是 20 分钟,而要求患儿本人及患儿家属协助训练的时间至少 5~6 小时。

(郭春光　肖政辉　卢秀兰)

参考文献

[1] 杜晓新,黄昭鸣.教育康复学导论.北京:北京大学出版社,2018.
[2] 李胜利.言语治疗学.北京:华夏出版社,2004.
[3] 茅于燕.智力落后与早期干预.上海:上海教育出版社,2007.
[4] 李晓捷.人体发育学.2版.北京:人民出版社,2013.
[5] 于萍.儿童言语语言障碍(一).中国听力语言康复科学杂志,2016,14(4):303-307.

2

第二章

儿童的正常发育进程特点及语言发育

语言是人类特有的一种能力,也是人类心智活动和认知能力的体现。语言是人类抽象符号思维能力最直接的代表,认知是语言发育的基础,语言是认知外在表现的一个方面。语言的这种特殊性决定了在语言过程中认知发育起着非常重要的作用。从认知角度研究语言已经成为语言学研究的一个主要方向;同时,语言学本身也是认知科学的基础学科之一。人类语言的宏观演变与他们客观世界的认知有着密切的关系。

认知功能就是老百姓常说的智力,但是从严格意义来说不等同于智力,是一种高级功能,包括记忆力、观察力、思维能力、抽象概括能力、想象力、注意力等心理因素,而智力是观察力、注意力、思维能力及想象能力的综合能力。儿童神经系统发育成熟过程最突出特点就是逐步获得各种认知功能。智力受多因素影响,包括先天因素和后天培养,实际上可以通过环境的改善,教育的完善,让其得到提升发展,使智力有所增长。儿童的智力发育包括感知觉和认知觉的发育过程。

一、感知觉是整个认知发育过程的基础

(一) 感觉

感觉是人脑直接作用于感觉器官的客观事物的个别属性的认识,如颜色、声音、香味等事物的某一个方面的个别属性,通过感觉器官的过程中,感觉器官将感受到的内外环境中的各种刺激转换成生物信号,并通过一定的信息传导通路传输到大脑中枢的特定区域,引起相应的视觉、听觉、嗅觉等。外部感觉包括视觉、听觉、味觉和皮肤感觉等;内部感觉包括机体觉(如身体内各器官所处的状态,如口渴、胃痛等)、平衡觉和运动觉等。

(二) 知觉

知觉活动把感觉信息与某些已建立的图式、表象或概念相配,使儿童去理解事物。知觉可分为:物体知觉和社会知觉,前者以物质或物质现象为知觉对象,包括空间知觉、时间知觉和运动知觉等,后者以社会生活中的人为知觉对象,包括自我感觉、对别人的知觉和人际知觉等。从解剖学分析,知觉的形成是感觉信息到达大脑中枢的特定区域后,与大脑皮质、额叶、间脑等脑部广泛区域联系后,产生的对事物、事件等的整体认识的过程。认知的处理系统为:感觉神经—丘脑感觉中继核—新皮质—运动中继核(基底节)—运动神经,即新皮质系回路。经由此处理系统,产生对特定事物的认识。

二、认知的发育

认知,即了解事物的特征、状态及其相互联系,以及事物对人的意义及作用。主要包括以下 3 种能力:①学习的能力以及由经验而获得知识,并从中获益的能力;②思维和推理的能力;③在社会活动中,解决问题和适应环境变化的能力。这三种能力属于个体认识客观世界的信息加工活动,属于高级心理功能,由于婴儿言语能力有限,运用言语应答的

形式来研究和测量婴儿的认知发育并不可行,在婴儿期,儿童的认知发育水平更多的是通过其动作表现反映出来的。所以,借助动作发育推断认知发育。

认知不仅包括了解事物的形态、颜色、数量、质量、重量等具体概念,还包括了解时间、空间因果关系、语言、意义、价值等抽象概念。儿童的认知发育是儿童在积极活动中能动地发展起来的。小儿最初以反射性活动对环境做出应答,不久反射性活动通过经验的同化而逐渐变为较精细的随意活动。2 岁前后幼儿思维能力有了质的变化,能够思考周围事物,但只能用自己的观点而不是别人的观点,或用自己的规则看问题。这种特应性、直觉的思维方法是逻辑思维的开端。3~7 岁入小学前为学龄前期,此期的主要特征是:各类感觉功能已渐趋完善,空间知觉和时间知觉逐渐发育;智能发育更加迅速,理解力逐渐加强,好奇、好模仿;可用语言表达自己的思维和感情,思维活动主要是直观形象活动。7~11 岁的儿童处于认知发育的具体运筹期,为获得概念进行逻辑思维的阶段。11 岁以上儿童的认知发育进入形式运筹期,一般而言他们能解答复杂抽象的问题,抽象逻辑思维占主导地位。随着年龄的增长,儿童活动的方式也不断发生变化,总趋势是从外部动作活动转向内部心理活动。儿童认知的发展是连续的、有顺序的,是从简单到复杂,从低级到高级的螺旋式的发展过程。

婴幼儿发育变化非常快,尤其是婴儿期,每个月都会有显著变化,我们需要了解正常孩子的每个发育节点的变化,并以此为标准来对比和示警孩子是否有发育迟缓或障碍。以下我们将从大运动、精细动作发育、语言发育、社会交流、适应行为几个方面对孩子的发育进程进行详细阐述,并给予示警信号,提醒家长和医务工作者引起关注。

第二节 儿童各阶段发育特点

一、1 个月

在第一个月中,新生儿刚刚适应了这个庞大而陌生的新世界。而且家长已经习惯了照顾孩子的许多需求。以下是家长在孩子出生后的第一个月可能会看到的一些变化。

重要且需要注意的是早产的婴儿不会完全遵循这些婴儿的里程碑。他们可能会根据纠正月龄而不是实际月龄来达到每个里程碑。提早出生的婴儿可能要多花一些时间才能赶上同龄人。所以早产年龄小于 37 周的需要纠正胎龄。

1. **大运动** 轻轻握住婴儿双肩,婴儿头可竖直保持 2 秒或以上;婴儿俯卧,前臂屈曲支撑,用玩具逗引婴儿抬头,婴儿的头部可能企图抬起来,但绝大部分时间,婴儿是臀部翘起来,四肢屈曲状(图 2-1)。

2. **精细动作** 如果将手指放在婴儿的手掌中,会发现婴儿会紧握拳头(许多父母吹嘘自己的宝宝握拳很有力气)。

3. **适应能力** 婴儿仰卧,将黑白卡片 / 红色的球(图 2-2),拿在距婴儿脸部上方 20cm 处移动,吸引婴儿注意,婴儿眼睛可明确注视。

4. **语言** 婴儿能发出任何一种细小柔和的喉音;听到声音有眨眼睛或停止哭闹。

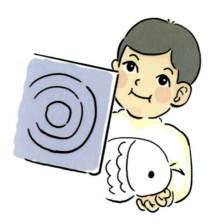

图 2-1　1 个月婴儿俯卧位示意图　　　　图 2-2　1 个月婴儿注视黑白卡示意图

5. 社会行为　对婴儿的脸微笑并对其说话,婴儿能注视我们的脸;逗引婴儿引起其注意后左右走动,婴儿眼睛随走动的人转动。

6. 警示信号　如果孩子出现以下情况,请尽早与孩子的医生沟通:
(1)对响亮的声音没有反应;
(2)不会看任何东西;
(3)像根软面条;
(4)非常硬,像棍子。

二、2 个月

1. 大运动　婴儿仰卧,头可以保持在中线位置(下巴、鼻子、躯干的中线在一条线上);拉起婴儿手腕坐起来的时候,婴儿头可以竖起来片刻(保持 5 秒或以上);将婴儿俯卧在床上,婴儿的头能够抬离床面 2 秒或以上。

2. 精细动作　这个时候对于带柄的摇铃玩具,婴儿可以握住不松手达 2 秒或以上;2 个月的婴儿平时双手握拳稍紧,拇指稍内收,此时轻扣婴儿手背,婴儿的拇指会放松。

3. 适应能力　婴儿仰卧,大的玩具或红色的球在婴儿脸部上方 20cm 处逗引婴儿时,婴儿能够注意到;眼睛可以跟着玩具或红色的球上下移动或者左右转动(120°左右)。

4. 语言　婴儿会发 /a/、/o/、/e/ 等母音;开始对声音有反应,例如婴儿仰卧,在其一侧耳上方 10~15cm 处轻摇铃铛,宝宝会有表情或肢体动作的变化。

5. 社会行为　婴儿会出现自发微笑,但不一定会笑出声;大人逗引婴儿时会有反应,例如面部活跃起来或微笑。

6. 警示信号　如果孩子出现以下情况,请尽早与孩子的医生沟通:
(1)对响亮的声音没有反应;
(2)不会看着东西移动;
(3)不对人微笑;
(4)俯卧位不能抬起头来。

三、3个月

1. **大运动**　将婴儿竖着抱起来的时候婴儿头可以举正并保持稳定10秒或以上；俯卧位时，头可自行抬离床面，面部与床成45°，持续5秒或以上（图2-3）。

图2-3　3个月婴儿俯卧位抬头示意图

2. **精细动作**　带柄的摇铃玩具可以很容易地放入到婴儿手中，不需要撬开手指，且能留握30秒；双手中线活动增多，两手可以搭在一起玩，这个时候婴儿会把手伸到嘴边，用手吮吸，喜欢吃自己的手。

3. **适应能力**　婴儿仰卧，将玩具在婴儿身体上方20cm处沿中线自上向下移动，当玩具移动到婴儿乳头连线至下颌之间时，婴儿可以马上就注意到；用红球逗引婴儿，眼睛可以跟随移动的物体，从一边到另一边，婴儿的追视范围可以达到180°。

4. **语言**　逗引婴儿，但不得接触身体，3个月的婴儿可以笑出声了。

5. **社会行为**　3个月的婴儿已经非常灵敏了，见人会自行笑起来。

6. **警示信号**　如果孩子出现以下情况，请尽早与孩子的医生沟通：

(1) 看着东西移动追视范围达不到180°；

(2) 不能稳住头；

(3) 不能笑出声；

(4) 不会吃手；

(5) 俯卧位抬头达不到45°。

四、4个月

1. **大运动**　扶着婴儿的腋下，婴儿可以用自己双腿支持大部分体重达2秒或以上；拉起婴儿时，头部只会轻微向后；俯卧抬头可以达到90°左右，持续5秒或以上；扶婴儿坐的时候，躯干上部挺直以维持坐的姿势，只有腰部弯曲。

2. **精细动作**　婴儿仰卧，将摇铃玩具拿到婴儿可及的范围内，婴儿出现抓物的意识，试图抓取物体，但抓不准确（图2-4）；抱着婴儿坐着，将摇铃玩具放入婴儿手中，婴儿可以摇动并注视玩具。

3. **适应能力**　这个时候我们逗引婴儿，婴儿已经可以和我们有目光对视了，并且可以保持5秒或以上；婴儿这个时候会表达自己的情绪了，在高兴或者不满的时候会发出高声叫（非高调尖叫）。

4. **语言**　可以咿咿呀呀发出声音，喋喋不休地表达及模仿他们听到的声音，以不同的方式哭泣以表示饥饿、痛苦或疲倦；在婴儿耳后上方 15cm 处轻摇摇铃，可以回头转向有声音的地方（图 2-5）。

图 2-4 4个月婴儿抓物示意图

图 2-5 4个月婴儿寻找声源示意图

5. **社会行为** 跟婴儿玩照镜子的游戏，将镜子横放在婴儿面前约 20cm 处，母亲可在镜中逗引婴儿，婴儿可以注视镜中的人像，并可对镜中人微笑；在见到母亲或者其他亲人时，会变得高兴起来；而且还会自发微笑来迎人了，会喜欢和人一起玩，当停下来的时候可能会哭。

6. **警示信号** 如果孩子出现以下情况，请尽早与孩子的医生沟通：

（1）不会看着移动的东西；

（2）不会咕咕发声或发出声音；

（3）不会把东西带到嘴里；

（4）一只或两只眼睛向四面八方看都有困难。

五、5 个月

1. **大运动** 仰卧位的时候，婴儿可以举起伸直的两腿，可以看到自己的脚；婴儿从仰卧滚到俯卧位之后，双手能从胸下抽出来；由仰卧位轻拉婴儿的双手，婴儿自己能主动用力坐起，拉起过程中无头部滞后现象，坐位的时候头和身子前倾（图 2-6）；俯卧位时，婴儿双肘及两臂向前伸直，胸部抬起来离开床面。

2. **精细动作** 将玩具放到距离婴儿双手 2.5cm 处，婴儿会用一手或双手抓住玩具，而且将玩具送到口边（图 2-7）；可以把积木抓在手指和手掌之间，会喜欢玩手、看手。

3. **适应能力** 将一块小毛巾盖在婴儿脸上，婴儿能用手拉开毛巾（图 2-8）；桌面上放一小球，把小球动来动去，婴儿能注意到小球；抱着婴儿坐着，拿住一块积木的同时，再放另一块积木在婴儿的可及范围内，还会注视另一块积木。

图 2-6 5个月婴儿前倾坐示意图

图 2-7　5 个月婴儿抓玩具入口示意图

图 2-8　5 个月婴儿毛巾盖脸游戏示意图

4. **语言**　对着物体发出声音,可以发出一些连续有节律的音节,例如把元音("啊""哦")串在一起,喜欢和父母轮流发声。

5. **社会行为**　将镜子横放在婴儿面前约 20cm 处,婴儿喜欢在镜子里看着自己;看到食物表示兴奋。

6. **警示信号**　如果孩子出现以下情况,请尽早与孩子的医生沟通:

(1)不会试图得到可以得到的东西;

(2)对照顾者没有兴趣;

(3)对周围的声音没有反应;

(4)很难把东西送到嘴里;

(5)不会发出元音("啊""呃""哦");

(6)不会向任何一个方向滚动;

(7)不会笑,也不会发出尖叫声。

六、6 个月

1. **大运动**　婴儿仰卧位,用玩具逗引婴儿,婴儿可翻身至俯卧位;俯卧位伸展双手,可长时间支撑,使头部及胸部抬起超过 90°;可单独坐一会儿,但会弯腰向前;扶着婴儿腋下站立时,婴儿能反复屈曲膝关节而自动的跳跃。

2. **精细动作**　婴儿可以迅速抓起面前的玩具,玩具掉下后会再抓起;可以用全手抓积木,可握住奶瓶;当手中拿着一块积木再给另一块积木时,会扔掉手中原有的积木去接新的积木玩;会撕纸玩。

3. **适应能力**　婴儿可两手同时拿住两个玩具(图 2-9);用玩具逗引婴儿,当婴儿注意到玩具后,立即松手使玩具掉落,婴儿可以寻找掉落的玩具。

图 2-9　6 个月婴儿双手抓物示意图

4. 语言　家长在婴儿背后呼唤其名字，婴儿会转头寻找呼唤的人；不愉快时发音叫（发嗯、怨声、怒声）；哭时发"mum-mum-mum"声音。

5. 社会行为　可以将抓住的食物放入口中；接触到人的时候，可以伸手、拉人或以发音的方式来跟人交往；给婴儿洗脸的时候，可以把母亲的手推开，而不是简单的转头。

6. 警示信号　如果孩子出现以下情况，请尽早与孩子的医生沟通：

(1) 不能认识熟悉的人；

(2) 不能双手同时握持玩具；

(3) 不能拱背坐一会儿。

七、7个月

1. 大运动　放在地板上，婴儿可自发地或者是为了想拿玩具而以他的腹部为轴心向周围转动；不用任何支撑的情况下可以直腰独坐，保持1分钟或以上。

2. 精细动作　可以拇指及另外两个手指握物；当手中拿着一块积木再给另一块积木时，第一块积木不会扔掉，会用另一只手抓住第二块积木。

3. 适应性　给婴儿一块积木，然后向拿积木的手前出示另一块积木，婴儿可以将第一块积木从一只手转到另外一只手，再去拿第二块积木；抱着婴儿坐着，将一玩具放于婴儿手恰好够不到的桌面，婴儿可以侧身取，并能拿到玩具(图2-10)。

4. 语言　可以无意识发"da-da""ma-ma"等声音；可模仿咂舌音，咔嗒声。

5. 社会行为　会抓住自己的脚和玩自己的脚趾(图2-11)；可认识亲人，母亲一出现，会有愉快的表情，生人出现的时候，会不愉快或哭闹。

图2-10　7个月婴儿取物示意图

图2-11　7个月婴儿玩脚示意图

6. 警示信号　如果孩子出现以下情况，请尽早与孩子的医生沟通：

(1) 没有帮助不能独自坐着玩；

(2) 不会无意识地叫"妈妈""爸爸"；

(3) 不会把玩具从一只手转移到另一只手。

八、8 个月

1. **大运动**　双手扶栏杆可支撑全身重量,保持站立位 5 秒或以上;独坐时无需手支撑(图 2-12),上身可自由转动取物,或者轻轻推动婴儿,可回正保持平衡不倒。

2. **精细动作**　可用拇指和三指捏起桌上的小物体;可用桡侧的手掌或者手指抓握玩具;连续出示两块积木后婴儿均能拿到,再出示第三块积木时,有要取第三块积木的表现,不一定能取到,前两块仍保留在手中。

3. **适应性**　大人用手摇铃,婴儿也能够有意识的摇铃;用玩具逗引婴儿,将要取到的时候,将玩具移动到稍远的地方,婴儿持续追逐玩具,力图拿到,但不一定取到。

4. **语言**　可以模仿声音;可发 "da-da" 的音;会用手势表达,例如:要抱时伸出手臂,用摇头表示 "不" 等;可理解自己的名字,而不是对声音有反应,妈妈叫婴儿的名字有反应,叫别人的名字无反应。

5. **社会行为**　可以自己拿着饼干有目的地咬、嚼,而不是简单的吸吮(图 2-13);可模仿大人玩拍手游戏;会伸手要抱;能懂得成人面部表情,大人对婴儿训斥或赞许,婴儿表现出委屈或兴奋等反应。

图 2-12　8 个月婴儿独坐示意图

图 2-13　8 个月婴儿手拿饼干吃示意图

6. **警示信号**　如果孩子出现以下情况,请尽早与孩子的医生沟通:

(1)不爬行;

(2)不回应自己的名字;

(3)不能用拇指和三指捏起小东西。

九、9 个月

1. **大运动**　婴儿俯卧,能将腹部抬离床面,四点支撑向前爬行(膝手爬)(图 2-14);能控制自身从俯卧位到坐位;站立时,牵婴儿双手,牵手时不过多给力,婴儿可自己用力,较协调地移动双腿,向前行走三步或以上;可用椅子、围栏或其他方便物件作支撑,自行起立,并可拉栏杆站起。

2. **精细动作**　可用拇指和示指侧面捏起小物体(如葡萄干);在婴儿注视下将积木放

入杯中,婴儿能自行将积木取出。

3. **适应性** 可用积木对敲,对于摇铃玩具,可用手拨弄铃铛或者挥动手臂摇起来。

4. **语言** 大人说出欢迎或再见,而不做出手势示范,婴儿能够做出欢迎、再见的手势;可以无意识发"妈妈"音。

5. **社会行为** 自己握住奶瓶吃奶,而不需要妈妈帮助;可与大人玩躲猫猫游戏;婴儿对不感兴趣的物品,有摇头或推开的动作。

6. **警示信号** 如果孩子出现以下情况,请尽早与孩子的医生沟通:

(1)不能四点支撑爬行;

(2)当有支撑时不能站立;

(3)不会说"妈妈"或"爸爸"这样的词;

(4)不会学手势,比如挥手或摇头。

图 2-14 9 个月婴儿膝手爬示意图

十、10 个月

1. **大运动** 可以扶着睡床围栏并沿着围栏慢慢移动,或可扶着平稳的物体横向慢慢移动(图 2-15);坐位时,可以左右转动自若地抓取身边的玩具。

2. **精细动作** 婴儿会用拇指和示指的指端协调、熟练且迅速地对捏起小物体。

3. **适应性** 积木放在桌上,在婴儿注视下用杯子盖住积木,婴儿能主动拿掉杯子,取出藏在杯子里面的积木;在婴儿面前摇响装有硬币的盒,然后避开婴儿将硬币取出,给婴儿空盒,婴儿能明确地寻找盒内的硬币。

4. **语言** 会模仿"妈妈""爸爸""拿""走"等语音;对"不行"有反应,能把活动停止下来;听到"爸爸妈妈在哪"会转头找到。

图 2-15 10 个月婴儿扶物移动示意图

5. **社会能力** 问婴儿"妈妈在哪里?""灯在哪里?""阿姨在哪里?"等人或物的名称,婴儿会用眼睛注视或指出 2 种或以上的人或物;将娃娃、球和杯子并排放在婴儿双手可及的桌面上,鼓励婴儿按指令取其中的一件,婴儿能理解指令并成功拿对其中一种或一种以上物品。

6. **警示信号** 如果孩子出现以下情况,请尽早与孩子的医生沟通:

(1)不能扶走;

(2)不能对指捏;

(3)不能寻找他看到你藏起来的东西。

十一、11 个月

1. 大运动　拉着婴儿的手可以走几步；婴儿手扶围栏站立，不得倚靠，将玩具放在其脚边，婴儿能一手扶栏杆蹲下，用另一只手捡玩具，并能再站起来(图 2-16)；能独自站立 2 秒或以上。

2. 精细动作　大人示范将积木放入杯中，婴儿能有意识地将积木放入杯中并撒开手。

3. 适应性　婴儿注视下用方巾包起一积木(玩具)，然后打开，再包上，婴儿可有意识地打开包积木(玩具)的方巾，寻找积木(玩具)，成功将积木(玩具)拿到手(图 2-17)；打开一本书对婴儿说看看，婴儿可有兴趣地注视某一图画片刻。

图 2-16　11 个月婴儿扶物下蹲取物示意图　　　图 2-17　11 个月婴儿找玩具示意图

4. 语言　有意识地叫妈妈；懂得"不"的含义，婴儿拿取玩具玩时，大人说"不动""不拿"，不要做手势，婴儿会停止拿取玩具的动作；当妈妈说"再见""欢迎"或"躲猫猫"时，婴儿能以动作表演两个以上。

5. 社会能力　会从杯中喝到水；会摘娃娃的帽子；穿裤子时会把腿伸直。

6. 警示信号　如果孩子出现以下情况，请尽早与孩子的医生沟通：

(1)不能自己扶着站立；

(2)不看你指的地方；

(3)不能模仿再见、欢迎等手势符号。

十二、12 个月

1. 大运动　独自站立 10 秒或以上，允许身体轻微晃动；牵小儿一只手行走，小儿自己迈步，牵一手能协调地移动双腿，至少向前迈三步以上。

2. 精细动作　可用拇指和示指的指端捏小物体；大人示范并指点将小物体放入瓶内，小儿捏住小物体尝试向瓶内投放，但不一定成功。

3. 适应性　瓶盖翻放在桌上，大人示范将瓶盖盖在瓶上，小儿会将瓶盖翻正后盖在瓶上。

列成一列小火车。

4. **语言**　可以回答简单问题,例如:"爸爸去哪儿了"(上班);可以说 30~50 个字,可以说 3~5 个字的句子,例如:"妈妈抱抱""妈妈来"等。

5. **社会能力**　小儿会说出三种或以上的需要,如"吃饭、喝水、玩汽车、上街"等,可伴手势;可以玩想象性游戏,如假装给娃娃或动物玩具喂饭、盖被子、打针等。

6. **警示信号**　如果孩子出现以下情况,请尽早与孩子的医生沟通:

(1)不能扶栏杆下楼梯;

(2)不会玩简单的假装游戏,比如给娃娃喂食;

(3)不能说 3~5 个字的句子。

十六、24 个月(2 岁)

1. **大运动**　小儿会双足同时跳离地面,同时落地,两次以上;不扶栏杆可以自己上下楼梯。

2. **精细动作**　小儿能将水晶线穿过扣眼,并能将线拉出;可以一页一页地翻书(图 2-23);能盖紧或拧紧瓶盖。

3. **适应性**　将有圆孔的型板倒转 180° 后,小儿能正确将圆积木一次性放入圆孔内;可以模仿将 4 块积木水平结合在一起,排列成一列小火车;可以口数 1~5,点数能数 1~3。

4. **语言**　能说 30 个左右的词语,小儿能自发或稍经提示开头后完整说出两句或以上唐诗或儿歌;小儿会说出三种或以上物品的用途(例如碗、笔、球)。

5. **社会能力**　会打招呼,会自发或模仿说"你好""再见"等;小儿会自发提出问题,主动问"这是什么?",可以用勺子吃饭,不需要帮助(图 2-24)。

图 2-23　24 个月幼儿翻书示意图　　　　图 2-24　24 个月幼儿吃饭示意图

6. **警示信号**　如果孩子出现以下情况,请尽早与孩子的医生沟通:

(1)不能跑;

(2)不可以简单表达;

（3）不遵循简单的指示。

十七、27个月（2岁3个月）

1. **大运动** 小儿不扶扶手，可以稳定地上下楼梯三阶或以上（不交替足）；会迈过障碍物，能控制活动方向。

2. **精细动作** 小儿能模仿画竖线和垂直线，长度>2.5cm（图2-25），所画线与垂直线的夹角应<30°；打开的拉锁，小儿能将拉锁头部分或全部插进锁孔。

3. **适应性** 可以分辨大小，小儿能一次性正确将圆、方积木、三角形放入相应孔内，允许提示三角形的放置，其他两个积木需独立完成。

4. **语言** 会说7~10个字的句子，会念4~6首短儿歌；小儿能按指令做出举手或抬脚动作。

5. **社会能力** 小儿不用帮忙，自己脱掉单衣或单裤（图2-26）；开始有是非观念，例如：问小儿打人对不对，小儿会摇头或说出不对。

图2-25　27个月幼儿模仿划线示意图　　　　图2-26　27个月幼儿脱衣示意图

6. **警示信号** 如果孩子出现以下情况，请尽早与孩子的医生沟通：
（1）不能跨越障碍物；
（2）不能分辨大小；
（3）不能自行脱简单衣物。

十八、30个月（2岁半）

1. **大运动** 小儿不扶任何物体可单脚站立2秒或以上；可以两脚交替上楼梯；可以骑三轮脚踏车前行3米以上。

2. **精细动作** 可以搭9层积木；小儿能较熟练穿扣并拉过线3个或以上；可以搭下面2块，上面一块共3块积木，搭成有孔的桥。

3. **适应性** 一块和数块积木分放两边，请小儿指出哪边是多的，小儿先正确指出哪一边多,然后可以回答少的那边"是1个";在小儿正放3块积木入型板的基础上,将型板倒转180°,小儿能一次性正确放入翻转后型板的相应孔内,容许提示三角形,其他图形需小儿独立完成。

4. **语言** 可以说出图片10种以上的名称;会背短儿歌8~10首;可以说出自己名字;会用"你""他""你们""他们";会用"和""跟"等连接词。

5. **社会能力** 在一个无把儿的杯中注入1/3杯水,大人示范将水倒入另一杯中,来回各倒一次,小儿会将水来回倒两次,不洒水(图2-27);能自己扣上按扣。

6. **警示信号** 如果孩子出现以下情况,请尽早与孩子的医生沟通:

(1)不能两脚交替上楼梯;

(2)不能分辨多少;

(3)不可以说出自己的名字。

图2-27 30个月幼儿倒水示意图

十九、33个月(2岁9个月)

1. **大运动** 可以立定跳远,小儿双足同时离地跳起可以跃过20cm的距离。

2. **精细动作** 可以模仿画圆,小儿所画圆二头相交,为闭合圆形;打开的拉锁,小儿能将拉锁头全部插进锁孔,并有拉的意识。

3. **适应性** 可以搭10块积木;可连续执行3个命令,例如:嘱小儿做三件事,擦桌子、摇铃、把门打开,小儿会做每件事情,没有遗忘任何一项,但顺序可能会颠倒。

4. **语言** 小儿能正确说出自己的性别,可以分清"里""外"。

5. **社会能力** 会穿鞋(图2-28),但不一定分清左右,会解扣子。

6. **警示信号** 如果孩子出现以下情况,请尽早与孩子的医生沟通:

(1)不能立定跳远;

(2)不能模仿画闭合圆形。

图2-28 33个月幼儿穿鞋示意图

二十、36个月(3岁)

1. **大运动** 小儿可双足交替跳起,双脚离地5cm;可以独脚站约5~10秒。

2. **精细动作** 小儿可以模仿画交叉线,直线线条较连续;可以模仿画圆形、方形、十字形(图2-29);在家长示范后,小儿能双手配合将螺丝、螺母组装起来。

3. **适应性** 可以口数6~10,点数能数1~5;认识两种以上的颜色。

4. **语言**　这个时候的小儿好提问题,说出14样以上图片上的名称,这个时候小儿说话发音基本清楚。

5. **社会能力**　懂得"饿了""冷了""累了"等词的意思,问"饿了怎么办?冷了怎么办?累了怎么办?"等问题,可以回答;小儿能自己扣上娃娃的某一个扣子。

6. **警示信号**　如果孩子出现以下情况,请尽早与孩子的医生沟通:

(1)不可以双足交替跳起;

(2)不能模仿画圆形、方形、十字形;

(3)不能认识两种以上的颜色。

图 2-29　36 个月幼儿模仿画图示意图

二十一、42 个月(3 岁半)

1. **大运动**　小儿上台阶交替用脚,一步一台阶,可交替上楼三阶或以上,可以并足从楼梯最后一级台阶跳下,双足落地后两脚间距离小于 10cm。

2. **精细动作**　知道用 4 块塑料板拼圆形,用 2 块等边三角形板拼正方形;会用剪刀,可以在纸上剪一个口子。

3. **适应性**　出示五块积木,问小儿"这是几块?"小儿能正确说出"五块";认识四种颜色。

4. **语言**　会说反义词;可以理解上、下、前、后;可以说出图形的名称(三角形、圆形、正方形)(图 2-30)。

5. **社会能力**　小儿无需别人帮忙,会穿上衣并将扣子扣好或拉锁拉好(图 2-31),知道吃饭之前为什么要洗手(为避免生病)。

图 2-30　42 个月幼儿认识图形示意图

图 2-31　42 个月幼儿穿衣示意图

6. **警示信号** 如果孩子出现以下情况,请尽早与孩子的医生沟通:

(1)不能并足从楼梯后一级台阶跳下;

(2)不会用剪刀;

(3)不能理解上、下、前、后。

二十二、48个月(4岁)

1. **大运动** 小儿独脚站立5秒或以上,身体稳定;小儿双足并拢跳至地面,双足落地后两脚间距离小于5cm,并站稳。

2. **精细动作** 小儿可以模仿画方形,小儿无需提示或稍经提示后可照图自行将螺丝、平垫、螺母按顺序组装起来。

3. **适应性** 能够找出3处或以上的不同;出示补缺图片,问图中缺什么,能够找出3处或以上的内容(3/6)。

4. **语言** 小儿能够复述较完整的复合句,偶尔漏字/错字;能用自己的话解释图画的意思。

5. **社会能力** 小儿能主动参加集体游戏,并能遵守游戏规则(图2-32);小儿能正确识别男女厕所标志并用语言表达出性别意义。

图2-32 48个月幼儿参与游戏示意图

6. **警示信号** 如果孩子出现以下情况,请尽早与孩子的医生沟通:

(1)不能独脚站立5秒或以上;

(2)不能复述较完整的复合句;

(3)不能参与集体游戏。

二十三、54个月(4岁6个月)

1. **大运动** 小儿独脚站立10秒或以上,身体稳定;小儿能脚跟对脚尖向前走2m(6步),身体可有小幅晃动。

2. **精细动作** 可以模仿将纸对折;可以用剪刀剪下画有三角形的纸;小儿可以熟练

地夹起花生米 3 次以上,过程中无掉落。

3. **适应性** 可以找出类同,例如扣子和圆形;出示补缺图片,问图中缺什么,能够找出 4 处或以上的内容(4/6)。

4. **语言** 会认识 10 以内的数字。

5. **社会能力** 会漱口(图 2-33);能够分辨上午、下午;可以数手指。

6. **警示信号** 如果孩子出现以下情况,请尽早与孩子的医生沟通:

(1)不能独脚站立 10 秒或以上;

(2)不能理解"相同"和"不同"的概念;

(3)不认识 10 以内的数字。

二十四、60 个月(5 岁)

图 2-33 54 个月幼儿漱口示意图

1. **大运动** 小儿能单脚连续跳 3 次或以上,可伸开双臂保持平衡;在一级台阶上以同一只脚上下台阶,能稳当并较熟练地完成 3 组,可稍有停顿。

2. **精细动作** 可以照图拼椭圆形,可用剪刀剪下画有圆形的纸。

3. **适应性** 能够找出 5 处或以上的不同;出示补缺图片,问图中缺什么,能够找出 5 处或以上的内容(5/6)。

4. **语言** 小儿能正常说出自己的姓,小儿能说出两种或以上圆形的东西。

5. **社会能力** 小儿可以说出家的住址。

6. **警示信号** 如果孩子出现以下情况,请尽早与孩子的医生沟通:

(1)不能单脚连续跳 3 次或以上;

(2)不能用完整的句子讲述一个简单的故事;

(3)不能说名字和地址。

二十五、66 个月(5 岁半)

1. **大运动** 距离小儿 1 米将球抛给小儿,小儿可以用手接住球;小儿能脚跟对脚尖向后走 2m(6 步),身体可有小幅晃动。

2. **精细动作** 会写自己的名字,可用剪刀剪下画有圆形的纸,边缘平滑。

3. **适应性** "两棵树之间站一个人,一排三棵树之间站几个人?"小儿可以回答"两个人";"将一个苹果十字切开是几块?"不经提示或仅在示范者手势比划提示后答"四块"。

4. **语言** 小儿能正确说出自己的属相;可以倒数数字。

5. **社会能力** 能正确回答"过马路为什么要走人行横道?"如为了安全,如怕被汽车撞了等。

6. **警示信号** 如果孩子出现以下情况,请尽早与孩子的医生沟通:

(1)不可以写一些字母或数字;

(2)不可以画画;

(3)不能倒数数字。

二十六、72 个月(6岁)

1. **大运动**　小儿抱肘单脚原地连续跳 3 次或以上,基本在原地跳动;小儿连续拍球 2 个或以上。

2. **精细动作**　可以用 2 块非等边三角形板拼长方形,可以临摹正方形、圆形的组合图形。

3. **适应性**　能够找出 7 处或以上的不同;能够知道左右。

4. **语言**　可以描述图画内容,讲较复杂的故事。

5. **社会能力**　可以说出一年有哪 4 个季节,认识标识。

6. **警示信号**　如果孩子出现以下情况,请尽早与孩子的医生沟通:

(1)不能连续拍球;

(2)不能分辨左右;

(3)不能分辨季节。

(刘超宇　胡继红)

参考文献

[1]刘振寰.儿童脑发育早期干预训练图谱.北京:北京大学医学出版社,2016.

3

第三章

语言发育迟缓儿童各年龄阶段的早期干预

儿童语言的发展受到生理、语言环境、认知发展等因素的共同影响。由于每个儿童的发展存在着差异性、特殊性,每个儿童语言发展的水平也参差不齐,千差万别。但是后天的语言环境是可以改变的,我们应努力为儿童创造条件,扩展儿童的生活范围,使儿童在对生活和社会的认识过程中运用语言去交往,促使儿童社会认识能力和语言表达能力的发展。对有一定语言缺陷的儿童,训练者和教师要付出比别人更多的耐心与爱心进行语言训练。语言训练可以促进儿童认知、理解与表达能力,最重要的是要使儿童成为有效的沟通者,达到学以致用的目标。

一、训练目标

训练的最佳目标是希望患儿语言发育达到正常水平,但通常因儿童的情况不同而目标有别,一般认为可有三种目标:

1. 改变或消除儿童的基本缺陷,使之达到正常水平。

2. 改善儿童的异常情况,根据其语言学上的基本缺陷,教会其特别的语言行为,使其尽量正常化。

3. 根据儿童的能力,提供补偿性的策略来学习语言及沟通技能。

二、训练原则

(一) 尊重儿童的意愿和兴趣

在日常生活中,治疗师和训练者要多观察儿童的兴趣及感受,留心儿童注视着的东西。注意儿童的面部表情和身体语言,然后等待儿童的反应,给予儿童时间去做想做的事情。留意儿童注视些什么,然后说一说。这样,当儿童注视某种事物的同时,亦正在接收有关那个事物的讯息。唯有当儿童把他注视着的事物与治疗师或训练者的话联系起来,才产生"译码"能力,弄清楚说那个词汇的意义。由此可见,治疗师和训练者给予的讯息必须是相关的、清晰的。例如:

1. 儿童(触摸热鸡蛋时):"/a/";训练者(每次当儿童触摸热烫的东西时,训练者可以同样响应儿童的反应):"啊! 好热呀!"。

2. 儿童(指着车):"/u/";训练者:"这是车"。

(二) 与儿童说话要简单清晰

既简单又清晰的说话,有助于促进儿童的语言发展。训练者要注意以下几点:

1. 使用较高音调 跟成年人说话,我们会运用平淡而自然的语调,没有太多抑扬顿挫。跟儿童说话,训练者可以稍稍提高音调,用较夸张的语气,吸引儿童的注意。

2. 强调重点字眼 儿童较难迅速或完全掌握整个句子的内容。训练者可以在说重点字眼时,提高音调,让儿童更容易理解句子中的重点内容。例如,训练者想强调"薯条"

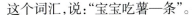

这个词汇,说:"宝宝吃薯—条"。

3. **简短句子**　避免使用太长的句子。简短句子包含的内容较少,儿童较易掌握。至于简化的程度,是因人而异的。训练者必须根据自己孩子现有的口语理解能力,参考语言评估结果,避免说一些超越儿童理解能力太多的话。

4. **简易文法和词汇**　跟儿童说话宜直截了当,应避免运用太花哨的修辞和太复杂的句子结构。使用的词汇亦以儿童熟悉的、环绕身边事物的内容为佳。

5. **速度放慢**　训练者要放慢说话速度,字与字之间可稍作停顿。

6. **重复词汇或句子**　适当的复述可加深儿童对整句话或个别词汇的印象,有助他更有效地接收讯息内容。例如:"妈妈煮饭啦,不是洗衣服,是煮饭。"这种说话方式称为"儿童语",有助于吸引儿童的注视,使语言更易理解。值得一提的是,简化不是任意的,不是强行将句子分拆,缩短句子。在此建议训练者的是:说简短而文法正确的句子或词组,切忌说不自然的话。例如"拿两个杯子给我"是既自然又合乎文法的句子;反之,"拿两杯给我"是硬把量词"个"省去,以为句子愈短愈能懂。事实上,这种不合乎文法的简化方式只会阻碍儿童的语言发展。

（三）重点突出,反复练习

父母在一段时间内只教孩子学习一个特定的词语,并且让儿童有足够的练习时间,要一步一个脚印地学习。

（四）小步骤前进

学习语言时,父母要把目标化整为零,每一步要分得较细,使儿童在学习中容易获得成功。如果步骤与步骤之间跨度较大,儿童就会遇到困难,挫伤他们学习语言的积极性。例如,当孩子只会少数称呼时,父母就着重于叠词或单词的教学。

（五）持之以恒

即使在一段时间内,父母尚未看到明显的效果,也不要急躁。因为儿童的开口,是需要"千呼万唤"的等待。

三、训练方式

（一）促进语言发育的活动

1. **自行说话法**　训练者可以一边做事情,一边讲述自己在做的事情。意思是将我们自己的所见所闻所感所操弄的事情,转化成说话,说给儿童听。例如:儿童在玩拼图,训练者也拿出相似的拼图跟儿童一起玩,训练者说:"我拼图啦,拼好大块呀。看呀,我拼图啦。"

2. **并行说话法**　儿童一边做事情,训练者一边讲述他所做的事情。意思是将儿童所见所闻所感所操弄的事情转化成说话,说给儿童听。说话的内容可以是描述儿童正在做的事情("你在玩积木");描述儿童的感受("你很高兴,这是你最喜欢的玩具""你肚子饿了,你想吃东西,你想吃什么");说出人和物件的名称("看,这是个小姐姐""这是你的奶瓶");描述物件的特征("这个球是红色的,它很大。这是个大红球");描述儿童听到的声音,并模仿它(小猫"喵喵",小狗"汪汪")。这种说话模式能清晰地把当时情景中的一举一动和语句紧扣在一起,让儿童了解彼此的关系,增强口语理解能力。

3. **多听**　扩展儿童所说的"水!""喔,你口渴了,你想喝点东西,你想喝什么?"小的儿童需要训练者给出范例"这是橘子汁,橘子汁好喝";大些的儿童可以让他选择"你想喝水还是橘子汁。当儿童说出不完整的句子："大卡车"，扩展他的句子，并回答他，比如："好的，你想要这个大卡车？"

4. 多阅读　即使儿童还不能理解你说的话，也可以开始阅读。这帮助儿童认识到阅读很有趣。开始时用布书或者活动书，让儿童随心所欲地去研究书。鼓励儿童说出图画的内容"看，兔子在吃胡萝卜""你觉得下面会发生什么？"

5. 多动手　鼓励儿童自己做事情，例如："小明来吃饭，拿起你的小勺子，舀一大勺饭"。让儿童帮你做事情。例如："小明来洗澡了，给你打湿，现在要用沐浴露了，小明帮妈妈递一下沐浴露"。用餐和洗澡的时间是很好的对话时机。

6. 提高训练者的认识，拓展生活的空间　生活是语言的源泉。有丰富的生活空间和生活经验，儿童才有话可说，有话要说。帮助儿童拓展生活空间，积累生活经验和社会经验，以不断促进他们语言能力的提高。治疗师在对儿童进行语言训练过程中，要不断与训练者进行沟通，提高训练者的正确认识，使训练者与治疗师都有统一的期望与要求，避免教育的不一致。指导训练者去发现儿童的优点，并及时地肯定和鼓励。要求训练者利用节假日多带孩子到亲戚、朋友家或者公园、游乐场、超市、银行等场所，让孩子接触更多的人或生活空间，获得更多的言语交往的机会。在家庭中，训练者要耐心地去倾听孩子的话语，不能因为嫌孩子说话费劲儿而急于替儿童表达，或是打断儿童的话语，甚至流露出不耐烦的神情，父母认真倾听的神情可以给予儿童最大的安慰。

（二）拓展新词汇

训练者按照儿童的兴趣，或当下所说的话，给他们介绍一个新词汇。例如：儿童已理解正方形的意思，目标新词汇：梯形。情境：玩积木。在儿童面前，有不同形状的积木，包括正方形和梯形。训练者并行说话式语句："摆正方形，你又摆了个梯形啦！"这例子告诉我们，儿童已认识的词汇是"正方形"，因此我们可以用"正方形"做途径，像对比一般，介绍出同样是形状词的"梯形"这词汇。

同样，我们可将之应用于动作词如"吃"、颜色词如"黄色"、质地词如"滑"。运用的句式可以是"拿红色鞋子给我，不是黄色"以作对比。注意两个对比对象必须同时向儿童展示出来。

（三）词汇泛化

有时候，儿童未必真正理解某个词汇，却听懂大人的指令。为什么呢？这很大可能是儿童依赖环境提示来理解指令。例如，有一杯水放在儿童面前，家长指着杯向儿童说："喝水。"儿童便去拿杯喝水，这或许只是因为环境上有足够的提示。若训练者发现在另一情境下，儿童听不懂"喝"这词汇，即可推测儿童还没有真正理解"喝"的意义。故此，在不同环境下介绍同一词汇是必要的，这有助儿童真正理解词汇的意思，而无需依赖环境提示。您可以在不同的情况下，如"喝水""喝果汁""喝汤""喝汽水"等，强调"喝"这个词汇，让儿童听见"喝"这个词汇时，不管在哪种情况之下，都联想起这个动作。

（四）两个不必

1. 不必重复练习太多次　父母为使儿童学会说话，同样的话语让儿童说五次、十次，有时反而使儿童厌烦。一般情况下儿童多说一、两次即可，同样的事在同一个地方不要重复两次以上。但碰到同样的事情或同样的情况发生时，需再重复提醒。不必刻意教学，只要在适当的环境下，不断地、自然地对他说话，让儿童了解语言的意义，便可期待他逐渐会说出话来。

2. **不必矫正发音**　即使说不好，有表达意思的姿态即可，若刻意矫正发音，说不定反而会抹杀好不容易培养的说话动机。只要儿童肯说话，发音不正确的缺陷久而久之会改善过来。训练者或大人只要自己提供正确的说话模板即可，但千万不要学儿童说娃娃语。

(五) 学习的时间

1. **每天坚持**　父母应该每天抽出一定的时间陪儿童做游戏，在游戏中教儿童说话。所定的时间可因人而异。开始的时候，时间可以定得短一些，大约 2~3 分钟，然后逐步延长，形成常规。

2. **选择最佳的学习时机**　所谓最佳的学习时机，就是儿童精力最充沛、注意力较集中的时候，这样，效果就会好一些，儿童学的东西也会更多一些。如果在儿童疲乏困倦的时候教语言，往往事倍功半。

(六) 记录进展情况，看到孩子的进步

在儿童开口之前，父母很难看到他们的进步，这常常影响父母教儿童的积极性。为了避免这一点，建议父母经常记录儿童的行为表现。对于能说话的儿童，父母要记录他们用词汇的性质，是名词还是动词，是一个字还是两个字的词语，是短语还是句子……由此，父母可以得到儿童语言学习的反馈信息。

四、用游戏促进语言发育迟缓儿童语言发育

(一) 通过游戏建立良好关系对语言训练取得成效具有重要意义

在语言训练前治疗师可以通过游戏的方式让儿童和治疗师建立良好的互动关系，儿童完全信任治疗师，在治疗过程中，才能够很快地接受治疗师的引导。当儿童感觉到在治疗师身边很安全，才会毫无顾忌地释放自己的情绪，表达自己。学习与他人建立信任、融洽的人际关系有利于儿童的心理成长，提高社会交往能力。而社会交往能力的建立是语言发育的基础。

(二) 角色游戏对改善儿童社会交往和语言表达具有突出的作用

角色游戏是虚构性和真实性的独特结合，儿童通过使用玩具来表现假想的游戏情节，借助各种游戏情景以表达自己的想法、感情。比如：在训练中，儿童将娃娃假想成真正的人，通过与娃娃的接触，儿童渐渐愿意与同伴接触。训练后儿童从最初的胆小，不愿与人对视，对周围发生的事漠不关心，不与其他小朋友交往，发展到能与同伴进行简单的交往互动。

(三) 选择固定的时间对语言训练有重要影响

训练中要有时间概念，刚开始时可视情况稍稍缩短，随着训练次数的增加，逐渐延长时间。在固定充足的时间内，儿童才能在游戏中充分表现自我、发泄情绪。不可提前退出游戏，也不能留恋着不肯走，要让儿童形成时间观念，在固定时间内，做这一时间内应做的事。而且固定的时间观念的形成有利于儿童形成一定的次序感、加强自我控制力和对时间的知觉能力。

(四) 相对固定的游戏伙伴有助于小组语言训练的进行

在治疗中，固定的伙伴对形成稳定的伙伴关系有帮助，而稳定的伙伴关系有助于儿童社会交往能力和语言能力的发展。很多儿童是独生子女，在家里的交往对象是成人，在学龄前期儿童也很少有小朋友与他游戏，缺少固定的伙伴。治疗师在进行语言小组训练时

可以给儿童安排几位固定的、认知水平差不多的伙伴一同训练,为他们创设一种有稳固的伙伴关系的环境。

(五)创设一定的交往情景,使儿童感受与他人交往的快乐

治疗师要有意识地多组织、创设一些较能引起儿童注意的活动,以引起儿童更多、更清晰地观察活动的行为,让儿童深切地感受到小朋友一起游戏,分享玩具、图书的快乐,感受与他人交往的乐趣。

五、结语

儿童如何习得其母语,一直是认知心理学家以及发展心理学家、言语病理学家最有兴趣探讨的问题之一。对每个开始学习语言的儿童来说,从环境中的语言输入、情境与视觉线索,通过快速地处理听觉信息与事物之间的关系,建立正确的语法结构,并在沟通情境中适当地使用,是一件艰巨又神秘的事情。因此,语言发育迟缓儿童语言的训练过程,是一个动态的长期过程,也是一个艰辛的枯燥过程。治疗师和训练者在教的同时要充分把握各种语言训练时机,运用激发性操作原理,充分利用辅助和鼓励的方法,培养语言发育迟缓儿童学习语言的信心、动力,逐步提升他们语言理解和表达能力,让儿童在语言学习的路上轻易达到不同的发展里程碑。

第二节　0~1岁婴儿语言发育干预

0~1岁婴儿期是语言发生的准备阶段,又称为前言语阶段。前言语阶段婴幼儿感知语音的能力是他们获得语言的基础,是一个在语言获得过程中的语音核心敏感期。为了开发儿童潜能,我们根据婴儿心理发育规律设计了各月龄阶段婴幼儿早期干预的方法,在婴儿时期训练的重点是丰富语言环境,促进感知觉的发展。

一、0~3月婴儿的干预方法

(一)视觉干预

给予婴儿丰富的视觉刺激,可以促进神经元突触的形成,同时有利于后期的语言发育。

1. 适用人群　注视及追视能力差的婴儿。

2. 准备　宝宝感兴趣的物体,如彩色的花环、气球等。每次一件,定时更换,最好是红色、绿色或能发出响声的玩具。

3. 目的　提高孩子的注视及追视能力。

4. 方法

(1)注视训练

1)注视人脸训练:宝宝平躺着,或者妈妈面对面抱着,对宝宝讲话,吸引宝宝注意,看着讲话人的脸;如果不看,训练者可以拍拍自己的脸或者戴一个脸谱吸引宝宝看;也可以在脸上贴一些贴画来吸引宝宝注视人脸(图3-1)。

2)注视物体训练:可以让宝宝平躺、俯卧位时,在其头的上方用大体积玩具使宝宝的注意力集中到玩具上,每次一件,每次 10~15 秒钟,每日数次。

3)寻找光源:如果宝宝没有注意到或者孩子有视觉障碍,可选用声光玩具——音乐琴(最好是能发出红光的),让宝宝寻找光源来促进视觉发育(图 3-2)。

图 3-1　注视人脸训练　　　　　　　　　　　图 3-2　寻找光源训练

4)黑白图片注视:高对比度的黑白图片对宝宝最有刺激性。训练者可在床栏的一侧或上方挂上黑白图片,让宝宝在觉醒时观看,父母可用钟表记录宝宝集中观看的时间。

(2)追视训练

1)训练者把宝宝抱起,让其观察眼前出现的人(或物)。

2)待注视到人(或物)后,缓慢移动人(或物),让其视线随物体水平移动,尽量让宝宝追视到 180°。

3)如果不能完成,就辅助宝宝的头,让其头部随着人(或物)移动。

4)先选用大物体,再到小物体,宝宝都能追视。先近距离再把距离拉远(图 3-3)。

(3)注意转换训练(两点注视)

1)物与物视觉注意转换能力:先让宝宝看见一个玩具,然后在其视野范围内再出示另一个玩具,观察宝宝能否马上注意到第二个玩具(图 3-4)。

图 3-3　追视训练　　　　　　　　　　图 3-4　物与物视觉注意转换能力训练

2)人与物视觉注意转换能力:先用表情使宝宝注意训练者的脸,然后在视野范围内出示一个玩具,观察宝宝能否马上注意到玩具,反之一样。两个视觉刺激物之间的距离和出现的时间间隔应根据宝宝的能力进行设置(图 3-5)。

图 3-5 人与物视觉注意转换能力

(4)注意事项

1)一次视觉干预时间不宜过长,以免造成孩子视疲劳。

2)注意观察宝宝对人脸、玩具、卡片的反应,早期发现视力障碍或交流障碍的宝宝,以便早期就医进行干预。

(二) 听觉干预

听觉是人体另一重要的感知觉,也是重要的信息输入通路,是影响言语发育的重要因素。因此,训练者在早期就要开始给婴儿进行听觉训练。

1. 适用人群 听力受损或听敏感度差的宝宝。

2. 准备 各种不同频率、不同音色的玩具,监护人学会使用温和的语气与婴儿进行互动交流。

3. 目的 提高孩子的听感知能力。

4. 方法

(1)用各种声音训练婴儿的听觉感知能力

1)物体声音刺激:训练者可在距离宝宝耳朵 20cm 左右,周围不同方向,选择不同旋律、速度、响度、曲调或不同乐器奏出的音乐或发声玩具来训练宝宝转头寻找声源的能力(图 3-6,视频 3-1)。

2)言语声刺激:妈妈用愉快、亲切、温柔的语调,面对面地和宝宝说话,可吸引宝宝注意母亲说话的声音、表情、口形等,诱发宝宝良好、积极的情绪、对言语声的反应和发音的欲望。还要鼓励家里各个成员改变对宝宝说话的声调来训练宝宝分辨各种声音。

(2)唤名训练

1)乳名固定:父母给宝宝起一个固定的乳名,家人统一叫宝宝的乳名。

2)对乳名有反应:训练者坚持在每次靠近他时都面带微笑地呼唤他的名字,让宝宝的耳朵慢慢记住跟自己名字相关的声音,用不了多久宝宝便会每次听到唤名时都给予积极的响应。

视频3-1 物体声音刺激训练

图 3-6 物体声音刺激训练

3)唤名回头:3个月的宝宝要学会家人在背后唤乳名时能回头寻找唤名的人。

5. 注意事项

(1)不要突然使用过大的声音,以免宝宝受到惊吓。

(2)不要长时间使用同一种声音进行刺激,宝宝容易疲劳、失去新鲜感,同时不利于训练宝宝对不同声音的辨别能力。

(3)听觉是沟通的关键,宝宝在3个月大的时候进行专业的听觉测试是非常重要的。如果宝宝在医院刚出生的时候没有接受听觉测试,家长应联系保健医师进行该项简单的测试。

(三) 触觉干预

3个月的婴儿全身皮肤都有灵敏的触觉,尤其是在眼、前额、口周、手掌、足底等部位。新生儿依靠触觉得到自慰、认识世界以及和外界交往。触觉发育好的婴儿能很快将所接触到的事物反应给大脑做出判断,因此,训练者应该给孩子提供丰富的触觉刺激。

1. 适用人群 触觉迟钝或过敏的婴儿。

2. 准备 各种不同材质的玩具、浴盆。

3. 目的 改善孩子的触觉灵敏度,增加感觉输入,提高婴儿对外界环境的认知能力和适应能力。

4. 方法

(1)抚触

1)全身抚触:父母按照一定的顺序给宝宝做抚触,轻轻抚摸宝宝的脸颊、耳朵、脖子、肩膀、肚子、大腿以及脚部。

2)手部抚触:在宝宝醒着的时候,掰开其紧握的小拳头,训练者用大拇指轻柔地为其小手做抚触,以掌心为中央向四周轻推,注意要经常把宝宝的大拇指从紧握的小拳头中抽出来。

图 3-9　人眼交流训练

图 3-10　利用物体促进眼神交流训练

二、4~8 月婴儿的干预方法

（一）视觉干预

1. **适用人群**　注视及追视能力差、与人眼交流差的婴儿。

2. **准备**　宝宝感兴趣的物体,如带柄的拨浪鼓、摇铃等。每次一件,定时更换。

3. **目的**　提高孩子的注视、追视及寻找视野外物体的能力。

4. **方法**

（1）扩大视野训练:寻找物体,首先应该从视野范围内无障碍寻找开始,可选取各种各样的玩具作为训练物,可以根据宝宝完成情况改变抛出玩具的轨迹,视野范围内能较好寻找后可以延伸至视野范围外寻找训练(图 3-11)。

（2）人眼接触训练:改变距离促进人眼交流,宝宝躺着、坐着、趴着或举起宝宝,训练者近距离(20cm 以内)、中距离(30~50cm)、远距离(50cm 以上)对着宝宝看、笑、用声音逗,吸引其快速注意到训练者的眼睛,并能持续 15 秒以上(图 3-12)。

图 3-11　扩大视野训练

图 3-12　人眼接触训练

（二）听觉干预

1. 适用人群　听力受损或听觉敏感度差的婴儿。

2. 准备　各种不同频率、不同音色的玩具，监护人学会使用温和的语气与婴儿进行互动交流。

3. 目的　提高孩子的听觉感知能力，学会寻找声源、辨认熟悉的人的声音。

4. 方法　利用各种不同频率、不同音色的物体或人的声音刺激婴儿的听觉。

（1）寻找声源：当着宝宝的面把铃铛掉到地上，宝宝会用眼睛去看，去找不见了的铃铛；然后不让孩子看到玩具，在宝宝背后把带响声的玩具掉到地上，当宝宝听到声音时向发出声音的地方去看，找到落地的玩具。开始用大的玩具（如鼓、大铃铛），然后再到小的玩具（图3-13）。

（2）干扰下找声源：训练者在宝宝前面放一个音乐琴放音乐干扰，然后在宝宝左右、上方、下方用不同的物体声进行刺激或唤乳名，观察宝宝能否迅速找到声源（图3-14）。

图 3-13　寻找声源训练　　　　　图 3-14　干扰下找声源训练

（三）语言干预

1. 适用人群　口中发音少的婴儿。

2. 准备　不同硬度的食物或磨牙棒、牙胶，母亲用不同的声音或方式逗乐宝宝，让其主动发音。

物和声音联系起来,为语言发育打下基础。

4. 方法

(1)训练者语言描述准确:创造好的语言环境,在生活中宝宝每做一件事,训练者都要用准确的词语向宝宝描述,吐词要清楚,用语要规范,尽量少用儿语,如"苹果"就是"苹果",不要用"果果"代替,以免宝宝混淆。

(2)识物

1)音乐对应实物:给宝宝放儿歌、童谣时,就根据音乐的特点,给宝宝看相应的实物,如唱小白兔时,就给孩子看仿真小白兔(图3-20)。

图 3-19　认识身体部位训练

图 3-20　音乐对应实物

2)物品名称的认识:在宝宝面前放上 3 个常见动物,教发动物的叫声,例如:小鸡——叽叽,小鸭——嘎嘎,小狗——汪汪,小猫——喵喵,汽车——嘀嘀等,然后训练者发出一种声音,就让宝宝找出相应的物品来,训练者可先示范(图3-21)。

3)声音记忆训练:用日常生活中的物品如茶杯、小碗、奶瓶等,在宝宝面前敲出不同的声响。然后用一块毛巾挡住宝宝的视线,敲响其中的一件东西,让他从几种物件中找出发声的物件。如果找不出,训练者可以辅助(图3-22)。

图 3-21　物品名称的认识

图 3-22　声音记忆训练

(三)语言干预

1. **适用人群**　语言理解能力差、口中发音少的宝宝。

2. **准备**　日常生活用品。

3. **目的**　提高孩子的语言理解和表达能力。

4. **方法**

(1) 认识常用物品和家里的亲人

1) 认识常用实物：训练者要训练宝宝听懂物品的名称，家里固定位置的物品，一边问一边引导宝宝指认，比如灯在哪里？电视在哪里？玩具车在哪里等。要引导宝宝用眼睛去寻找或用手指出成人所问的那件物品。

2) 认识亲人：训练者对宝宝说出需要指认的家人的称呼，如："爸爸在哪儿"或"妈妈在哪儿""奶奶在哪儿"等。要引导宝宝用眼睛去寻找或用手指出成人所问的那个人。

(2) 懂得禁止：理解"不"的含义，当宝宝正在做一件不应该做的事（如把玩具乱扔），训练者要对宝宝说："不要丢"，或用手摆成"不"的样子，或用不高兴的表情看宝宝。要训练宝宝被禁止做某个动作时自己能有意识地知道停下来。要在生活中反复练习，直至孩子懂得禁止。

(3) 理解"给我"

1) 示范：父亲拿着玩具，母亲对父亲说"给我"，于是父亲把玩具给母亲（图 3-23）。

2) 模仿：给宝宝几个玩具玩，当宝宝在玩一个玩具时，训练者把手伸向宝宝，说"请把玩具给我"，可用手势或扶着宝宝的手帮助其把玩具交到训练者手中。

3) 独立完成：训练者逐渐减少帮助和手势提示，只有语言指示，能对"给我"的指示做出反应。应结合日常生活情景进行训练，训练者应立即对宝宝的反应做出良性应答。

(四) 表达能力干预

1. **适用人群**　语言表达能力差的婴儿。

2. **准备**　宝宝清醒、状态良好。

3. **目的**　提高孩子对事物属性的理解和表达能力，加强亲子互动。

4. **方法**

(1) 模仿发音：训练者鼓励宝宝模仿自己张张嘴，咂咂舌，鼓鼓腮，嚼一嚼，提高孩子咿呀学语能力，训练宝宝有意识地喊爸爸妈妈，一旦宝宝发这些音，妈妈就要表扬宝宝，这样宝宝就更愿意张口发音，有利于语言的发育（图 3-24）。

图 3-23　理解"给我"

图 3-24　模仿发音训练

(2)手势语训练

1)手指分离训练：训练者问宝宝"你几岁了？"，帮助宝宝伸出一只手或一个手指头；鼓励宝宝用示指指认物体，先指近距离物体，再指认远距离物体(图 3-25)。

2)手势语交流：结合日常生活训练手势语言，如高兴时用"拍手"，客人走时用挥手表示"再见"，摇摇手表示"不要"，看到大人生气时会"哭"，看到大人高兴时会"笑"等(图 3-26)。

图 3-25　手指分离训练

图 3-26　手势语交流训练

(3)学会称呼亲人：有意识地称呼 2~3 个亲人，训练者结合日常照顾情况，经常进行训练。在给宝宝生活护理、玩乐、喂食前都要先有语言训练，如给宝宝喂饭时先说"奶奶喂饭"，要妈妈抱时要先说"妈妈抱"，让婴儿把经常听到的声音与碰到的人结合起来，逐步做到见到人能够随口喊出 2~3 种亲人相对应的称呼。有些宝宝能发出几个双拼音，但与人对不上，也不必着急，多加强训练(图 3-27)。

图 3-27　学会称呼亲人

（五）社会能力干预

1. **适用人群**　与人互动差、不能分辨生熟人的婴儿。

2. **准备**　宝宝清醒、状态良好。

3. **目的**　改善孩子的个人社交能力，提高与人互动能力。

4. **方法**

(1)亲吻、拥抱：当宝宝表现好时，训练者要用亲吻、拥抱的方式作为鼓励。在宝宝要离开时，让其模仿做出飞吻、拥抱的动作，表示不舍。宝宝与喜欢的动物玩具或洋娃娃玩时，训练者可以示范亲吻、拥抱洋娃娃的动作，要求宝宝模仿。

(2)玩互动游戏：鼓励宝宝给训练者喂吃的，梳头发，碰碰头，握握手等，让宝宝感觉到跟妈妈玩游戏是愉快的(图 3-28)。

(3)自脱鞋袜：孩子开始学脱鞋袜时只会用两脚互相蹬踢把鞋袜踢下来，训练者可以帮助宝宝用手去脱掉鞋袜,逐步减少帮助,让其自己完成脱鞋袜的动作(图3-29)。

图 3-28 互动游戏训练

图 3-29 自脱鞋袜

5. **注意事项** 宝宝的鞋袜最好穿松的,不要有带子捆扎的,便于宝宝自己穿脱,宝宝脱鞋袜的方式多数是用脚蹬踢下鞋子,用手拉下袜子,只要做得顺利,不强求宝宝用手脱鞋。

第三节 1~2 岁幼儿期语言发育干预

1~2 岁是学习口语最敏锐的时期。这个阶段被称为言语发生阶段。1 岁半之前的孩子往往用一个单词表示一个句子,我们称之为单词句,孩子所说出的词,并不单独地和词所代表的对象发生联系,而是和包括这个对象在内的一种情境相联系,比如:孩子说"水",可能表示"我要喝水",也可能表示"那里有水"。成人需要根据实际情况加以理解,才能判断出孩子语言的真正含义。因此,单词句阶段的词所表达的意思是不精确的。1.5 岁以后,孩子突然开口,说话的积极性很高,语词大量增加,以说简单的短句子为主,也称电报句,如"妈妈班班",意思有可能是"妈妈上班去了"有可能是"妈妈不去上班"。这些语句结构不完整,有时候孩子还要依靠动作来与人沟通。总之,这一阶段是孩子掌握词语的第一个关键期。训练者可以利用这一时期孩子语言发育的特点,科学地促进孩子的语言能力发展。本节给大家详细介绍 1~2 岁幼儿期语言和个人 - 社会行为的干预方法。

一、语言训练

(一) 事物基础概念的训练

1. **适用人群** 语言理解和表达能力差的宝宝。

2. **准备** 镶嵌板、配对用物、图片。

3. **目的** 孩子能根据常用物品的用途进行操作,对事物的概念能够理解。

4. **方法** 帮助孩子了解事物的基础概念。

(1)功能性动作:训练者可让孩子通过模仿懂得身边日常用品的用途。比如:出门戴帽子,穿鞋,用杯子喝水,打电话等,训练者应把学到的内容在生活中进行泛化(图3-30)。

(2)匹配训练:训练者可让孩子把两个以上物品放到合适的位置,例如:把勺子放到碗里,把牙刷放到杯子里,把两个相同的图片放在一起等(图3-31)。

图3-30 模仿打电话

图3-31 匹配训练

(3)选择训练:为了让孩子认识事物的特性和用途,建立事物类别的概念。可以给孩子呈现1个示范项,给孩子2个以上选择项物品,针对示范项,让儿童在选择项中选出合适的物品。先用实物进行训练,再用卡片训练(图3-32)。

(二)事物符号形成的训练

1. **适用人群** 语言理解和/或表达能力差的宝宝。

2. **准备** 仿真娃娃、日常生活用品、情境教学。

3. **目的** 孩子通过他人的手势开始理解意思并可执行手势指令,自己学会手势向他人表示要求;理解手势符号在事物与物品之间的对应关系。

4. **方法** 手势符号。

(1)情景手势符号:训练者采用日常的情景及游戏来促进和强化,培养孩子注意到手势符号的存在,比如在和别人分别时挥挥手表示"再见",朋友见面时握握手表示"你好"。起初是由训练者帮助,逐渐进入自发产生和完成阶段(图3-33)。

图3-32 选择训练

图3-33 情景手势符号

(2)事物和物品之间关系的手势符号:训练者把仿真的玩具娃娃放在孩子面前,将帽子、鞋子、手套放在娃娃面前;训练者先拍打玩具娃娃的头再拍拍自己的头,然后说"帽帽"，帮助或诱导儿童选择帽子。教的时候必须让孩子充分注意手势的存在，再过渡到孩子单独根据训练者手势进行选择，鞋子、手套同样方法进行，完成后将娃娃拿走再让孩子根据手势进行选择(图3-34)。

(3)利用手势符号进行动词和短句训练：训练者利用日常生活场景，结合孩子的行为，给予语言刺激的同时给予手势，并让孩子模仿手势，并将此手势固定下来作为此行为及要求的手势符号，也可以利用手势符号作为媒介进行短语联系，比如"丢垃圾"，训练者拿着垃圾走到垃圾桶旁丢掉，然后让孩子模仿，并将此短语的顺序固定下来(图3-35)。

图 3-34　事物和物品之间关系的手势符号

图 3-35　动词和短句训练

(三) 词语理解训练

1. **适用人群**　语言理解和/或表达能力差的宝宝。

2. **准备**　核心名词(称呼、身体部位、日常生活用品、食物、衣物、玩具、常见动物、水果、蔬菜、交通工具等)图片、实物；核心动词(人常做的动作)图片。

3. **目的**　帮助孩子认识常见和常用物品名称，并能够在生活中反复使用和练习。

4. **方法**　词语理解。

(1)描述法：把孩子需要理解的词语所代表的事物的外部或者关键特征进行描述，以帮助孩子更好地理解和记忆。比如，要让孩子认识小白兔，就要对小白兔进行描述：耳朵长长的，会蹦蹦跳跳，爱吃萝卜和青菜。

(2)实物展示法：给孩子提供与所授词语相关的物品，比如仿真小白兔玩具、图片、影像资料、真实的小白兔等，通过各种实物展示，调动孩子多感官参与，加深词语与事物之间的联系，提高对词语的理解能力。

(3)动作演示法：通过孩子用动作模仿来表现所授的相关词语，主要用来学习动词类的词语。比如教孩子"拍"，可让孩子"拍拍脸、拍拍肚子、拍拍鼓、拍拍球"等。通过动词表演法，加深孩子对词语的印象和理解。

(四) 口语表达训练

1. **适用人群**　语言表达能力差的宝宝。

2. **准备**　仿真动物、玩具、图片。

3. **目的**　出现口语表达。

4. **方法**　口语表达。

对于能模仿的孩子，训练者要多鼓励孩子模仿口腔动作，并发出声音，按照从模仿到主动表达再到生活中运用的顺序进行。先从单音节开始,如"ma",再训练象声字和音调词,然后逐渐增加词汇的口语表达,从无意的发音向有意义的发音转化,使儿童从被动到主动发出有意义的声音。只要孩子肯模仿、肯发音,仅能模仿词头或词尾的发音、语调都是可以的。

（五）注意事项

1. 训练者要检查孩子听力、口腔结构发育是否良好;

2. 注意喂养方式,及时添加辅食,促进孩子发声器官神经肌肉的发育良好;

3. 引导孩子喜欢与环境沟通的意愿;

4. 注意交流方式,多进行面对面交流;

5. 提供丰富的语言环境;

6. 避免模仿孩子不成熟的语句;

7. 长期坚持,要有耐心。

二、个人 - 社会行为训练

（一）有主动交流的意愿

1. **适用人群**　社交落后的幼儿。

2. **准备**　孩子喜欢的食物、玩具、家庭常用物品,吃的香蕉或者橘子、苹果均可,毛巾2块,扫把,撮箕等。

3. **目的**　有效地促进 1~2 岁儿童社交的发展。

4. **方法**　关注身边其他小朋友。

（1）观察别人的行为:身边有小朋友时,或者邻居的小朋友来家里做客,或者亲朋好友来往时,会专注地看着来人,观察别人的行为。别人打招呼时,也会跟着打招呼。

（2）参与游戏:小朋友一块玩时,孩子能主动参加,并能遵守简单的游戏规则,学会等待,学会分享,如玩钓鱼时可以帮忙接住钓上来的小鱼,学习搭积木等。

（3）共同玩:将幼儿与同龄孩子放在一起,给孩子们一两个玩具,两个小朋友能共玩同一玩具 2 分钟以上,态度友好。

（4）会反抗:对想玩的东西或者想做的事情,遇到阻止时会用叫喊、哭、夺、闹来表示（可以平时生活多观察）。

（5）懂得禁止:不许动的东西不去动,对过去禁止动的东西不去动或一经大人提示马上不去动,如禁止儿童动刀、火、烫的水或饭等。

（6）懂得处理简单事情:吃完东西会收拾空瓶、空盘,或者给成人留一个地方,给布娃娃喂东西吃也要用勺子等。

（7）积极探索环境:主动翻桌上、柜子上、床上放的任何东西,扶家具走到别处去看,自己在家里到处走动,翻动家里任何一样东西。

（二）出现恰当的情绪反应

1. **适用人群**　情绪反应落后的幼儿。

2. **准备**　孩子喜欢的玩具、一些简单的游戏等。

3. **目的**　有效地促进 1~2 岁儿童情绪控制能力。

4. **方法**　训练者要在生活中观察并引导孩子的情绪发育。

(1)懂得分享:训练者准备充足的玩具和食物,经常鼓励孩子把自己的东西给跟别人分享(包括糖、玩具)。

(2)听指令打招呼:训练者要教经常鼓励孩子向人打招呼,比如看到"爷爷""奶奶""阿姨"都会叫;平时有人来家里做客或者带孩子到别人家去玩时,要多引导孩子主动喊人的行为。

(3)有同情心:训练者在家人或其他小朋友生病或受伤时,要跟孩子解释生病的"痛苦",孩子能受"痛苦"的感染,也能做出"痛苦"或者"难过"的表情,并能安慰生病或受伤的小朋友。

(4)能控制感情:在孩子做错事情,当训练者批评时,观察孩子能否控制自己的情绪,一定的时间不哭,如果不能,训练者可以通过故事让孩子学会忍耐。幼儿期的孩子,情绪控制的时间是短暂的,训练者也要立刻转移注意。

(5)能独自玩:训练者经常离开几分钟,观察不和孩子在一起时,孩子是否可以独自玩玩具,不哭闹。如果孩子做不到,就要经常锻炼,先是 1 分钟,然后慢慢延长时间,让孩子逐渐适应。

(6)学会等待:训练者让孩子坐好,给孩子一个喜欢的玩具,然后对孩子说:"等着,我去拿 ××",孩子可以在 3~5 分钟内安静,且有期待表情。如果孩子做不到,就要经常锻炼,先是 1 分钟,然后慢慢延长时间,让孩子学会等待。

(三) 生活自理能力训练

1. **适用人群**　生活自理能力欠缺的幼儿。
2. **准备**　勺子、不锈钢碗一个;帽子、开衫衣服、鞋。
3. **目的**　有效地促进 1~2 岁儿童社交的发展,独立自主的能力。
4. **方法**

(1)学着自己吃饭:在帮助下使用勺子,让孩子端坐在合适的餐桌前,训练者可先把幼儿喂得半饱,准备少量的饭菜,让孩子自己右手抓勺子,左手扶碗,将饭菜送进嘴里,在不熟练时训练者可帮扶,刚学着吃饭的儿童会洒得比较多,多次练习后就会洒得少了(图 3-36)。

(2)学着穿戴

1)脱帽子:在训练者重复指令下或自发地脱帽,会自己脱帽,如果不能完成,训练者可以反复示范,让孩子模仿脱帽(图 3-37)。

图 3-36　学着自己吃饭

图 3-37　脱帽子

2) 戴帽子: 训练者给孩子一顶帽子, 在"戴帽"的指令下, 会戴上帽子, 方向不要求准确。如果不能完成, 训练者可以反复示范, 让孩子模仿戴帽 (图 3-38)。

3) 配合穿衣服: 训练者给孩子穿开衫衣服时, 提示孩子主动抬手、伸袖以配合 (图 3-39)。

图 3-38 戴帽子

图 3-39 配合穿衣服

4) 脱外套: 在训练者为孩子解开外衣扣子后, 给孩子发出指令: "××, 把衣服脱下来", 孩子会脱掉外衣。如果不能完成, 训练者可以反复示范, 让孩子模仿脱外套 (图 3-40)。

5) 脱鞋子: 训练者帮孩子解开鞋带或鞋扣后, 发出指令: "××, 把鞋子脱下来", 孩子会把鞋子脱下来, 一只也算数。如果不能完成, 训练者可以给予提示和帮助, 让孩子学会脱鞋 (图 3-41)。

图 3-40 脱外套

图 3-41 脱鞋子

(3) 大小便的解决

1) 大小便有表示: 训练者给孩子把大小便时说以后要拉"臭臭"要用动作告诉大人; 反复训练孩子有大小便时, 会出现某种成人能够理解的动作或行为 (如: 嘘嘘、指一指、蹲下来)。

2) 听指令坐盆: 间隔一定时间或者孩子喝水的多少, 估计孩子有尿时, 让孩子去坐便盆时, 引导孩子按指示去做。

3) 自主坐盆: 经过反复坐盆训练后, 孩子有大小便时, 不用训练者提醒, 自己主动去坐盆 (站起来后, 便盆中确有大便或者小便)。

三、训练建议

语言是先理解,然后再表达而成的,要确保孩子在 1 岁之后出现口语,有下列几点必须注意的事项:

1. **确定孩子听力和口腔结构发育良好**　孩子出生后就应该检查听力和检查口腔结构,排除听力障碍和腭裂。

2. **促进发声器官神经肌肉的发展良好**　训练者要注意喂养方法,及时添加需要咀嚼的食物,给予孩子充足的机会去吸吮和咀嚼。并常常陪孩子面对面说话。

3. **引导孩子喜欢与环境沟通的意愿**　训练者要多从谈话中肯定孩子的声音和语意。

4. **注意交流方式**　训练者要常常陪孩子面对面说话,要鼓励孩子注意大人的口型变化,对孩子说话要慢,嘴形明确,语音清楚,以便于孩子模仿。

5. **提供丰富的语言环境**　让孩子处于充满成人沟通的语言环境中,并赋予生活中每一件例行的事与使用物品的正确语言,且不厌其烦地说给孩子听。

6. **避免模仿孩子不成熟的语句**　当孩子说不清楚时,不要认为可爱而故意模仿,这样会阻碍孩子学习正确的语言。而孩子说错时也不要当面说:"你这样说不对,再说一次!"这样会让孩子感到挫折而无意学习。比方说,孩子告诉你:"妈妈,买衣布(服)。"显然孩子不知道如何表达"服"。这时,父母可以用正确的语言反问一次:"你买衣服吗?"孩子一定会回答:"是。"此时可以再问:"你要什么?"相信孩子会正确说出:"衣服。"而当你给孩子衣服时再正确地说:"这是衣服,给你。"之后,可要求孩子说:"这是衣服。"

7. **长期坚持**　训练者或许会觉得好烦,但处于语言敏感期的孩子,一点都不会拒绝训练者跟他们交流,要想孩子拥有良好的语言能力,训练者建筑在爱心上的耐心是值得的。俗话说:"水滴石穿,不是水的力量,而是坚持的力量",只要训练者们能找到适合孩子的方法,持之以恒,相信您的孩子一定会迎来属于他们的"妙语连珠"的春天。

第四节　2~3 岁幼儿期语言发育干预

2 岁以后,一直到入学前,是学龄前期儿童基本掌握口语的阶段。在掌握语音、词汇、语法和口语表达能力方面都较前一阶段有明显的进步,语言成了这一阶段学龄前期儿童社会交往和思维的一种工具。训练者要把握住这个时机对孩子进行良好的语言训练,让儿童认识诸多事物和有丰富的生活经历,让孩子熟练掌握一定的词汇量,能把话说完整,并且说得有条理,语言能力会产生一个飞跃,发生质的变化。本节主要介绍 2~3 岁学龄前期儿童语言发育和个人 - 社会行为的干预方法。

一、提高孩子完整句的表达能力训练

训练者们要知道词汇是构成句子的基本要素,要想孩子能把句子说完整,掌握大量的词汇是孩子能用句子表达思想的基本条件,这阶段的孩子首先要做的是在原有词汇基础上进行词汇量的扩大训练,同时也要促进质的扩大,可以在日常生活中帮助孩子学习新词

汇、新句式。

(一)词汇量的扩大训练

1. 适用人群　语言发育迟缓、词汇量少的幼儿。

2. 准备　训练不同词汇所需的情景、实物和图片。

3. 目的　扩大孩子的词汇量,并发出该词的音。

4. 方法

(1)动词训练方法:以"喝"为例。

1)演示:先给孩子看"喝"的真实动作情景及图片,教其"喝"的发音及体态语、拟声语。

2)模仿:然后让该子看情景或图片做出相应的体态语和拟声。

3)理解:再让孩子看训练者的动作及发音,从三张以上的图片中找出"喝"的图片。熟悉以后,只让孩子听训练者说"喝"的音,从三张图中找出"喝"的图片。

4)表达:最后让孩子看"喝"的图片自己说出"喝"的发音。并让其在生活中有意说出含有"喝"的发音的句子。

5)泛化:可用同样方法训练其他动词。

(2)形容词训练:以"大"为例。

1)演示:先让该子看大小不同的两个物品,训练者指出大的、做出相应的手势并说出"大"这个音。

2)理解:然后让孩子看训练者的手势及发音,从大小不同的两个物品中找出大的那个。可在孩子未注意的情况下更换两者位置再训练,但两者距孩子喜欢用的手是一样远的。

3)选择:接着只让孩子听"大"的音,从大小不同的两个物品中找出大的。

4)表达:最后让孩子看大的物品自己说出"大"。

5)泛化:并让其在生活中有意说出含有"大"字的句子。

(3)人称代词的训练方法

1)"我":孩子一般喜欢认和自己相关的东西,比如衣服、鞋子等,训练者可以拿着孩子的碗问:"谁的?"如果孩子说是"孩子的",或用自己的名字代指"××的",训练者可告诉说:"自己的东西都要说我的";然后进行强化训练,比如指着孩子的各个身体部位,玩具、衣物问孩子是"谁的?"直到孩子能熟练地回答"是我的"(图 3-42)。

2)"你":妈妈坐在孩子对面,训练者指着妈妈的钥匙问孩子"谁的?"孩子可能会指着妈妈或说"妈妈的",训练者这时告诉孩子说"对面的人应该说'你的'"。然后进行强化训练,比如指着妈妈的各个身体部位,用物、衣物问孩子是"谁的?"直到孩子能熟练地回答"是你的"(图 3-43)。

3)"他":妈妈坐在孩子对面,训练者坐在孩子的侧边,妈妈指着训练者的手机问孩子"谁的?"孩子可能会指着训练者或说"××的",妈妈这时告诉孩子说"另一个人的应该说他的。"然后进行强化训练,比如指着训练者的各个身体部位,用物、衣物问孩子是"谁的?"直到孩子能熟练地回答"是他的"(图 3-44)。

4)游戏中泛化:如抛球游戏:妈妈把球抛给孩子,然后问孩子"谁把球抛给了谁?"引导孩子说出"你把球抛给了我。"爸爸把球抛给孩子,然后问孩子"谁把球抛给了谁?"

引导孩子说出"他把球抛给了我。"等类似的句式(图3-45)。

图3-42　代词"我"的训练

图3-43　代词"你"的训练

图3-44　代词"他"的训练

图3-45　抛球游戏

(4)注意事项:在各种词类掌握的过程中,训练者要清楚语言的学习是一个潜移默化、循序渐进的过程,切不可急于求成,要强调对词的理解、使用。通常学会一种性质的一个词语之后,再进行第二个词语的学习,不要一次学习太多,注意要在游戏中学。

(二) 词汇质的扩大训练

1. **适用人群**　语言发育迟缓、不理解不同性质词汇的幼儿。

2. **准备**　训练不同词汇所需的情景、实物和图片。

3. **目的**　让孩子理解不同性质的词汇意义,并发出该词的音。

4. **方法**

(1)归类法

1)训练者在教会孩子积累词汇和认识周围事物的基础上,要用对比和联系的方法教其把不同的东西进行归类,形成不同的概念系统。

2)训练者在桌子上摆一张猫的图片,告诉孩子猫是动物;摆一张摩托车的图片,告诉孩子这是交通工具;摆一张西瓜的图片,告诉孩子这是水果;然后随机给孩子这3种类型的卡片,让孩子学会归类。

3)训练者把所有的图片打乱放在桌子上让孩子把所有的水果或者动物、交通工具找出来。

4) 建立词义网络：训练者和孩子一起想关于以某个词汇为中心的相关词汇,并制作词卡。将词卡按语义进行分类。依据词语之间的关系画出语义网络图。

(2) 注意事项：训练者要不断扩展儿童的生活范围或经验,可以带孩子去各种公共场所,以增加孩子的感官体验。语言发育迟缓的儿童对没见过的东西是很难理解的,更不要谈让孩子说出来。

(三) 词句学习

1. 适用人群　2~3 岁宝宝,语言发育迟缓的宝宝。

2. 准备　训练不同语句所需的情景、实物和图片。

3. 目的　让孩子理解不同的语句,并能表达短句。

4. 方法

(1) 词句的理解和使用

1) 双词句：从双词句中一个成分的辨别来选择合适的词句,例如"红圆圈、黄圆圈"1/2 的选择等；到可以进行两个成分的辨别选择,如"红色鸭子、黄色积木、绿色鸭子、黄色积木"中 1/4 选择等。难度逐渐增大,促进对双词句的理解。然后,再进行对照图片的言语模仿和主动表达。

2) 三词句：在学习双词句的基础上,可以进行含有名词、动词、形容词等词类的三词句的学习。以"我的红帽子""狗吃香肠"等词句开始示教,难度逐渐加大。训练者用言语给予刺激,让孩子选择相应的实物与图片。基本上,3 岁时能达到进行三词句的理解和运用的目标。

(2) 句式的学习

1) 完成句：训练者出示 2 张图片："喝汽水""喝完了汽水",要区别 2 张图片,利用图片和实际演练,来促使孩子理解正在做的动作和做完的动作应该如何区别、表示。

2) 肯定句、否定句：在学习了肯定句后,用对比的方法来示教否定句,训练者出示两张图片：如"哥哥喝饮料"与"哥哥没喝饮料",利用图片来理解否定句的含义。

3) 其他句式：在前两个句式的基础上,进一步系统地学习其他句式,如在"喝""没喝"的基础上,学习"喝吧""喝过了""真好喝"等句式。这样就完成了学习"喝"这词造句的目标。

(3) 语法中有关词的学习

简单排序：可以采取选择、填空、组合、排列图片等形式来促进这一内容的学习。例如：利用连续的 3 张图片"小明洗手""吃饭""收拾餐具"。让孩子按照事情的前后顺序来排列图片,从中掌握随时间的推移,动作、事情的发展过程中的每一含义,然后引导孩子说出"小明先洗手,再吃饭,吃完饭接着收拾餐具(图 3-46)。

(4) 提问训练

1) 生活常见物品的提问：见到肥皂、勺子、笔、毛巾、电灯、风扇、冰箱、车、筷子等物品,即可问孩子"这是干什么的？"或"这个有什么用？",让孩子说出用途。

2) 自然界常识的提问：在听到汽车鸣叫、铃响、音乐、琴声、蝉叫声、下雨声、打雷声后时,问孩子："这是什么声音？"同样在听到"汪汪""喵喵""呱呱"、小鸟叫、猪叫声时,问孩子："这是谁的声音？",让孩子说出名称。

3) 情境描述的提问：如问"是什么车子开过去了？""前面走过来的是哥哥还是姐

图 3-46 简单排序训练

姐？""这是什么花？""这位爷爷手上拿的是什么东西？""星星为什么不见了？"等。这种场景提问，是孩子生活中亲眼看到的情景问题，孩子会更喜欢回答。

4）因果关系的提问：如问"为什么打伞？""为什么要排队？""为什么撞车了？"通过因果关系的提问，让孩子的语言理解和表达有了初步的逻辑思维。

(5)注意事项：给 2~3 岁的孩子进行语言干预时，要多给孩子制造说话机会，增加亲子互动，增加户外活动丰富生活经验，诱导孩子主动探索世界，通过看动画片、绘本、童话书等刺激视听感官，给孩子提供适当玩具增加学习趣味性，引导孩子多做口腔运动。

二、个人 - 社会能力训练

(一) 社会交往能力训练

1. **适用人群**　社会交往能力落后的幼儿。

2. **准备**　家里常用的物品，水果、零食、玩具等。

3. **目的**　有效地促进 2~3 岁儿童社会交往能力的发展。

4. **方法**

(1)懂得自己的名字

1）说出自己的名字：训练者要在日常生活中理解自己的名字并能加以运用；在别人问孩子："你叫什么名字时"，孩子能回名字（小名也可以）。

2）说出别人的名字：两个小朋友在一起玩时，在训练者提问时，可说出自己的名字和另一个小朋友的名字。

(2)知道选择

1）选择食物：几种饮料放在一起，训练者可以询问孩子要喝哪一种，鼓励孩子选择自己喜欢的饮料。

2）选择游戏：到游乐场玩时，也鼓励孩子选择自己喜欢玩的项目。如果孩子不会，训练者可以解释各种选择项目的优缺点，让孩子自己学会取舍。

3）帮助取物：训练者可在孩子情绪好时，让其从一个地方取东西递给所需的其他家庭成员,比如:"宝宝,你帮阿姨拿件衣服。""请到茶几上帮爸爸拿张报纸过来。"如果孩子不能完成,训练者可以给予提示和示范(图3-47)。

(3)做简单的家务

模仿做家务:当妈妈在干家务时,可以给孩子安排一些适当的配合和帮助的活,让其按指示完成,比如:妈妈扫地要孩子帮忙拿撮箕时,吃饭时帮忙搬小椅子,饭后擦桌子等(图3-48)。

图 3-47　帮助取物

图 3-48　模仿做家务

(4)喜欢表扬、回避批评

1)懂得表扬,期待表扬:训练者在适当的场合对孩子做得好的行为给予表扬和奖励,可以是物质的,也可以是精神的,比如表现好时奖一颗小星星贴在脸上,事情结束时再看看得了几颗小星星,可以兑换孩子喜欢得礼物。这时孩子会对某些事情表现出积极的行动力,而且得到表扬时会很满意。

2)懂得批评,避免批评:训练者在孩子做了不恰当的行为时,应在适当的场所给予批评(包括语言的、手势的、眼神的),让孩子懂得不做禁止的行为。比如:大人说不能碰电,不能爬高,孩子会立马下来,或者下一次遇到会不去碰。

(二) 生活自理能力训练

1. 适用人群　生活自理能力落后的幼儿。

2. 准备　家里常用的物品,水果、零食等,有手柄的杯子、勺子、碗、外套、裤子等。

3. 目的　有效地促进2~3岁儿童生活独立自主的能力。

4. 方法

(1)学会自己进食

1)吃饭:训练者让孩子吃饭时端坐在合适的餐桌前,准备少量的饭菜,让孩子自己右手抓勺子,左手扶碗,将饭菜送进嘴里,反复练习直到不会洒饭。

2）吃水果：训练者把水果切成片,让孩子自己拿着吃（图3-49）。

3）喝水：训练者将有手柄的杯子,里面装少量水,让孩子自己端杯子喝水反复练习直到不会洒（图3-50）。

4）整理：吃完饭后,训练者要训练孩子会用毛巾或餐巾纸擦脸、擦手、擦嘴；如果不能完成训练者可以给予帮助,然后减少帮助,使其独立完成（图3-51）。

（2）自己穿戴

1）穿外套：给幼儿一件开衫外套,训练者先给孩子示范,然后孩子在训练者提示下可以穿上,但是不会扣扣子,反复练习直至孩子能独立完成（图3-52）。

图3-49　吃饭

图3-50　喝水

图3-51　整理

图3-52　穿外套

2）穿袜子：给孩子一只袜子,训练者先给孩子示范,然后孩子在训练者示范和提示下穿上,位置不一定对,然后减少帮助,使其独立完成（图3-53）。

3）解开纽扣：①儿童左手用拇指和示指捏住纽扣,右手用拇指和示指捏住纽门边；②双手分别向外拉,扩宽纽门的空间,让纽扣容易穿过纽门；③左手把纽扣穿入纽门；④右手拉着纽门,并移向左手,然后进行"换手"动作,用左手固定纽门；⑤以右手抓握半穿过的纽扣,把它完全拉过纽门,解开纽扣（图3-54）。

图 3-53　穿袜子

图 3-54　解开纽扣

4）洗手（图 3-55）：①卷起衣袖，走到洗手池边；②开水龙头，打湿双手；③一手按压洗手液瓶，另一种接住洗手液；④双手互搓 20 秒（数到 20），再冲洗干净；⑤擦干手后，整理毛巾或丢弃垃圾。

图 3-55　洗手

三、训练建议

2~3 岁儿童语言的发育与先天大脑皮层语言中枢的发育有关，也与后天的环境有密切关系。家庭经济状况好、良好的带养方式、学龄前期儿童卡片、书籍的导入对学龄前期儿童的语言发育均有促进作用。语言发育的不成熟或发育迟缓，常会引起一些行为问题，如发脾气、社交退缩等。2~3 岁是语言迅速发育的时期，应重视创造良好的语言环境和表达机会，给予儿童轻松的发言机会练习表达能力，并促进句子结构的完善、发展语言的连贯性。训练者在给孩子进行训练时要注意以下几点：

1. **制造说话机会**　训练语言发育迟缓的孩子说句子，要想办法激励孩子开口说话，比如孩子想要某件东西，鼓励孩子不要只说一个词，一定让孩子把句子说完整，再把东西给孩子。

2. **增加亲子互动**　训练者经常用孩子能理解的语言慢慢地与其对话，并且要极有耐

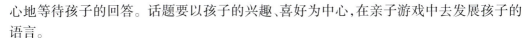

心地等待孩子的回答。话题要以孩子的兴趣、喜好为中心,在亲子游戏中去发展孩子的语言。

3. **增加生活经验**　孩子的语言发展是通过不断地模仿、练习获得的,训练者不妨让孩子多接触不同的人、事、物,例如:去超市购物、逛公园、探视朋友……经由扩展其生活圈,进而将各种事物、动作介绍给孩子、教其模仿。

4. **促进认知发育**　认知发展与语言发展的关系非常密切,孩子会借由操作拿到的东西,来获得更多的知识。训练者须提供一个安全的环境,让孩子去摸、去探索、去操作其所看到的东西,认知提高了,语言也会得到很好的发展。

5. **刺激视听感官**　视觉、听觉是语言发展不可或缺的基本能力。平时让孩子多听童谣、看看卡通等,对于帮助孩子的语言发展有相当大的助益,但值得注意的是,训练者需在一旁解说其内容,才会有助于孩子对词句的理解能力。

6. **提供适当玩具**　提供孩子模拟日常生活的玩具或游戏,如电话、汽车模型等,可增进他对各种词语的认识,训练者可适时加入一些形容词,例如大的车子、红色的球……借此增加孩子对形容词、副词的应用。

7. **做做口腔运动**　常常动一动嘴巴、舌头,可帮助孩子咬字清晰、讲话清楚,训练者可以利用孩子刷牙的时候,教孩子动一动舌头;做一做口腔运动,对促进语言的发展将是功不可没的。

第五节　3~4 岁学龄前期儿童语言发育干预

3~4 岁是儿童语言发展的飞跃期,此时他基本已经掌握了母语的全部语音,词汇量增加得非常快,可以用简单的语言与训练者或同伴实现无障碍交流。只不过由于大脑前庭功能以及口腔内肌肉张力的发展还不够成熟,孩子还没有达到想到就能立刻说出的程度,所以在叙述时还不怎么流畅,有时还会出现断断续续,语序颠倒,甚至口吃的情况。而且孩子的很多发音可能也不是特别标准,不过没有关系,只要给予孩子正确的语言环境,让孩子多说、多练,这些都可得到纠正。本节主要介绍促进 3~4 岁学龄前期儿童语言发育的干预方法。

一、提高孩子语言的理解和表达

3~4 岁的孩子是口语表达的最关键时期。但很多的孩子口语表达能力发展不均衡:有的孩子能较好地用口语表达自己的需求,有的孩子在进行口语表达时却存在发音不清晰、语序颠倒、代词使用混乱、发单音节多于发多音节、用词不规范、语句不完整等现象。以下介绍几种策略来提高孩子的语言理解和表达能力。

(一)谈话法

谈话法是一种常用的训练策略,主要让孩子能听懂日常会话,并能灵活应答。

1. **适用人群**　语言理解表达落后的幼儿。

2. **准备**　训练者要学会与孩子谈话的技巧;孩子喜欢的食物、玩具、图片等。

3. 目的 有效地促进 3~4 岁学龄前期儿童口语的发展。

4. 方法

(1)创设宽松的谈话氛围

1)交谈：训练者每天有足够的时间与孩子交谈。话题应围绕孩子感兴趣的话题，比如：谈论孩子喜欢的食物、玩具、游戏；询问和听取孩子对自己事情的意见等。

2)注意谈话方式：尊重和接纳孩子的说话方式，注意和孩子说话的语气和情绪，无论孩子的表达水平如何，都应认真地倾听并给予积极的回应。

3)与同龄孩子交谈：鼓励和支持孩子与同伴一起玩耍、看书、交谈，相互讲述见闻、趣事或看过的动画片等。在同伴当中孩子说话不受到任何的限制，氛围更为轻松。一些口语发展得比较好的孩子还将在其中起到示范、带头的作用，训练者可借此机会倾听孩子的交谈，及时纠正孩子的错误发音或纠正病句，促进孩子口语的发展。

4)讲普通话：家中如果有用各种方言的训练者，应尽量说普通话，积极为孩子创设用普通话交流的语言环境。

(2)引导学龄前期儿童清楚地表达

1)注意语速：训练者与孩子讲话时，语速要慢点，不要过快，表达要清楚、简洁。

2)避免口吃：当孩子因为急于表达而说不清楚的时候，提醒其不要着急，慢慢说；同时要耐心倾听，多鼓励，给予必要的补充，帮助孩子理清思路并清晰地说出来。

3)注意在日常生活中引导：日常生活是孩子学习语言的基本环境。在这个环境中有着丰富词汇、发展口语的很多有利条件。孩子接触到的词句都是与具体事物、具体动作同时出现的，训练者要多鼓励孩子参加家务活动，将自己做过的事情，吃过的食物描述出来，对于日常生活中常用的、反复出现的词汇，引导孩子理解和表达，加深孩子的印象。

4)善于抓住语言培养时机：训练者在教学龄前期儿童穿衣服时，可教孩子正确叫出各种衣服的名称；在盥洗时，教孩子说出盥洗用具、盥洗动作、面部或身体各部分的名称；带孩子外出时，主动与孩子交谈，向孩子介绍所见到的能理解的事物，同时丰富有关词句。

5. 注意事项 在家庭的日常谈话中，训练者最容易发现孩子口语中的问题，如发音不准、用词不当，口吃或语病等。发现以上任何问题，要及时纠正，如果长期出现，就要带孩子到正规的医疗机构进行语言评估与治疗。

(二) 倒着说

1. 适用人群 记忆力、语言表达能力欠缺的幼儿。

2. 准备 训练者和孩子面对面而坐，事先准备好倒着说的句型。

3. 目的 锻炼孩子的记忆能力、反应能力和语言表达能力。

4. 方法 训练者事先准备好可以倒着说的各种句型。

(1)倒着说短句：训练者先跟孩子说一些简短的词句，让孩子复述，比如"我是孩子"，然后把句子倒过来再说一遍，如"孩子是我"，让孩子复述。

(2)倒着说长句：孩子理解倒着说的意思后，训练者正着说，让孩子自己倒着说。如果孩子能够熟练掌握，可以不断加长句子，增加难度。比如：长颈鹿有长长的脖子，有长长的脖子是长颈鹿；小蝌蚪的妈妈是大青蛙，大青蛙是小蝌蚪的妈妈。

(三) 各种词汇的运用和归纳

很多特殊儿童在词语的掌握上存在不同程度的困难，常常表现出词汇量比同龄正常儿童少,并且很少使用形容词、数量词、代词、副词和连接词;对词语的理解不完整,常常会扩大或缩小词义。所以,训练者要帮助孩子灵活运用各种词汇,并将各种词汇进行梳理和归类,可以根据孩子的理解水平来设计训练策略。

1. 逛超市

(1)适用人群:词汇偏少的幼儿。

(2)准备:各种蔬菜和水果的图片,如黄瓜、樱桃、胡萝卜、玉米、草莓、辣椒、土豆、橘子、西瓜、菠萝、芹菜、洋葱、扁豆、香蕉、椰子、西红柿、桃子、南瓜、葡萄、苹果等。

(3)目的:能把蔬菜和水果进行分类,并了解各种蔬菜和水果的特点。

(4)方法:

1)诱导句型练习(图 3-56):孩子坐在桌子前面,训练者把各种蔬菜与水果图片摆在桌子上,然后根据图片说各种句型,让孩子一边指出图片,一边回答问题。例如:①猴子喜欢吃黄色的、弯弯的(　　)(香蕉);②妈妈经常在蛋糕上面放(　　)(樱桃);③切(　　)的时候,眼睛会流泪(洋葱);④不要放太多(　　),否则会很辣的(辣椒);⑤吃(　　)之前要去皮(香蕉、橘子等);⑥这串(　　)还没有成熟,肯定很酸(葡萄);⑦小白兔最喜欢吃(　　)(胡萝卜);⑧(　　)吃起来好苦啊(苦瓜)。

图 3-56　诱导句型练习

2)会话主题(图 3-57):训练者根据孩子的理解水平设计合适的会话主题,跟孩子一起将蔬菜、水果进行分类,将它们的特点进行归纳。例如:①哪些是蔬菜、哪些是水果?②哪些水果是圆圆的? ③哪些水果和蔬菜的颜色是绿色的? 哪些是红色的? 哪些是黄色的? ④哪些蔬菜不煮也可以吃? 哪些蔬菜和水果去掉皮才可以吃?

3)应用练习:让孩子将妈妈做菜的流程说一遍。如果孩子不会,可以训练者提示,然后再让孩子复述一遍。

妈妈到超市买蔬菜→回家后先把蔬菜整理好(坏掉的叶子扔掉)→洗干净→菜刀切好→放到锅子里炒一炒→炒的时候要先放油,再放各种调料→最后炒熟装到盘子里→准备吃了

图 3-57　会话主题 - 区分蔬菜和水果的特征

2. 动物世界

(1)适用人群:词汇偏少的幼儿。

(2)准备:各种动物的图片,如狗、猫、老虎、狮子、松鼠、豹子、兔子、大灰狼、羊、孔雀、鸡、猪、鹅、奶牛、鸭、猫头鹰、老鼠、长颈鹿、大象、乌龟、狐狸、啄木鸟、青蛙、章鱼、蝴蝶、瓢虫、龙虾、海豚、蜜蜂、海星、苍蝇、蚂蚁、蜗牛、蚊子、鲨鱼、蜘蛛、蛇、毛毛虫、蝌蚪。

(3)目的:能把各种动物进行分类,并了解各种动物的特点。

(4)方法:

1)诱导句型练习(图 3-58):孩子坐在桌子前面,训练者把各种动物图片摆在桌子上,然后根据图片说各种句型,让孩子一边指出图片,一边回答问题:①去郊游之前,妈妈要给( )挤奶(奶牛);②农场里爬得最慢动物是( )(蜗牛);③( )的脖子长;( )的鼻子长;( )的耳朵长(长颈鹿、大象、兔子);④( )尾巴大;( )尾巴最漂亮(松鼠、狐狸;孔雀);⑤( )会生蛋(鸡、鸭、鹅、鸟);⑥( )会捉老鼠(猫、猫头鹰、蛇)。

图 3-58　诱导句型练习

2）主题会话（图 3-59~ 图 3-62）：训练者根据孩子的理解水平设计合适的会话主题，跟孩子一起根据动物的特点进行分类和归纳，通过主题会话训练可以锻炼孩子的语言逻辑能力。例如：①哪些动物（图 3-59）是这样叫的："呱呱……""哼哼……""汪汪……""喔喔……"？②哪些动物会飞？哪些动物会游泳？哪些是陆地上的动物？③哪些动物（图 3-60）既可以生活在水里，又能生活在陆地上？④哪些是食肉动物？哪些是食草动物（图 3-61）？⑤找出不属于同一类的动物（图 3-62），哪一种动物不是一类，如：松鼠、大象、小鸟、长颈鹿；⑥哪些昆虫（图 3-63）是益虫？哪些是害虫？为什么？⑦哪些动物（图 3-64）有两条腿？哪些有四条腿？哪些有翅膀？

3）应用练习：训练者让孩子想象在农场里、森林里、海边会发生什么事情，这样不但可以锻炼孩子的想象力，也可锻炼语言的表达能力。例如：①如果我生活在农场里，我会……②如果我生活在森林里，我会……③如果我生活在海边，我会……

二、初步阅读能力的建立

3~4 岁正是孩子阅读能力的启蒙阶段，这时，训练者要为孩子提供良好的阅读环境和条件，选择一定数量、符合学龄前期儿童年龄特点、富有童趣的图画书。另外还要注意激发学龄前期儿童的阅读兴趣，培养阅读习惯。如：经常抽时间与学龄前期儿童一起看图书、讲故事。提供童谣、故事和诗歌等不同体裁的儿童文学作品，让孩子自主选择和阅读。当孩子遇到感兴趣的事物或问题时，与其一起查阅图书资料，让孩子感受图书的作用，体会通过阅读获取信息的乐趣。

图 3-59　主题会话 - 区分动物的叫声
A. 青蛙"呱呱"；B. 小猪"哼哼"；C. 小狗"汪汪"

图 3-60 主题会话 - 区分动物的习性

图 3-61 主题会话 - 区分动物的饮食特点

图 3-62 主题会话 - 动物的异类鉴别

图 3-63 主题会话 - 区分益虫和害虫

图 3-64　主题会话 - 动物的身体结构特征

（一）看图说话

1. **适用人群**　连贯句子表达欠缺的幼儿。

2. **准备**　安静的环境，一些情景类的图片或绘本。

3. **目的**　锻炼孩子的观察力、想象力和创造力，丰富词汇量，先让孩子学会简单的组词及说短句，逐渐让孩子用连贯的句子来表达个人对图的理解。

4. **方法**

（1）单张图片看图说话：看图说话的最初阶段一般都应该以问答形式开始，就是成人问，孩子答。例如：

1）成人问："你看一看，图片里都有什么？"孩子肯定回答："有猫、小鸟、树"等主体物。

2）成人问："小猫在干什么呀？"孩子的回答就会略有不同，这时候可以学习短语"小猫正在……"。

3）成人问："小猫和小鸟在说什么？"这个时候就可以发挥孩子的想象，锻炼说出完整的句子。

4）成人问："小猫的心情怎样？"这时候可以学习词语"高高兴兴"。

5）孩子能回答图片上的内容后，再鼓励孩子把图片上的情节从头到尾讲一遍，并引导孩子想象接下来的故事情节。

（2）连环图片看图说话（图 3-65）：几张连环图片基本上可以组成一个小故事了，讲故事对 3~4 岁的孩子来说难度有点大，一次可多选择那种一两句话就可以表达完一张图内容的连环图片。例如下面四幅图：

1）训练者可先让小朋友们观察图片，学习说词语春天、夏天、秋天、冬天。让孩子了解哪幅图代表哪个季节，这样短句就好说多了，如：春天来了，小兔放风筝；夏天到了，小兔在树下乘凉；秋天到了，小兔摘苹果；冬天到了，小兔堆雪人。

2）然后让孩子观察小兔子的行为，让孩子自由发挥。成人问："你最喜欢哪个季节呢？"待孩子回答后问："为什么喜欢？"再让孩子表达一次自己的想法。

3）最后，训练者把图片拿走，给孩子提问，看孩子是否理解了季节的含义，如问："夏天到了，小兔子堆雪人对吗？""春天到了，小兔摘苹果对吗？"反过来，孩子也可给训练者提问，锻炼孩子的提问能力。

图 3-65　连环图片看图说话

（二）跟着我说

1. **适用人群**　复述能力欠缺的幼儿。

2. **准备**　简短故事图片若干张。

3. **目的**　锻炼孩子的听觉记忆能力，提升孩子的语言复述能力。

4. **方法**　让孩子学会复述故事。

（1）训练者从图片中选择一个短篇故事，先给孩子讲一遍，让孩子对故事情节有个大概了解，讲解时注意语气、语调，让孩子感受语气、语调的作用，尽量把故事人物高兴、悲伤的心情用不同的语气、语调表现出来，让孩子更好地模仿和对故事内容感兴趣。

（2）训练者挑出故事里面关键性和精彩的句子，再说一遍，并让孩子跟着说一遍。

（3）孩子单句可以复述后，训练者可以慢慢增加难度，让孩子复述三、四句，直到能把整个故事复述下来。

（4）孩子复述能力增强后，还可让孩子进行扩句训练。

（三）读、背诗词和儿歌、童谣

1. 适用人群　语言流畅性欠缺的幼儿。

2. 目的　提升孩子的语言，让孩子感受诗词、儿歌、童谣的韵律之美。

3. 准备　一些简单的朗朗上口的古诗词、儿歌、童谣图片。

4. 方法　教孩子学会读、背诗词和儿歌、童谣。

（1）训练者可以先借助图片，给孩子读一首诗（如古诗《咏鹅》），然后让孩子跟着一起读一遍，并把诗所表达的意思像讲故事一样给孩子讲一讲。

（2）讲的时候训练者可以指导孩子通过肢体动作把里面的一些内容表演出来。

（3）注意刚开始的时候要选择一些短小、浅显、朗朗上口的名篇让孩子朗读，并不断鼓励、表扬孩子，让孩子积极参与其中。

（4）孩子朗读熟练之后，可以鼓励孩子背诵出来，感受诗词的韵律之美。

（5）同样的方法教孩子学其他的古诗和儿歌、童谣。

三、学会主动提问

3~4 岁的正常儿童，会对世界充满好奇，会在成长的过程中自然而然发展出各种主动性的沟通行为，会根据情境对成人提各种各样的问题，但是对于特殊儿童，这些行为都需要后天习得。下面就给大家介绍如何教孩子学会提问的训练策略。

（一）学会简单提问

1. 适用人群　不会提问题的幼儿。

2. 准备　简单问题的准备，适合提问的教学玩具和图片。

3. 目的　提高孩子的主动沟通和互动交流。

4. 方法

（1）训练者要激发孩子的好奇心，在日常生活中，积累词汇，为提问打好语言基础。在对孩子进行提问教学之前，训练者们一定要注意自己孩子的语言基础是否适合这部分的教学——孩子起码要具备 50 个单字的语言使用，才更适合进行提问的教学。

（2）孩子刚开始学习提问，要从比较简单基础的问题开始，然后慢慢发展到比较复杂的、逻辑性的提问。基础问题包括："那是什么？""这是什么""在哪儿？""是谁的？""发生了什么？"等。

（3）教提问"这是什么？"

1）训练者挑选好孩子非常喜欢的物品，然后把它们放到几个不透明的袋子里，确保孩子看不到里面的东西是什么（图 3-66）。

2）训练者拿出袋子里的一样东西，比如孩子喜欢的小熊问"这是什么？"孩子看到后如果立即说出"小熊"，马上递给孩子，让其随意玩耍。

3）训练者让孩子自己到袋子里拿玩具，鼓励孩子向训练者提问"这是什么？"（图 3-67）。

4）训练者可以在日常生活中分多次、多个时间跟孩子玩这个游戏，让孩子更自然地在期待和好奇中渐渐学会提问"这是什么？"

图 3-66　袋子里放孩子喜欢的物体

图 3-67　教提问"这是什么？"

（4）教提问"在哪儿？"

1）训练者准备好不同的玩具，把它们藏在不同的地方。娃娃藏在毛巾下，小狗藏在帽子下，小猪藏在篮子下。训练者问"娃娃在哪儿？"让孩子找出来。

2）反过来鼓励孩子提问"××在哪儿？"让训练者去找藏起来的物品（图 3-68A）。

3）重复多次以上的过程，直到孩子能够主动提问"××在哪儿？"

4）泛化：这样的活动可以发生在生活中的每个环节，比如吃饭前把孩子最喜欢的食物藏到某个地方，出去玩前把孩子的鞋子藏在某个地方等。直到孩子能够自然地问出"××在哪儿？"，因为孩子知道自己能通过这个问题找东西，并且去做自己喜欢的事情（图 3-68B）。

图 3-68　教提问"在哪儿？"

（5）教提问"发生了什么？"

1）训练者可以跟孩子一起看他们喜欢的卡通或者绘本，到发生某个训练者觉得孩子喜欢的事情的时候，先暂停下来，示范提问给孩子："发生了什么？"引导孩子问出，此时训练者跟孩子一起体验一下这个动作。比如，训练者跟孩子一起看《小猪佩奇》，暂停后问孩子："佩奇发生了什么？"孩子肯定先回答："它在跳"。

2）这时候训练者需要坚持引导直到孩子向训练者提出这个问题，然后回答孩子，之后两个人一起拉着手在沙发上蹦蹦跳跳 5~10 下。

3）经过多次重复，让孩子形成期待：我提出这个问题时，可以得到一起体验这个活动的机会。如此一来,孩子进行主动提问的动机就变强了。

(二) 学会复杂提问

1. 适用人群　已经会提简单问题的幼儿。

2. 准备　复杂问题的准备,适合提问的教学玩具和图片。

3. 目的　强化孩子的主动沟通和互动交流。

4. 方法

(1)有了简单提问的基础之后,训练者才能接着用简单提问相同的方法训练孩子提复杂的问题。

1)"谁?""什么时候?""为什么?""怎么样?"等涉及到抽象意义、逻辑思维以及复杂内容的问题。

2)随着年龄的增长,孩子有了一定的认知能力、语言能力和生活体验就会开始学会提复杂问题,主动的交流意识也逐渐增强。

(2)提问训练提示

通过上面三个简单问题引导提问的过程,训练者们可以发现,其实这些方法都有共性,掌握住这些共性,就很容易引导孩子进行主动提问:

1)让孩子期待提问之后可以得到什么。

2)提问之后直接获得的东西或者活动是孩子喜欢的。

3)所有的体验都是孩子亲自操作和体会的,并非训练者代劳的。

四、建立文明的语言习惯

3~4岁的孩子不光要提高语言的理解和表达,有一定的阅读能力和提问思考能力,还需培养良好的文明语言习惯,这样对以后的社会交往有很好的促进作用。那么,如何帮助孩子学会运用文明的语言呢? 下面就给训练者介绍这方面的知识。

(一) 学会礼貌用语

1. 适用人群　不会正确运用礼貌用语的幼儿。

2. 准备　各种情境图片。

3. 目的　①知道日常生活中的常用礼貌用语;②愿意学习并使用礼貌用语;③以正确使用礼貌用语为荣;④正确使用日常生活中的礼貌用语。

4. 方法

(1)应考虑孩子原有的基础

1)基础:先检查孩子是否能正确运用礼貌用语,如果不会,要利用孩子原有的生活经验,提高对礼貌用语含义的理解。

2)情境中运用:训练者不要过于简单地教孩子说礼貌用语,训练时要和孩子的日常生活紧密结合,利用不同生活情境解释礼貌用语的适当运用,并促使孩子经常使用。

(2)各种礼貌语的使用

1)请求语的使用:需要别人帮忙时,学会用商量的口气说"请"或"劳驾",以表示对他人的尊重,而不用命令的口气说"喂""哎"等。

2)道歉语的使用:应是自己由于打扰他人,而感到内心不安时使用"对不起""麻烦您了"或"请原谅"表示道歉,请求他人原谅,当别人向你道歉时,要回答说"没关系"或

"不要紧",而不能得理不让人,不依不饶。

3)问候语的使用:通过问好学会向其他人打招呼,早晨第一次和尊长见面时,要说"您早"或"您好",而不能低头侧身,装没看见。

4)感谢语的使用:让孩子理解得到他人的协助、关心和礼物时都应说上一句"谢谢",被别人感谢时要及时回复"不用谢",这样就让小朋友之间的友情更加深厚了。

5)道别语的使用:让孩子理解什么时候说"再见",怎么说的怎么做的?要和别人分别时,说上一声"再见",让别人心里感到很温暖;同样地,别人和你说再见,你也会很开心。

(3)礼貌用语的训练要紧紧抓住其实质

1)人与人交往中尊重别人、对别人友好表示。

2)要使孩子正确理解每种礼貌用语所表示的内心真情。

(二) 交流态度训练

1. 适用人群 交流态度不好的幼儿。

2. 准备 生活中情境谈话时注意孩子的交流态度。

3. 目的 让孩子建立良好的交流态度。

4. 方法

(1)训练者在与孩子交谈时,要不断提醒孩子注意交流态度。

1)视线交流:训练者要教孩子与人谈话时的态度要自然大方,视线要看着对方。

2)注意倾听:别人与自己谈话时要认真听,不左顾右盼或任意打断。

(2)说话自然,声音大小适中

1)注意声调:孩子用适当的声调,对长者说话要清楚,不要大喊大叫。

2)注意声强:声音不能太小。在集体中说话时声音要大些。

3)适当控制:当爸妈学习或家中有人休息时说话要轻。

4)主动交流:跟同龄的孩子交流要主动些。

(3)培养良好的语言习惯

1)要求孩子说话清楚、连贯、不学不正确的语言。

2)不说脏话、粗话。

3)要求孩子遵守集体生活的语言规则,如轮流发言,不随意打断别人讲话等。

4)注意公共场所的语言文明,如不大声喧哗。

(4)讲普通话

1)孩子学语言时要以普通话为标准语音。

2)研究表明,讲普通话的孩子比说方言的孩子废词量低,病句也较少。

五、个人 - 社会能力训练

(一) 记忆重要信息

1. 适用人群 不知道住处和父母电话的儿童。

2. 准备 拍一些小区周围环境的照片,住处的大门和家门口的照片,父母的电话号码。

3. 目的 让孩子能正确回答父母的名字、电话号码、家里的地址。

4. 方法 训练者让孩子反复识记父母的名字、手机号码、家庭住址、工作单位。

(1)记住父母的名字:孩子说话不成问题时,妈妈就应该反复告诉孩子自己的名字和

发,再到远离儿童日常生活的事物;从名词出发再到动词、形容词、数量词等;从单个词到词组,循序渐进,逐渐加大难度。

4. 游戏方法占主导 爱玩是孩子的天性,应在玩中教、玩中学,多利用游戏促进孩子理解,在游戏中鼓励孩子主动表达自已的需求和想法。

5. 语言学习是儿童语言循序渐进、逐步积累的过程 儿童学习和掌握语言、词汇、句子,都需要一个过程,从无到有、从不理解到部分理解再到完全理解,积少成多、逐步形成、逐步完善。3~4岁的儿童对语音的掌握、词义的理解、语法的运用还很不成熟,常常出现理解错误、表达错误的情况,这是儿童语言发展过程的年龄特点,只要训练者坚持训练,孩子的这些问题都会得到纠正。

第六节 4~6 岁学龄前期儿童语言发育干预

儿童掌握语言是一个连续发展的从量变到质变的过程。这里的语言发展是指个体对母语理解和产生的过程。学龄前期儿童的语言发展受生理机制和认知能力发展的制约,呈现出固有的发展顺序和阶段。本节主要介绍如何促进4~6岁学龄前期儿童语言发育的干预方法。

一、4~5 岁学龄前期儿童语言干预方法

(一) 词汇的提高: 学习量词

1. 适用人群 不会正确使用量词的学龄前期儿童。

2. 准备 各种生活实物、量词卡片、量词歌。

3. 目的 ①引导学龄前期儿童正确认识量词;②通过创编量词歌,进一步巩固使用量词;③提高儿童的词汇理解能力。

4. 方法

(1)训练者与孩子对说学习量词—名词

1)训练者说量词,孩子说名词:如训练者说"一包",孩子说"一包薯条";训练者说"一只",孩子说"一只小狗""一只鸟""一只青蛙"……

2)训练者说名词,孩子说量词:如训练者说"剪刀",孩子说"一把剪刀";训练者说"葡萄",孩子说"一串葡萄";训练者说"茄子"孩子说"一个茄子"……

3)这种对说的游戏形式简单,不受时间、地点的限制,训练者可以随机开展游戏,也可以利用量词卡,让孩子随时随地轻松地加强量词学习。

(2)训练者在日常生活中注意孩子的量词学习

1)在起床时:训练者引导孩子学习说"一件衣服""一条裤子""一双袜子""一双鞋子""一张床""一床被子""一个枕头"等。

2)在吃饭时:训练者引导孩子学习说"一个碗""一双筷子""一把勺子""一个鸡蛋""一张桌子""一把椅子""一包糖""一碗汤""一杯水""一瓶牛奶"等。

3)外出散步时:训练者引导孩子注意观察周围的事物,告诉孩子这些事物该怎样

表达,比如"一朵花""一根竹子""一片竹林""一只小鸟""一群小鸟""一条小水沟""一栋房子"等。

4)日常生活中强化:训练者与孩子日常交流的时候,要注意到孩子说话时应用的量词是否正确,比如孩子说"一个衣服"的时候,要及时纠正为"一件衣服",不要认为孩子长大之后自然而然就会纠正的,训练者发现要在第一时间对其进行纠正。

(3)利用游戏学习量词

1)摸一摸、说一说的游戏:训练者利用动作引导孩子学习人的各种器官、部位的量词,让孩子摸一摸自己的或者布娃娃的身体部位,如鼻子、耳朵、脑袋、头发、眼睛、嘴巴、牙齿、手、脚等,引导孩子学习"一个脑袋""一根头发""一双眼睛""一个鼻子""一对耳朵""一张嘴""一颗牙齿""一双手""一条腿"等(图3-69)。

图 3-69　摸一摸、说一说的游戏

2)接龙的游戏:在量词中,大多数的量词都有多种搭配,为了加深孩子对量词的理解,训练者可以先任意说出一个数量词,然后让孩子以这个数量词开头加上适当的名词,如:"一个什么?"孩子可以接"一个小朋友""一个三角形""一个宝宝""一个洋娃娃""一个故事"等;如:"一串什么?"孩子可以接"一串香蕉""一串葡萄""一串钥匙"等。

3)量词开火车游戏:有些事物根据不同情况又可以搭配不同的量词,在游戏时训练者任意说出一个名词,鼓励孩子在这个名词前面加上适当的数量词,不要用固定的答案来限制孩子的思维。如:"多少牛奶?"孩子往下接"一滴牛奶""一杯牛奶""一盒牛奶""一袋牛奶""一桶牛奶";"多少橘子?"让孩子往下接"一个橘子""一袋橘子""一堆橘子""一盘橘子""一瓣橘子"等。

4)量词比较游戏:孩子量词开火车游戏理解得比较好之后,训练者可让孩子进行量词比较,可以训练孩子语言逻辑能力。比如:问孩子"一朵花多还是一束花多?""一个鸡蛋多,还是一篮鸡蛋多?"如果孩子不能理解可以把实物呈现出来,让孩子先进行直观比较,再进行想象比较。

(4)利用量词儿歌、绕口令学习

1)训练者可以选择一些量词儿歌、绕口令教给孩子,这样孩子更容易记忆。比如"一头猪,两匹马,三条板凳四杯茶,五个花瓶六朵花……"教孩子的时候最好配上图来帮助孩子记忆。

2)联想法:对于一些不常用的事物的量词,要教会孩子使用联想法,比如"几朵白云",可以教孩子将白云想象成为开在蓝天当中的花儿,所以量词用"朵"。

(二)倾听能力的培养

根据儿童的语言学习和发展,倾听是一种必需的能力。4~5岁学龄前儿童的倾听能力是在干预过程中逐渐发展起来的,干预的重点应放在对语音、语调的感知和对语意的理解上,在这一过程中,孩子们应该获得以下四种倾听技能:有意识倾听、辨析性倾听、理解性倾听和欣赏性倾听。

1. 有意识倾听

(1)适用人群:4~5岁不能有意识倾听的学龄前期儿童。

(2)准备:各种图书。

(3)目的:培养儿童全神贯注地听和有目的地听。

(4)方法:

1)建立图书角:①整理出图书角:训练者和孩子共同劳动,用书架整理出一个属于孩子自己的图书角。②放置合适的书籍:图书角上摆放的是各种各样图文并茂的图画书,书中有孩子所喜爱的儿歌、童话、诗歌等。③讲故事:在整理的过程中,训练者可以不失时机地告诉他们书中有可爱的白雪公主和七个小矮人,有天线宝宝和他们的朋友们。④倾听:一旦抓住了孩子的好奇心,再要求他们有意识地倾听可就容易多了。况且,在活动的过程中,孩子们付出了自己的汗水,与图书多少建立了一定的感情。

2)绘声绘色地讲述:①训练者是主角:训练者在讲述故事之前,要充分调动孩子听的"胃口",比如讲《小美人鱼》的童话时,训练者可以把童话的部分内容提示地告诉孩子,"小美人鱼本来生活在海里,怎么会到陆地上来呢? 到底发生了什么事,现在我们来一起听一听";②吸引儿童:讲述过程中,训练者可以边讲边做动作,用丰富的表情、抑扬顿挫的声调来吸引学龄前期儿童的注意力,还可以不时地插入小问题,引出下文,调动起孩子的积极性(图 3-70)。

图 3-70　绘声绘色地讲述

2. 辨析性倾听

(1)适用人群:不能进行辨析性倾听的学龄前期儿童。

(2)准备:辨析性倾听材料。

(3)目的:训练孩子能分辨不同的内容,理解不同的语音、语调,对所听的内容作出归纳、推理和评价。

(4)方法:改错句活动。改错句是一项颇具幽默感的活动,需要儿童有一定的归纳和推理能力。

1)日常交流中改错句:训练者和平时一样组织活动,故意在与孩子的交流中说错一句话,让孩子听着好笑时,紧接着提出"改错"的游戏,然后与其共同讨论,学习改错的方法。

2)选择合适的句型:错句句型的内容一定是孩子已经理解了的内容,如:孩子已经学会分辨各个季节的特点,可以让孩子改错句:"春天来了,大地一片金黄""冬天到了,小树发芽了";孩子已经知道各种动物的特点,可以让孩子改错句。

3)图片改错:孩子如果光是凭倾听,不能学会改错句,训练者可以先提供一些改错图片,让孩子通过视觉提示学会改错,然后再进行听觉改错训练。例如:"小鸭在天上飞来飞去""公鸡妈妈和小鸡在草地上玩"。

3. 理解性倾听(图 3-71)

(1)适用年龄:理解性倾听欠缺的学龄前期儿童。

(2)准备:理解性倾听材料。

（3）目的：训练儿童掌握倾听的主要内容，根据上下文作出合理的推测。

（4）方法：理解句子的言外之意。这是一个操作简单的活动，但对孩子的理解力要求较高，需要训练者或老师耐心指导。训练者把下列例句念给儿童听。每念完一句，让孩子回答句子的意思。例如：

1）我还以为今天会下雨呢。（今天下雨没有？）

2）小刚总算把作业做完了。（小刚做作业很容易、轻松吗？）

3）这只猴子竟然比王军想的要聪明。（王军以为这只猴子很笨吗？）

4）"赵敏，谁让你去玩火的！"。（有人让赵敏玩火吗？）

我还以为今天会下雨呢。

今天下雨了吗？

小刚总算把作业给做完了。

小刚做作业很轻松、容易吗？

这只猴子竟然比王军想象的要聪明

王军以为这只猴子很笨吗？

"赵敏，谁让你去玩火的！"

有人让赵敏玩火吗？

图 3-71　理解句子训练

4. 给故事接"尾巴"

(1)适用人群:理解性倾听欠缺的学龄前期儿童。

(2)准备:寓言故事《知了过冬》。

(3)目的:训练孩子对未讲完的故事接上一个完整的结局,可以增强孩子的理解力。

(4)方法:训练者选择一个简单的故事,训练者说故事的开头,让孩子发挥想象结尾。

1)训练者把知了过冬的故事念给孩子听。故事大意如下:知了整个夏天都在不停地唱歌,其他的小动物们只玩了一小会儿,就忙着做事去了。因为它们得为过冬做准备。小松鼠在树里储存了食物和水,小蚂蚁也把食物搬到了洞里……而知了仍然在唱它的"知了,知了"歌,其他的事情都不做。不久冬爷爷到了,带来了大片大片的雪花还有"呼呼"的西北风。

2)训练者提出问题:知了怎么过冬? 它有房子住吗? 它有食物吃吗? 让孩子给故事接上"尾巴"。对于理解有困难的学龄前期儿童,训练者可用提问的方式加以提示,故事"尾巴"接完以后,引导孩子得出寓意。

5. 欣赏性倾听

(1)适用人群:欣赏性倾听差的儿童。

(2)准备:学龄前期儿童文学作品,如儿歌、童话、诗歌等。

(3)目的:提高孩子对所倾听内容的赞美态度,并能使倾听者在听的过程中一种愉悦感油然而生。

(4)方法:训练者选择适合的儿歌、童谣、诗歌通过 CD 或朗诵让孩子进行欣赏性倾听。

1)训练孩子欣赏性倾听有两种方式:一是放磁带或 CD;二是训练者或老师有表情地朗读。

2)孩子在两种方式下都能得到文学作品的熏陶,建立对文学作品的敏感性,为以后初步阅读能力的培养奠定基础。

(三) 有主题的交谈能力的培养

孩子的交谈能力是孩子运用语言与他人进行交流的能力。与人交流的重要前提是倾听。听不懂对方的话语,交流是无法进行和深入的。倾听能力提高了,就可以训练有主题的交谈能力了。有主题的交谈活动的语言交流方式较多,既可以是孩子之间的交谈,也可以是孩子与老师或训练者之间的互动。不管用哪种方式,一定要注意在宽松自由的气氛中进行,选择与孩子生活贴近的、有趣的话题,鼓励孩子们积极说话,善于表达个人的想法,让其在用语言交流的过程中操练自己的语言,并产生相互影响,通过提高自己对语言的敏感性而发展自己的语言,注意交谈过程中不要偏离主题。

好吃的早餐

(1)适用人群:有一定表达能力的儿童。

(2)目的:创设谈话情趣,提出谈话主题,引导孩子自由交谈。

(3)准备:各种早餐。

(4)方法:吃早餐时坐在一起进行交谈。

1)有重点地提问:训练者在放有食物的桌旁坐下,拿起面包、鸡蛋和牛奶,向孩子展示,并提出下面的问题:"你看我在干什么? 桌子上的这些东西是什么时候吃的? "如果孩子不回答,训练者给予提示:"是早上、是中午、还是晚上?"当孩子答对了,训练者告诉学龄前期儿童,"早上吃的东西叫做'早餐'",让孩子掌握这一词汇。

2)早餐描述:训练者还可以用平时谈话的方式,为孩子提供谈话的经验。比如:"我早上最喜欢吃鸡蛋、牛奶。鸡蛋香香的,牛奶甜甜的,很有营养。"鼓励孩子说出与别人不一样的早餐及感受,丰富儿童的词汇。

3)自由谈早餐:在学龄前期儿童园或训练室,老师引导孩子谈自己的生活经验。建议提出下面的问题:"今天早餐你吃的是什么?你还吃过哪些早餐?吃了早餐感觉怎么样?"小组课时让孩子自由结伴交谈,老师参与谈话活动,引导儿童围绕主题谈,让孩子的注意力集中到"早餐"上。

4)集体谈早餐:老师请几位在自由交谈中讲得好的孩子向大家介绍早餐,要求孩子说出自己吃过哪些早餐,感受如何。然后用提问的方式拓展话题:"你们最喜欢吃什么早餐?为什么喜欢吃这些东西?"。

5)品尝早餐:在家或者学龄前期儿童园、训练室小组课时,训练者或老师将事先准备好的点心分给孩子品尝,在孩子情绪高涨的情况下结束活动。

(四) 提高语义能力训练:反义词训练

1. 适用人群　不能理解反义词的儿童。

2. 准备　挂图、录音机、皮球、墨汁、香水、药片、白糖等实物。

3. 目的　①让学龄前期儿童初步练习使用反义词语和相对的话;②培养学龄前期儿童思维的敏捷性和口语表达能力。

4. 方法

(1)利用实物:帮助学龄前期儿童理解什么是意义相反的词,引导学龄前期儿童联系熟悉的事物说出意思相反的单音节词,如:

大——小　粗——细　多——少

高——矮　黑——白　开——关

上——下　前——后　快——慢

(2)利用感知:训练者给儿童提供各种尝试材料,让孩子通过听一听、看一看、捏一捏、拎一拎、尝一尝,来感知、探索、发现问题,知道提供的尝试材料中有几种相反的特征,让孩子在感知的基础上初步了解认识反义词。例如:

1)利用味觉尝出糖和苦药的味道之后,理解了甜和苦是一对反义词;

2)利用触觉用手捏石头和棉花的硬度,理解了硬和软是一对反义词。

(3)利用手势、动作、表情:训练者利用各种手势、动作、表情启发学龄前期儿童说相反的话,做相反的动作,使学龄前期儿童说出相反的词。例如:

大人——小孩　高大——矮小　安静——吵闹　细心——粗心

高兴——伤心　前进——后退　喜欢——讨厌　轻松——紧张

(4)利用想象思维,举一反三:训练者可以让儿童通过思维想象说出一些前面活动中没有认识的反义词,不仅达到发现掌握新反义词的目的,同时又培养了儿童勇于探索、敢于尝试的精神。如启发学龄前期儿童对出相反的短句:

开灯——关灯　浮上来——沉下去　天上——地下

天晴,衣服干了——下雨,衣服湿了　快快跑——慢慢走

(5)利用反义词图片(图3-72):训练者用图片上的词语,引导学龄前期儿童对上相反意思的词,也可用铅笔将相反的反义词连线,对上者,戴一朵小红花。

图3-72　反义词图片训练

(6)利用挂图:训练者引导学龄前期儿童说两两相对的短句。

1)爸爸瘦——妈妈胖。

2)警察是好人——小偷是坏人。

3)西瓜大——草莓小。

4)小孩在房子里面——月亮在房子外面。

(7)利用反义词儿歌(图3-73):训练者在孩子能够理解一些反义词后,可以选择一些反义词儿歌,通过背诵儿歌记住反义词。

图3-73　反义词儿歌训练

(8)利用故事(图3-74):训练者给孩子讲一个故事,然后提问题,孩子回答。最后让孩子找出故事里有几对反义词。

农场里鸡妈妈和鸭妈妈带着自己的孩子出去散步,鸡妈妈走在前面,鸡孩子走在后面,鸭妈妈走在中间,鸭孩子在旁边;数一数,有几只鸭子,几只鸡? 哪个多,哪个少? 鸡的嘴巴尖尖的,在捉小虫子吃;鸭子的嘴巴扁扁的,捉不到小虫子,想让鸭妈妈带它们去小河里抓鱼吃。

(9)利用游戏:让孩子把已学会的反义词利用游戏的形式加以巩固。

1)家庭成员手拿图片围成圆圈,在音乐声中边跳边唱边找与自己手拿图片意思相反的人做好朋友。

2)小组训练中,孩子坐在一起围成圆圈,让孩子们举手说一个反义词,另外的孩子抢答另一个反义词。

图 3-74　反义词故事训练

(五) 提高儿童社会交往和生活自理能力训练

1. 自我意识培养

(1)适用人群:正常儿童或自我意识差儿童。

(2)准备:儿童个人用物、镜子、照片、笔、纸,真实情景。

(3)目的:促进自我意识良好发展,能自我评价,有一定的自我控制能力,有坚持性和自制性。

(4)方法:

1)自我评价训练:①分辨自己的相貌和物品:儿童学会在镜子中观察自己的相貌和表情,从照片中认出自己;从家庭环境里表达出所有自己的物品,说说特点;②分辨姓名:儿童要能清楚表达自己的姓和学名,并认识姓和名;③分辨性别:父母应根据孩子的性别,选择相应的穿着打扮;引导孩子模仿同性别的训练者,内化为自己人格的一部分;理解性别的真正意义;④分辨自我能力:儿童要学会自己的事自己做,随着不断认识自己能力的存在,自我意识感更强烈。

2)自我控制训练:①动作控制:训练者要引导儿童学会抑制某些行为,不正确的事情可以控制动作,学会停止动作;②情绪控制:在碰到困难和挫折时,训练者引导儿童学会用语言寻求帮助,并能够控制自己的情绪等待帮助或者转变行为;③认知控制:训练者要教会儿童能够按照问题的难易程度做出适宜的反应;④延迟满足:儿童要控制欲望的即时满足,比如,事先说好,完成指定的任务后,可以得到一颗儿童喜欢的糖,如果儿童能把糖留到第二天吃,会得到更多的糖。

2. 生活自理和参与家务

(1)适用人群:正常儿童或动手差的儿童。

(2)准备:各种生活用品和不同季节的衣物。

(3)目的:脱穿各种衣服和鞋子;能自主洗漱:擦脸、洗手、梳头、漱口、刷牙、挤牙膏;

大小便不用帮忙等；能参与简单家务；建立独立性和自信心。

（4）方法：

1）能把衣物穿整齐：①穿戴分前后左右：穿衣分前后并整齐；鞋子分左右（图3-75）；②起床时、睡觉时反复练习穿脱冬天的衣服、鞋袜。

2）学扣上纽扣（图3-76）：①儿童左手捏住纽门；②右手捏住纽扣。将纽扣穿入纽门，然后进行换手的动作；③以左手抓握着半穿过的纽扣，右手抓握着纽门边；④双手分别稍稍向左右两边拉开，将纽扣完全拿过纽门。

图 3-75　穿戴衣服

图 3-76　扣纽扣

3）学拉链（图3-77）：①帮儿童拼好接头，儿童把拉链拉上来就可以了；②帮助儿童拉近衣服两边并对齐，协助引导迁入底部拉链接头；③自己把两边衣服对齐靠拢，自己独自完成。

4）系鞋带（图3-78）：①先练习穿大孔木珠，再穿小孔的；②用玩具鞋练习穿鞋带孔、系活结；③最后独自穿各种鞋子、系鞋带。

图 3-77　学拉链

图 3-78　系鞋带

5）个人卫生训练：①刷牙（图3-79）：第一步：准备好刷牙用品；第二步：开水龙头，用漱口杯盛水，关水龙头；第三步：开牙膏盖，挤牙膏；第四步：上下左右的刷牙；第五步：放下牙刷,拿起漱口杯,含一口水漱口,吐出,反复几次;第六步:开水龙头,洗牙刷和口杯,关水龙头;第七步:用毛巾擦脸,收拾用具;②洗脸:让孩子反复练习拧毛巾擦脸;③洗澡:训练者帮助下用洗发水洗头,沐浴露洗澡,会拧毛巾擦干;④梳头:训练者给孩子一把梳子,教其把头发梳整齐。

图 3-79　刷牙

6)大小便自理训练:①如厕:提醒并指导孩子准备工作,如果是蹲厕,备好手纸在旁边的小板凳上,最好双手抓扶住稳定的小板凳;洗手;②晚上少喝水:夜间尽量保证好孩子的睡眠时间和质量。如果有尿床现象,半夜喊醒他自行小便一次。

7)参与家务:①可以通过观察、模仿、协助训练者做各种不同日常家务。比如:折衣服、折裤子……②独自完成简单的家务:送东西,擦桌子,折毛毯、整理床铺和房间等;③擦桌子:第一步:从挂钩取下小毛巾,把毛巾放入洗手盆里湿;第二步:毛巾折叠成条状,双手掌心握着毛巾,并以相反方向将毛巾拧干;第三步:将毛巾平铺在桌面的左上角,双手按着毛巾,由左至右擦桌子到另一边,然后 Z 形移动。直至擦完整张桌面;第四步:清洗毛巾后挂回原处。

3. 懂得礼貌待人

(1)适用人群:不懂礼貌的儿童。

(2)准备:真实情景或绘本。

(3)目的:懂礼貌并言行文明。

(4)方法:训练者在日常生活中要教会儿童礼貌待人。

1)礼貌接听电话:当有小朋友邀请他去玩时,如果自己想去玩,礼貌同意并告知训练者,在安全的地方玩;如果自己不想去玩,应该礼貌告诉别人。

2)礼貌待客:有客人来的时候,当训练者在家时,可以让孩子去开门,微笑愉快称呼客人,并礼貌用语"欢迎",请坐,递茶和糖果。当客人离开时,送客人到门口,并说再见。当训练者不在家时,要求不给别人开门。

3)公共场所懂礼貌:户外,当不小心踩到别人脚时,应该说"对不起",请求别人原谅。当接受帮助时,应该说"谢谢"。

4. 安全意识培养

(1)观察法:借助工具或现代科技,利用眼睛、耳朵等感觉器官去感知观察对象,达到学习目的。

(2)适用人群:正常儿童或安全意识差的儿童。

(3)准备:视频、物品、绘本、真实情景。

(4)目的:能保护自己。

(5)方法:学习评估危险,控制行为。

1)不碰火、热、电、尖锐等危险物品;

2)不随意开大门,不停留在门的前后、无栏杆楼梯或阳台、工地等危险的地方;

3)手或头不要伸进狭窄的空间,比如电梯门、栏杆、门框的缝隙中间;

4)不在阳台、楼梯上跳;

5)不乱触碰,不拿不是自己的物品,不损坏公物和他人的物品;

6)发现别人遇险,立即请求大人帮助;

7)观看视频:通过观看相关的真实案例,判断危险的环境和行为。

5. 表演　正性强化法:通过表扬、赞许、奖赏等方式使孩子良好的行为得以延续。注意做到立即反馈、频繁反馈、突出反馈。

(1)适用人群:正常儿童或害羞的儿童。

(2)准备:电视或手机音乐,观众。

(3)目的:能大胆地在公众面前展示自己,增强自信心。

(4)方法:

1)说唱舞蹈练习:①模仿不同动物的特征动作,比如:模仿猴子挠耳朵;②模仿简单舞蹈;③反复听经典儿歌、诗词、简短故事,并模仿、背诵。

2)表演:让孩子多在客人面前展示,不管做得怎么样,都要鼓励、表扬和欣赏,提高孩子的表演兴趣和积极性,提高自信心。

6. 参与集体活动训练

(1)适用人群:正常儿童或不合群的儿童。

(2)准备:球、纸、筷子、花生米、图片、剪刀、小桌子、大型玩具。

(3)目的:能主动参加集体游戏,并能与人合作、分享。

(4)方法:建立简单的游戏规则,引导孩子参与2人以上的游戏。

1)谁敏捷(图3-80):传接篮球、足球;踢毽子;跳绳、跳城堡、跳格子;丢石子等传统民间儿童游戏。

2)谁手巧(图3-81):折纸边角更整齐;用筷子夹花生米多(3个或以上);剪刀沿直线或圆形剪;涂色不出边界;捏橡皮泥形状更逼真等。

图 3-80　丢石子

图 3-81　折纸

3)谁平衡好(图3-82):能独脚站10秒;足尖对足跟向前走2m;单足跳3次或以上;在一级台阶上,同一只脚上下台阶,练习踩踏板。

4)谁数对了(图3-83):谁伸出了正确的手指数。

5)合作(图3-84):与他人抬桌子或搬大型玩具;共同完成拼装玩具;共同完成一项任务。

图 3-82　独脚站

图 3-83　数手指

二、5~6 岁学龄前期儿童语言干预方法

（一）理解四季的名称、突出的特点以及相关的词汇

1. 美丽的春天

图 3-84　搬凳子

（1）适用人群：对季节不理解的学龄前期儿童。

（2）准备：有关春天景物的图画；剪刀；粉色、红色、白色、黑色的废布条、胶水、字卡"春天""燕子"。

（3）目的：了解春季的基本特征，关注大自然在春季的变化。

（4）方法：训练者通过各种活动让孩子理解春天的含义。

1）户外活动：春天的时候，妈妈可带孩子春游，去看小草、野花，去放风筝，去找小蝌蚪，在户外找春天。让孩子在感受大自然的同时，渗透环境教育。

2）做美工：训练者教孩子粘贴桃花，让孩子在做手工的过程中深深体会春天桃花开了。

3）学儿歌：训练者在各种活动中教孩子学说儿歌《春天到》，"春天到，桃花红，梨花飘，草地绿，柳枝摇，池塘青蛙呱呱叫，小河流水哈哈笑。"

2. 炎热的夏天

（1）适用人群：对季节不理解的学龄前期儿童。

（2）准备：夏季服饰，有关夏天特征的图片。

（3）目的：了解夏季的特征，知道降温的方法。

（4）方法：训练者通过各种活动让孩子理解夏天的含义。

1）训练者出示夏天的图片，问孩子："夏天到了，天气非常炎热，你知道用什么办法能使我们凉快些吗？"引导孩子回答：穿短袖、短裤、凉鞋；吃西瓜；让孩子找室内可以降温的电器及其他物品，如：电扇、空调、凉席……

2）再出示冷饮：冰棒、冰激凌、冰汽水，问孩子："这是什么季节吃的？"引导孩子回答:"夏天吃的"。

3)拿出知了的图片,让孩子认识知了,知道夏天一到,知了就会在枝头鸣叫。结合童谣,让孩子记住夏天有知了。

4)户外活动:夏天到了,训练者可以带孩子去游泳池游泳,到池塘边看荷花,听青蛙叫,观察蜻蜓飞。

5)学儿歌:"夏天到,蜻蜓满天飞,荷花水上漂,青蛙呱呱叫。"通过儿歌让孩子记住夏天才会有蜻蜓、青蛙、荷花。

3. 可爱的秋天

(1)适用人群:对季节不理解的学龄前期儿童。

(2)准备:各种秋季水果图片,粮食作物图片,秋天的景色图片。

(3)目的:认识秋季,增强环保意识。

(4)方法:训练者通过各种活动让孩子理解秋天的含义。

1)训练者出示各种水果、蔬菜图片:"你看这么多的水果、蔬菜,你都认识吗?"待孩子把水果、蔬菜名称说完后,问孩子"你知道这些水果、蔬菜是什么季节成熟的吗?""秋天。""对,秋天是个收获的季节。"

2)再出示秋天的图片:请孩子仔细观察草、树的变化。告诉孩子,秋天农民伯伯种的粮食也丰收了,有水稻、玉米、芝麻、大豆、花生等,并拿出相应的图片让孩子指认。

3)户外活动:如季节合适,可以带孩子去果园摘苹果、橘子等;去农田看农民伯伯收割稻谷、麦子等。

4)手工:带孩子到户外捡各种树叶,并用树叶粘贴成一幅画,让孩子深刻体会秋天的树叶变化。

5)学儿歌:"秋天到,树叶落;果实香,大地黄;农民伯伯丰收忙。"

4. 寒冷的冬天

(1)适用人群:对季节不理解的学龄前期儿童。

(2)准备:冬天的景色图片,冬季服饰。

(3)目的:了解冬季的明显特征,知道人们对环境的依赖和适应。

(4)方法:训练者通过各种活动让孩子理解冬天的含义。

1)训练者出示各种冬季的图片:"孩子,见过雪花吗?""喜欢下雪吗?""什么季节会下雪呢?""下雪了,你想去玩什么?"训练者用提问的方式让孩子知道冬季会下雪,下雪可进行哪些活动。

2)户外活动:如果季节合适,训练者带孩子到户外观察寒冷的天气,让孩子把小手伸出来感觉一下冷不冷。下雪了,可以和孩子一起堆雪人。

3)学儿歌:"冬天到,雪花飘;小宝宝,出门了;戴棉帽,穿棉袄;花围巾少不了;穿戴好,别感冒。"

4)告诉孩子冬季人们取暖的方法:穿棉衣、棉鞋、戴棉帽、围巾、手套……

与孩子一起找室内的取暖物品:暖气、空调、棉被……

(二) 提高语法能力干预

通过语法规则训练,提高语法能力。

1. 适用人群 语法规则理解不好的学龄前期儿童。

2. **准备**　语法规则图片。

3. **目的**　①知道把字句和被字句的成分,学会把字句和被字句的互换;②学会把陈述句改为把字句、被字句。

4. **方法**

(1)认识把字句和被字句。

1)把字句是指用介词"把"构成的句子。把字句的格式为:谁把谁怎么样? 包括主动者、被动者、动作部分(图 3-85)。举例:宝宝把葡萄吃了(图 3-86)。

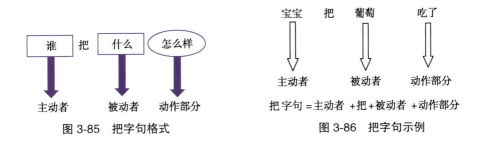

图 3-85　把字句格式　　　　　　　　图 3-86　把字句示例

2)被字句指用介词"被"构成的表示被动意义的句子。被字句的格式为:谁被谁怎么样? 包括被动者、主动者、动作部分(图 3-87)。举例:葡萄被宝宝吃了(图 3-88)。

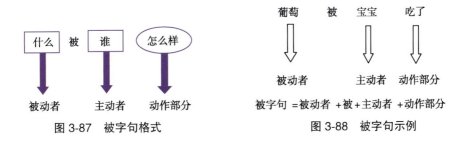

图 3-87　被字句格式　　　　　　　　图 3-88　被字句示例

(2)"把字句"和"被字句"的互换(图 3-89)

1)比一比,找方法:出示"宝宝把葡萄吃了""葡萄被宝宝吃了"。

2)得出方法:找主动者和被动者;换主动者和被动者。

3)换"把"或"被"。

4)动作部分不变,搬下来。

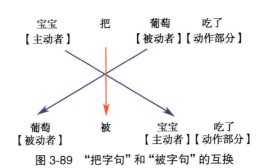

图 3-89　"把字句"和"被字句"的互换

（3）练一练：

| 帽子 | 被 | 我 | 弄丢了 |

改：| 我 | 把 | 帽子 | 弄丢了 |

（4）改一改：

1）错题修改一：

我把小鸡放走了。

我被小鸡放走了。（×）

改正：小鸡被我放走了。

（主动者和被动者要交换位置）

错误：忘记把主动者和被动者交换位置。

2）错题修改二：

妈妈把脏兮兮的鞋子洗干净了。

鞋子被脏兮兮的妈妈洗干净了。（×）

改正：脏兮兮的鞋子被妈妈洗干净了。

错误：词语搭配不能改。

（5）陈述句改把字句、被字句。

1）通过例句学方法：①出示句子：妈妈晒衣服了。分别改为把字句和被字句；②先找出主动者、被动句和动作部分，再修改。主动者是妈妈，被动者是衣服；③把字句：妈妈把衣服晒了；④被字句：衣服被妈妈晒了。

2）练一练：①陈述句：兔子和萝卜，谁吃掉了谁？②把字句：兔子和萝卜，谁把谁吃掉了？③被字句：兔子和萝卜，谁被谁吃掉了？

（三）提高语用能力干预

1. 排序能力的训练

（1）适用人群：排序能力欠缺的学龄前期儿童。

（2）准备：用来排序图片若干，录音故事。

（3）目的：①通过观察、推理等活动发现事物中简单的规律；②掌握排序的基本规律，并表达发现的规律；③培养学龄前儿童听出故事情节的变化，会按情节的发生、发展、结局给故事图片排序。

（4）方法：

1）注意生活细节，观察日常生活变化的规律：①训练者要让孩子注意日常生活中每个行为的步骤，比如洗手（图3-90）；②训练者要教会孩子多留意观察身边人、动物、植物等各种事物的变化以及规律。如：季节的变化，动物、植物的生长变化，天气的变化、情绪的变化等，训练者要善于把握机会，适时地创设情景教学，让孩子感知各种变化并把这些体验按顺序描述出来(图 3-91);③训练者可以把孩子乐于参与的活动有意识地拍成照片,让孩子看照片,通过回忆按活动的先后顺序描述当时的情景或心理活动(图 3-92)。

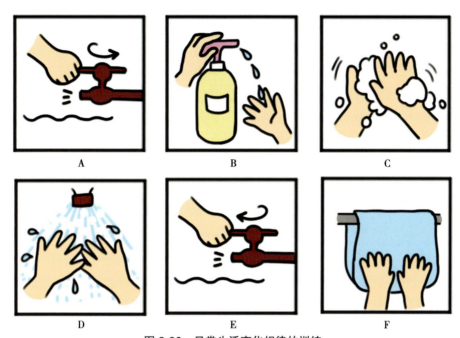

图 3-90　日常生活变化规律的训练

A. 先打开水龙头,把手打湿;B. 把洗手液挤到手上;C. 两手搓一搓;
D. 用自来水冲洗干净;E. 关水龙头;F. 用毛巾擦干

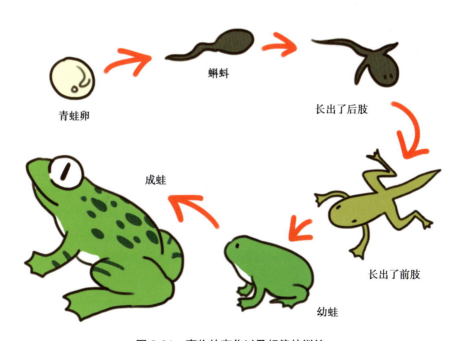

图 3-91　事物的变化以及规律的训练

图 3-92　日常生活活动规律的训练

A. 小女孩起床了；B. 小女孩在吃美味的早餐；C. 小女孩背着书包高兴地去上学

2）联想、假想能力的训练促进排序能力的发育（图 3-93）：①联想能力训练：训练者平时和孩子多做一些想象游戏：如，看到雨，我们想到什么，闻到香味我们想到什么？②假想能力训练：如果小鸟没有翅膀会怎样 / 小鸡掉到河里会怎样 / 小蝌蚪找不到妈妈会怎样（图 3-94）？

图 3-93　联想能力训练

图 3-94　假想能力训练

3）有步骤地培养孩子对图卡以及图画的排序能力：①描述动作：训练者出示一套与生活相关的顺序图片，可先由训练者表演图片中的动作，让孩子观察，并让他描述训练者表演的动作；②单个动作与图片配对：训练者可以分别做出每个图片中的动作，让孩子从图片中挑选出同样动作的图片，同时告诉儿童每个动作的先后顺序（图 3-95）；③第一、最后、中间：孩子将图片顺序排好后，训练者可以让孩子指出哪一张是第一个动作，哪一张是最后一个动作，哪一张是中间的动作。这样能加深儿童对图片顺序的认识（图 3-96）；④图片排序：训练者将一组有顺序性情节的卡片，向孩子讲解多次，待他们理解情节后，训练者再将卡片零乱地散开，要孩子按事件的进程排列好；⑤描述图片排序：当儿童完成图片排序后，训练者应鼓励儿童用语言描述每一张图片，并可以练习用先，再，然后等顺序词语（图 3-97）。

2. 猜谜、编谜能力训练

(1)适用年龄:不会猜谜的学龄期儿童。

(2)准备:1 只盒子,里面装有仿真青蛙;实物、水果、动物若干,猜谜语卡片、书籍。

(3)目的:①让学龄前期儿童初步掌握谜语的特点,引起对猜谜语的兴趣;②在训练者的启发下,学习按物体的主要特征来猜谜语;③了解谜面与谜底的关系,学习用通顺的语句编谜语;④乐于猜谜、编谜活动,感受其中的快乐情趣;⑤发展儿童的思维能力,想象力及语言表达能力。

图 3-95　单个动作与图片配对训练

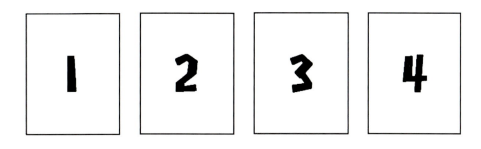

图 3-96　图片排序训练 - 蜘蛛织网过程

图 3-97 图片排序训练 - 雪人融化过程

（4）方法：

1）猜谜语：①训练者给孩子出示 1 只盒子，问："盒子里装着一样东西，你来猜猜是什么？"②孩子有可能说了很多别的东西，但都没猜对，这时训练者给他念一首儿歌，并配合一些动作，这首儿歌是讲一样东西，但儿歌中不讲出这样东西的名称，只讲出它的样子、用处或者是颜色，声音和其他特点，这样的儿歌叫谜语；③训练者要让孩子知道猜谜语要仔细听清楚每个字和每句话，并把几句话连起来想一想，猜猜是什么东西（图 3-98）；④训练者朗读谜语："这种动物真奇怪，眼睛大，嘴巴宽，不吃粮食不吃菜，专吃害虫除祸害。"同样的物体，可能有几种说法："小时穿黑衣，长大穿绿袍，水里过日子，岸上来睡觉。"（打一动物）；⑤先请孩子想一想，猜一猜，猜出来了就说出来，并说明原因；⑥如果孩子没猜出来训练者可以再次朗读谜语，并解释谜语；再请孩子猜；⑦孩子猜出来之后以同样的方法猜其他的谜语。

2）编谜语：①训练者出示图片并示范编谜语先提问：大象的鼻子像什么？（钩子）鼻子长长像钩子；大象的耳朵像什

图 3-98 猜谜语

么？（扇子）耳朵大大像扇子；高大的身体像什么？（房子）身体高大像房子；四条粗腿像什么？（柱子）四条粗腿像柱子；②帮助孩子总结：所以我们可以根据大象的特征编谜语，连起来就是：鼻子长长像钩子，耳朵大大像扇子，身体高大像房子，四条粗腿像柱子（大象）；③以同样的方法巩固：出示花生图片：花生住在哪里？花生的壳非常粗糙，像麻袋一样，花生像住在麻房子里；花生皮是什么样子的？红红的像裹了一条红被子一样；花生的颜色又是怎么样的？花生长得白白胖胖；④训练者引导孩子根据花生的外形、颜色，给它编了个好听的谜语"麻房子、红被子、里面住着白胖子。"⑤训练者引导孩子发现每句话后面都有一个什么字？有什么作用呢？（好听、顺口）；⑥鼓励孩子接着根据训练者提供的图片，编谜语，如果不会，训练者可以给一些提示，以后再逐渐减少提示，直至孩子能够独立完成编谜语游戏。

（四）叙事能力的训练

1. 适用人群 叙事不清楚的学龄前期儿童。

2. 准备 各种叙事材料（生活事件、角色扮演、情境故事等）。

3. 目的 ①通过叙事，体验、理解过去的经历；②通过叙事，进行自我展示；③通过叙事，使过去的事件具有现时性、生动性；④通过叙事，可充分发挥儿童的想象力，引领儿童进入阅读和写作的世界；⑤叙事可促进儿童社会性发展。

4. 方法

(1) 日常生活中训练儿童的叙事能力

1) 日常交流中引导孩子进行叙事性讲述：学龄前期儿童每日生活中的所有内容都是语言学习的有益资源，训练者要善于抓住机会，善于挖掘生活中的叙事因素，开展日常交流中的叙事活动。

2) 随时随地交流：训练者利用孩子饭后、盥洗、游戏、散步、睡前等分散的时间，与孩子有计划、有目的地进行互动与交流：你今天在幼儿园（康复机构）做了什么游戏？你跟哪些小朋友一起玩了？星期天想到哪儿去玩？明天想吃什么等（图 3-99）。

3) 利用各种感官观察进行叙事：如吃橘子时，引导孩子说一说："看到橘子能说些什么？"我们可以看一看：这是一个黄色的、圆圆的橘子；再闻一闻：橘子香香的；尝一口：橘子酸酸的、甜甜的；仔细看看：这是一个叶柄上有一片小叶子的橘子；再想想孩子可能是……训练者要学会引导孩子调动全面的感官观察并进行叙事性讲述，形成新的叙事性讲述核心经验，在以后进食时都可以让孩子迁移这些叙事性讲述核心经验（图 3-100）。

图 3-99 随时随地交流

图 3-100 利用各种感官观察进行叙事

（2）在角色扮演游戏中开展叙事性讲述

1）训练者要给儿童提供丰富的生活体验：角色扮演游戏是儿童对现实生活的反应，儿童的生活内容越丰富，游戏内容就越充实、新颖，游戏的水平也就越高。儿童对外界事物有了较丰富而深刻的印象，为儿童在游戏中发展想象力、创造性提供了条件。

2）让儿童多观察好的行为：在家观察大人的各种劳动，丰富印象；外出散步时要有意识地引导儿童观察交通警察是怎样指挥交通的，来往的车辆和行人应该遵守哪些交通规则等。

3）多带儿童参加各种社会活动：看电影、外出旅游，开阔儿童的眼界。"见多识广"，开展各种角色游戏就有了基础。

4）提供丰富的游戏材料，保证角色扮演游戏的顺利开展：游戏材料可以买现成的配套的工具（医生用的、厨师用的工具），也可以和儿童一起制作角色扮演需要的物品，可以更加激发儿童的游戏兴趣，调动了他们的积极性和主动性，提高了他们的动手实践能力和创新能力（图3-101）。

5）观察儿童的兴趣点，提高儿童的自主意识：儿童对问题的认知存在兴趣发生、发展、减弱的过程，所以训练者要细心观察、留意和捕捉学龄前期儿童的兴趣点，发现新的游戏主题，促使儿童自主性的提高。例如，在做"娃娃家"游戏时，儿童在一开始对"做饭"和"喂饭"比较感兴趣，玩了几天之后，逐渐厌倦了"做饭和喂饭"，而对"给娃娃看病"产生了浓厚的兴趣，此时，训练者要紧紧抓住儿童的兴趣

图3-101　角色扮演游戏

点，给儿童提出以下问题：怎样给娃娃看病？如果你生病了怎么办？让儿童用语言描述出来。

6）拓展游戏：鼓励儿童自己建立"医院主题活动区域"，让他们开始玩"医院就医"的游戏；还可在原有的主题情节中，滋生出新的角色游戏主题活动，比如，在"医院"游戏中还可以拓展出"给生病的病人送花"等情节，引出"花店买花"的游戏活动，让孩子的叙事内容更丰富。

7）家庭成员要参与游戏，并对游戏过程进行具体指导：对于叙事困难的儿童，训练者要多邀请同龄的儿童或其他家庭成员一起玩角色扮演的游戏；在游戏过程中注意引导儿童学会如何处理与其他扮演者的矛盾，学会用推选、轮换等方法来确定所扮演的角色，让儿童懂得谦让，同时也从各个层面锻炼儿童的叙事能力。

（3）通过讲故事提高儿童叙事能力

1）环境准备：选择一个安静的环境，不要有干扰，让儿童坐好，集中注意力听；也可根据故事内容提供特定环境，充分给儿童提供模仿、练习的机会，如模仿故事中某些对话、声响等。

2）教具准备：首先利用有故事情节的图片进行描述，可用玩具、实物作为教具；然后儿童有一定的表达能力后，可借助选图、拼图、绘画、粘贴图片来表达故事情节；还可充分

利用旧图书、旧画报中的某些图片,让儿童挑选人物、动物、景物等拼成有情节的画面,再编成小故事讲出来,以提高儿童的记忆、想象、表达能力。

3)故事准备:故事的种类很多,训练者开始训练儿童时要选择那些情节简单、人物很少、内容又是日常生活常常碰到的事,这样能吸引儿童听和说。后期可以是简单的科学知识,也可以是与品德教育有关的内容。

4)对训练者的要求:训练者讲故事的时候感情要充沛,语调要随情节而变化,吐字清晰,配合动作,把故事情节生动、形象地描述出来,尽量避免词不达意、缺乏条理,给儿童造成错觉;内容要用自己的语言来讲,注意语言的口语化;故事讲到某一关键处,也可中断讲述,启发引导儿童用自己的想象,创编出以后的情节。

5)多提问:故事讲完之后,要向儿童提问。先问故事的题目,讲的什么人物或动物等,即主人翁(可以是一个或多个);再问讲的什么事,即主要情节;还可根据儿童的智力,问与时间、地点、数学等相关的问题;最后再问故事隐藏的意义,即寓意;最后一点,如果儿童不能回答,训练者可以给儿童描述。

6)多鼓励:儿童回答问题过程中,训练者要学会调节气氛,答对了要立即表扬,可以是物质奖励(一块糖或一张贴纸),也可是精神奖励(妈妈的亲吻和拥抱);答得不对,不批评,继续再讲,直到儿童能理解大部分情节为止。

7)提供机会表演:训练者可让儿童先将一些熟悉的故事复述给训练者或其他人听,复述的时候可以配合动作表演,让孩子学会将自己的能力更好地展现出来。

(五) 提高儿童社会交往和生活自理能力训练

1. 加强安全意识的培养

(1)适用人群:正常儿童或安全意识差的儿童。

(2)准备:视频、绘本、真实情景。

(3)目的:能防范被骗或走丢;能报警。

(4)方法:训练者可以通过绘本、安全故事、日常生活实例培养儿童的安全意识。

1)防骗:不相信陌生人,不跟陌生人走,不告诉陌生人自己及家庭信息,不给陌生人开门。不单独走进密闭的空间,或者是他人私人的空间。

2)自救:遇事沉着、冷静,找公安警察或小区的保安人员帮忙,等待合适时机自救。

3)防走失:与训练者出门时,紧跟训练者,守在成人旁边,不离开,防止走散。

4)记忆重要信息:反复背诵家人的姓名和电话,家庭住址及交通方式。

2. 参与家务劳动

(1)适用人群:正常儿童或操作技能差的儿童。

(2)准备:家庭工具、家庭情景。

(3)目的:独立完成日常家务,知道8件厨房工具名称和使用方法。

(4)方法:训练者要鼓励儿童参与能所力及的家务劳动。

1)知道各种厨房用具的名称和用途:比如,帮忙洗菜、包饺子;训练者保证安全情况下,儿童协助切水果、择菜、洗碗等简单家务。

2)打扫卫生:清扫、拖地、擦洗等清洁工作。购买一套儿童清洁工具,通过示范、模仿,同时一起与训练者进行各种清洁工作。

3)购物:首先指导孩子根据清理家里用物,列出需要购买补充的清单,逐一找到目标物,协助结账。平常买单个 5 元之内的物品时,让孩子独立购买结账(最好选择单价是整数的物品)(图 3-102)。

3. 良好品质培养

(1)适用人群:正常儿童或习惯不良的儿童。

(2)准备:绘本、生活情景。

(3)目的:生活自理,维持个人和集体卫生;独立性强;能自律、自控;能自信、自尊;能分享、能关心他人。有诚实、礼貌、勇敢、吃苦、勤劳、细心等品质。

(4)方法:

图 3-102　参与家务劳动

1)良好生活习惯培养:①讲卫生,生活起居有规律;②吃干净的食物;睡前、饭后刷牙或漱口;③自己洗澡和料理大小便;④培养积极性和主动性;⑤自己收拾书包:第一步:根据列单,准备好学习用品;第二步:拿出书包,拉开拉链;第三步:一手打开书包,另一手把东西逐个放入书包里;第四步:拉好所有拉链,放好书包。

2)社会化能力培养:①能专注:能安静坐 30 分钟学习,记忆很长时间以前的事,为上小学做准备;②分辨和学习良好品质:当发现小朋友受伤或者有危险时,应该去告知大人,寻求大人的帮助;③分辨是非:热情待人,判断对错,学习正确的行为,进行良好的道德教育。

3)不良行为的纠正:①提高认知:提高孩子认知和社会交往能力,形成正确的有意义的行为模式,建立稳定的良好的人际互动关系;②注意转移:对于儿童一些影响小的不良行为,可以忽略,注意转移,培养良好行为取代不良行为。如吃手行为出现时,控制自己的情绪,淡定,不关注行为,不对视,不互动,转身,当行为消退时,训练者立马奖励孩子,可以抚触或亲吻孩子,可以用喜欢的食物或玩具等,使其明白终止不良行为可以得到认可和奖励。重复、坚定,坚持这种干预措施。给予清楚坚定的态度和信号,帮助建立新的行为能力,从根本上消除不良行为的原因和习惯;③惩罚:针对儿童严重的攻击行为,训练者可以结合其他行为干预方法,如消退法和强化相反行为的方法,或处罚法,但要慎用;④慎用惩罚:对于有破坏性行为、智力较好、年龄较大的自闭症患儿,应用惩罚方法干预,效果快。但惩罚并不是一个理想的处理问题行为的方法,过分运用惩罚,会直接影响亲子关系及孩子对人的信任,影响孩子的情绪和心理发育。大部分自闭症患儿存在中重度智力落后,不能理解和接受惩罚,从而失去了意义。对智力较差的自闭症患儿无效,甚至更差。

4. 良好同伴关系培养

(1)适用人群:正常儿童或不爱交往的儿童。

(2)准备:绘本、真实情景。

(3)目的:能结交年龄相近的朋友,并能与小朋友建立良好的伙伴关系。

(4)方法:训练者要注意引导孩子与同伴建立良好的同伴关系。

1)结交朋友:父母要努力创造条件,引导孩子积极参与小朋友的游戏,结交朋友,珍惜儿童的伙伴关系,千万不能阻止或粗暴干涉(图 3-103)。

2）维持几个朋友：经常与熟悉的朋友进行角色游戏,模仿、表演不同的家庭角色（图 3-104）。

图 3-103　结交朋友　　　　　　　　图 3-104　维持几个朋友

3）发展良好的同伴关系：玩玩具时不争抢,能与同伴分享、合作、互帮互助（图 3-105）。

图 3-105　发展良好的同伴关系

5. 遵守规则训练

（1）适用人群：正常儿童或任性儿童。

（2）准备：视频、绘本、故事书、社会情境。

（3）目的：能主动遵守游戏规则和简单社会规则。

（4）方法：在日常活动中要注意培养儿童遵守游戏和社会规则。

1）遵守游戏规则：共同严格遵守一个规则完成游戏,如按地上标识的数字顺序跳方格；双手托住盛有乒乓球的盘子,谁到达终点用时最短等。

2）讲文明：不拿别人的物品；排队等候；公共场所安静,不随地吐痰等；公共场所上符合性别的厕所。

3）遵守交通规则：过马路遵守红绿灯指示；走人行道；在小区安全地区游戏。

三、训练建议

儿童学习和掌握语言不但与他们的性格、智力、爱好、兴趣有关,还与其生活的环境有

续表

鼻韵母 （16个）		开口呼	齐齿呼	合口呼	撮口呼
	前鼻音	an en	in ian	uan uen	ün üan
	后鼻音	ang eng ong	ing iong iang	uang ueng	

韵母可以分为单韵母、复韵母、鼻韵母三大类，单韵母仅由一个元音组成，比如发 /a/ 时，要求下颌打开，舌随着下颌快速下降一次成音；复韵母则有几次运动过程。根据重音的位置（标注声调的位置），可分为前响、后响和中响三类。前响复韵母发音时，舌由下往上运动；后响复韵母发音时，舌由上往下运动；中响复韵母发音时，舌先由上往下，再由下往上。鼻韵母根据发音时主要作用部位分为前鼻音和后鼻音两类。前鼻音发音时，鼻音 /n/ 的发音与发声母一样，舌尖抵住上齿龈，然后让气流在鼻腔形成共鸣。由于发音时舌尖起主要作用，称这一类韵母为前鼻音韵母。后鼻音韵母以 /ng/ 结尾发音，舌根部分抬起，靠近软腭，让气流在鼻腔形成共鸣。由于发音时舌根部分起主要作用，所以一般称为后鼻音韵母。

普通话中独立的声母共有 21 个。声母主要是由于气流在声道的某个部位受到一定的阻碍所形成的。因此，声母构音主要按照发音部位和发音方式两个维度进行分类（表4-2）。发音部位指的是发音时主要用力的部位，包括双唇、唇齿、舌尖前、舌尖中、舌尖后、舌面和舌根 7 个部位。发音方式主要包括塞音、塞擦音、擦音、鼻音和边音五种。此外，还可根据发音时声带是否振动以及释放气流的情况来分类。发音时声带振动称为浊音，声带不振动称为清音。释放气流时间较长的称为送气音，释放气流时间短的称为不送气音。

表 4-2　普通话声母构音表

发音方法		发音部位	唇音		舌尖音			舌面音	舌根音
			双唇音	唇齿音	舌尖前音	舌尖中音	舌尖后音		
塞音	清音	不送气	b			d			g
		送气	p			t			k
塞擦音	清音	不送气			z		zh	j	
		送气			c		ch	q	
擦音	清音			f	s		sh	x	h
	浊音						r		
鼻音	浊音		m			n			(ng)
边音	浊音					l			

鼻音指的是发音时气流主要从鼻腔流出,形成鼻腔共鸣。

塞音指的是发音时两个部位闭合,将气流阻塞在该处,然后再将气流释放出来,从而形成语音。应注意,如舌尖中音 /d/、/t/ 等虽然只标出了一个部位,但实际上它是舌尖中部与上齿龈两个部位共同形成对气流的阻塞。只是由于上齿龈是被动参与构音才未标注出来。不同部位使用同一种阻塞方式形成的语音是不同的。此外,在塞音发音最后释放气流时,据时间长短又可分为送气音和不送气音。例如,发 /g/ 时,舌根持阻后伴随发音,让气流释放出去;而发 /k/ 时,舌根持阻时间较长,让气流在较长一段时间内释放。

塞擦音是指发音时两个部位先完全闭合,后再打开一条缝隙,让气流从中擦过去。

擦音是指发音时两个部位形成一条缝隙,让气流从其中擦过去。

边音是指发音时气流从舌的两边流出去。

四、口腔感知觉

感觉是大脑对直接作用于感觉器官的个别属性的反映。也可以说是大脑对当前实物个别属性的认知过程。按照感受器的不同可以把感觉分为视觉、听觉、触觉、味觉、嗅觉、运动觉、平衡觉和机体觉等八种。其中最重要的是视觉、听觉、触觉。我们看到物体的形状,听到各种声音,感到物体的软硬,嗅到的气味都归属于感觉。在日常生活中,我们很少只感到物体的一种属性,一般来说都是几种属性同时被我们感受。比如孩子看到了苹果,看到了苹果的形状是圆的,苹果的颜色是粉红的,然后,吃到嘴里感受到苹果是酸的、甜的味道。这样,孩子从苹果的多个属性才真正感受到:哦!原来苹果是这样的——圆的、红色的、酸甜的水果。孩子把个别属性综合起来,整体来认识苹果,那么这个整体的认识就是知觉。同样的道理,我们的口腔里有很多感受器(或者很多感觉神经末梢),尤其在口腔和舌部黏膜。在进食过程中,我们可以感受食物的温度、质地、形状等。我们可以感受到下颌、唇、舌的运动位置,吞咽后还可以感觉到食物是否有残留,残留的位置,残留了多少。在整个咀嚼食物的过程中,我们大脑对吃进去的食物、咀嚼运动形成一个知觉的过程。因此,正常儿童口腔发育完毕,口腔功能完全建立,对于不同质地(软硬)的食物可以采取不同的咀嚼力度。据报道,功能性构音障碍的孩子一般都喜欢喝汤、吃软食。家长要诱导孩子不挑食,适当地添加一些含纤维多的食物,如芹菜、牛肉。慢慢咀嚼食物,并把食物全部吞咽下去,让舌根的肌肉力量提升,切忌把食物残渣吐出来。

口腔不仅是一个消化器官,也是很重要的共鸣器官。在汉语拼音中,除了 3 个鼻音 /m/、/n/、/ng/ 从鼻腔里发出来,其余大量的音都从口腔里发出来,这就是口音。因此锻炼好口腔的功能是很重要的。我们首先要让口腔有正常的感知觉。一般来说,说话不好的孩子都有口腔的感知觉功能迟钝或者太敏感,比正常儿童发育落后。比如 3 岁的孩子还在流口水;有的孩子爱吃一些冰冷的食物或者很烫的食物;有时候吃到很硬的食物,孩子也不知道要先用磨牙把食物磨碎,再通过舌的运动把食物和唾液搅拌,混合形成食糜。如果孩子经常囫囵吞枣,直接把大块的食物,直接吞咽下去,很容易造成哽噎、呕吐。或者有的孩子很不愿意吃含纤维多的食物,比如,芹菜、豆角、梅干菜、牛肉。当把食物咀嚼到只剩比较多的纤维时,孩子干脆把这些食物残渣从口腔里吐出来。那么,长期这样进食不利于孩子口腔发育,尤其是舌根肌肉力量的发育,往往会导致孩子该部位的发音不准确。在临床上经常看到吃流食太多的孩子,3 岁多了只会喝牛奶,6 岁了只吃煮烂的土豆和红萝卜。这样的孩子，即便是在言语治疗师的训练和指导下也很难发出我们的舌根音 /g/、/k/、/h/。

五、构音训练的原则

1. 改善造成构音器官运动障碍的先天性疾病，如唇裂、腭裂。构音器官结构得到改善，才具有构音的基础。如发"爸爸"音的时候，口腔需要一定的压力，嘴唇一定要闭合，然后，释放压力同时发声。

2. 补偿感官器官造成的感音能力缺失，如耳聋的孩子戴了助听器或者做了人工耳蜗手术，才能感受到外界的声音，只有感受了声音，我们才能记住这个音在脑中的印象，然后，慢慢模仿着发音。

3. 尊重儿童已经获得的发音，并以此为基础，扩展训练。如 /a-ya/。孩子张口发声，情绪激动都可以发出 /a/。当看到小鸭子经过的时候，家长就可以指着鸭子发 /ya/。

4. 从简单音开始逐步到复杂音节，如从单元音开始到双元音的训练，从唇音开始到舌尖音的训练。

5. 把学会的音节用于实际生活中，如 /a-ma/。当孩子需要玩具的时候，可以让孩子学会等待，妈妈拿着马的玩具，鼓励孩子喊妈妈，或者说马。

六、构音训练的方法

1. **直接训练法**　当孩子第一次学习的时候，用直接训练法。让孩子在精神状态比较好的时候，面对面训练，具有发音基础时，告诉孩子发目标音。

2. **间接训练**　孩子基本掌握了某个音节，可以让孩子在几个音节中辨别哪个是目标音，然后在日常生活中运用。在一定的场合，让孩子自然而然地发出目标音来。

七、构音训练的形式

1. **一对一训练**　当孩子注意力不太好，开始学习新的音节时，一对一训练效果比较好。

2. **小组训练**　当孩子训练了一段时间，可以换成游戏的方式，小组训练。如当孩子音调或者音量异常的时候，可以让孩子聆听正常孩子的音调和音量，学习调整自己的音调和音量。

八、构音训练的目标

1. **发出正确的音**　主要用于功能性构音障碍的孩子，或者轻度器质性构音障碍的孩子。
2. **允许少量错误**　主要是器质性构音障碍的孩子，如腭裂术后的孩子，鼻音过重可能伴随终生。
3. **满足日常基本沟通**　比如严重脑性瘫痪的孩子，只能说出一点基本的名词或者动词，表达自己的需要。

九、构音训练的注意事项

1. 孩子有基本的沟通交流是构音训练的基石。比如孩子能够看着人说话，能够听基本的指令。

2. 孩子有一定的语言理解水平,在此基础上学习发音才有意义。否则,像鹦鹉说话一样就失去了语言的作用。

3. 孩子需要有比较好的注意力,尤其是听注意方面,感受正确的声音,才能模仿发音。

4. 构音训练的时间一般比较长。尤其年龄大的孩子,因为错误的发音时间比较长,所以家长和孩子的构音训练需要持之以恒。

第二节 呼吸训练

呼吸功能提供了人体所需的氧气,供我们生命不断延续。同时呼吸也是说话的动力源,就像汽车的发动机。一般情况下,肺在各种呼吸肌的协调运动下,均匀呼吸。而在说话的时候,需要深深地吸气,缓慢地呼气,并根据说话内容的长度、情绪等调整说话的节律、音量、音调。

一、呼吸支持不足的训练

1. **训练目标** 通过呼吸训练,使患儿呼出的气量能够满足说话。

2. **器材** 苹果;透明塑料杯、水、吸管。

3. **适应证** 说话时气短、说长句时需多次停顿换气的患儿。

4. **操作要点**

(1) 闻苹果香法:嘱患儿用力用鼻子闻苹果(吸气),然后张口慢慢呼出气体,逐步拉长呼气的时间(图 4-1)。

(2) 吸管吹气泡:用一次性透明的塑料杯,里面装 1/3~1/2 冷却的开水。把吸管插入水底,根据水泡的大小,判断孩子呼出的气体量(图 4-2)。

图 4-1 闻苹果香

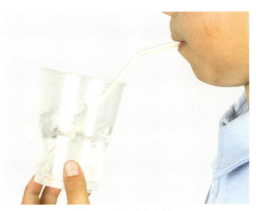

图 4-2 吸管吹气泡

二、呼吸和发声的协调训练

正常声门关闭和呼吸运动在时间上保持精确的一致。如果呼出的气流导致声门关闭过晚,或者声门关闭过早,都不利于良好的音质。

1. **训练目标**　促进患儿自然呼吸和说话。
2. **适应证**　说话节律性差的患儿。
3. **操作要点**　用力吸气后均匀地发 /u/,像潮起潮落一样,音调逐步上升,然后逐步下降。听上去像消防车发出的声音(视频 4-1)。

视频 4-1　转音训练法

第三节　发声训练

喉是发音器官,发音时声带向中线移动,声门闭合,肺内呼出的气流冲动声带而产生声波,有了说话的基本音调。儿童声带短而薄,声调高且尖锐;成年男性的喉腔增大,声带变厚增长,声调就会低沉。声音的能量越多,声音越大,传播距离越远;能量越少,声音越小,传播距离越近。

一、正常音量训练

1. **训练目标**　让孩子呼出的气体振动声带,发出基本的音量。
2. **器材**　楼梯,录音设备和钢琴。
3. **适应证**　声音太大或太小。
4. **操作要点**

(1)感受音量训练法:先让孩子听耳语声;正常交谈的声音;高声叫喊的声音。并能辨识三种不同音量的声音。

(2)配合上楼梯训练音量阶梯:让孩子跟着家长一起练习上楼梯的同时提高音量,并用不同的音量发声。

二、正常音调训练

1. **训练目标**　让孩子呼出的气体振动声带,发出基本的音调。
2. **器材**　楼梯,录音设备和钢琴。
3. **适应证**　音调太高或太低。
4. **操作要点**

(1)感受音调训练法:先用录音设备把孩子发 /a/ 的音调记录下来,再把该年龄正常的音调录音,放给孩子听,让孩子感知正常的音调,注意与相同性别的孩子比较。

(2)配合上楼梯训练音调阶梯:让孩子跟着家长边上楼梯(边升高手的位置)边升高音调一起哼:"do-re-mi、do-re-mi-fa-so、do-re-mi-fa-so-la……",直至把音调升高到接近该年龄正常的音调,反复练习,最后练习哼音调结束时用目标音调说话。用相反的方法下楼梯,可进行降低音调的训练。

三、正常音质训练

1. **训练目标** 让孩子呼出的气体振动声带,发出正常音质的声音。
2. **适应证** 声音嘶哑。
3. **操作要点** 让孩子模仿家长一起练习。轻轻闭上嘴巴,用鼻子深吸气鼓肚子,然后慢慢呼气,让嘴巴轻轻振动,同时带动声带振动向正前方发"嘟……"的音(视频 4-2)。

视频 4-2

视频 4-2 打"嘟"法

第四节 口部训练

下颌是骨性结构,构成口腔的底部,保护口部器官,保证口部器官运动的稳定性。唇在口腔最前面,是呼吸和消化的器官,具有开起和闭合口腔的作用。舌是口腔里最复杂、最重要的构音器官,它可以到达口腔的任何部位。舌正常平铺在口腔底部,呈现中间凹,四周稍凸起的碗状。我们粗略地将舌分为舌尖、舌叶、舌面、舌根、舌两侧缘。腭分为骨性硬腭和肌性软腭。硬腭在口腔顶部前端,占前 2/3,呈穹窿状,不能活动,把口腔和鼻腔完全分开;软腭在口腔顶部后端,呈垂幔状,运动很灵活,口腔和鼻腔在它们的后部分通过口咽部和鼻咽部相通,软腭的运动可以控制进入鼻腔的气体。腭部的正常结构对维持正常的发音和腭咽功能十分重要。

一、下颌放松训练

1. **训练目标** 缓解下颌紧张,促进患儿开口。
2. **器材** 牛肉。
3. **适应证** 下颌张力高的患儿。
4. **操作要点** 做下颌放松运动时,咀嚼含纤维多的牛肉干,通过持续 60 秒左右达到放松下颌的目的(图 4-3)。

二、下颌感知训练

成熟的下颌运动在言语中主要是上下运动,一般不会有下颌的左右运动。通过下颌骨运动控制的方法,可以让孩子理解下颌上下运动是怎么一回事,然后在言语过程中,正确地打开和关闭嘴唇。

1. **训练目标** 促进下颌正常开合。
2. **材料** 饼干。
3. **适应证** 说话时下颌运动不协调的患儿。

图 4-3 下颌放松运动

4. 操作要点

(1)让患儿发 /a/,治疗师把饼干竖放入患儿上下门牙之间,持续数秒,然后,把饼干放平送入口腔(图 4-4)。

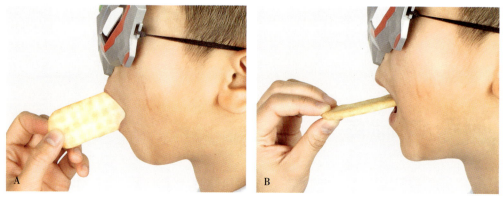

图 4-4　下颌上下运动
A. 竖放饼干;B. 横放饼干

(2)让患儿发 /a/,治疗师把长条形的片状饼干放入上下嘴唇之间,让患儿用力做闭嘴的动作,持续数秒(图 4-5)。

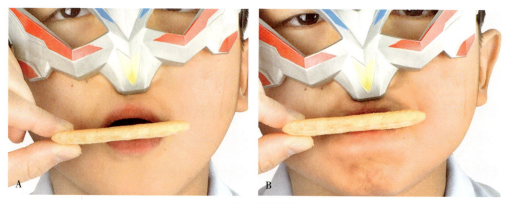

图 4-5　闭唇运动
A. 治疗师把长条形的片状饼干放入上下嘴唇之间;　B. 让患儿用力做闭嘴的动作,持续数秒

三、唇部放松运动

1. **训练目标**　降低唇部肌肉张力,促进患儿闭唇自然。

2. **器材**　压舌板。

3. **适应证**　唇部张力高的患儿。

4. **操作要点**　鼓励患儿抿住压舌板,持续时间 60 秒左右(图 4-6)。

图 4-6　唇部放松运动

四、唇的肌力训练

1. **训练目标**　促进唇肌肉力量。
2. **器材**　弹力球。
3. **适应证**　唇运动差的患儿。
4. **操作要点**　用弹力球轻轻压住嘴唇,鼓励患儿把球推开(图 4-7)。

图 4-7　唇肌力训练

A.用弹力球轻轻压住嘴唇;B.鼓励患儿把球推开

五、舌部放松运动

1. **训练目标**　降低舌肌紧张,促进舌部运动的协调性。
2. **器材**　无特殊。
3. **适应证**　舌肌张力高或协调性差的患儿。
4. **操作要点**　舌的放松运动,可以做舌尖洗刷上下牙齿的咬合面,或者用舌尖洗刷上下牙齿的外面,顺时针转动一圈,然后逆时针转动一圈持续 60 秒(图 4-8)。

图 4-8　舌放松运动

六、舌的感知训练

　　舌是口腔最复杂的运动器官。除了唇音的声母之外,都和舌运动有关。舌的相对稳定是舌各个部位分离运动的基础。可以通过按压、挤、推、叩击等加强舌的位置感知。

　　1. **训练目标**　促进正常舌位。

　　2. **适应证**　舌协调运动差的患儿。

　　3. **操作要点**　鼓励患儿把口水咽下,尽量多地露出舌尖、舌面,发 /pe-pe-pe/。

七、舌的肌力训练

　　1. **训练目标**　提高舌肌力量和协调性。

　　2. **器材**　压舌板。

　　3. **适应证**　舌运动差的患儿。

　　4. **操作要点**　压舌板竖放,慢慢往内推,鼓励患儿舌尖逐步用力(图 4-9)。

图 4-9　舌肌力训练

A.压舌板竖放在患儿嘴边,鼓励患儿把舌头伸出来;B.鼓励患儿用舌头推压舌板

八、软腭放松运动

1. **训练目标**　促进软腭运动的协调性。

2. **适应证**　软腭运动差的患儿。

3. **操作要点**　软腭放松的时候,可以做一些运动。比如搬椅发 /m--b/ 音,注意气流通过鼻腔与否,也就是软腭的升降运动,达到让软腭放松的目的(视频 4-3)。

视频 4-3　软
腭放松运动

九、鼻音异常的矫治

(一) 鼻音太多的矫治

1. **训练目标**　促进软腭上抬,减少鼻音。

2. **适应证**　说话时鼻音过多的患儿。

3. **操作要点**　通过口腔里发出来的音,比如发 /ta/,让孩子感受我们呼出来的气体,发出的声音是通过口腔的,而鼻子是不产生振动的。

(二) 鼻音太少的矫治

1. **训练目标**　促进软腭下降,出现正常的鼻音。

2. **适应证**　说话时鼻音过少或缺如的患儿。

3. **操作要点**　选择含鼻音多的韵母和声母。比如 /m/ 或 /ni/ 等。让孩子发鼻音的同时,触摸鼻骨或者上颌骨振动,感受到有鼻音的状态。

第五节　构音训练

构音就是构音器官的运动能力。精确的协调运动,才能保证我们在说话过程中做到准确地发音,一字不漏地说出我们想要表达的内容。

一、唇音的学习

(一) /m/ 的发音

唇音是最早习得的音,在口腔最前面,孩子看得见、摸得着嘴唇,容易理解。孩子在 1 岁左右可以有意识地发出 /ma ma/ 音。

1. **发音特点**　/m/ 是双唇浊鼻音。发音时,双唇紧闭,软腭下降,打开鼻腔通道,气流从鼻腔出来,声带颤动。可以让孩子的示指指腹触摸上颌骨(稍微用力压在上唇的皮肤),感觉振动。

2. **强化练习**

1)词汇练习:妈妈、妹妹、猫咪、眉毛、密码、买卖、面貌、牧民、美妙、秘密。结合短句练习。

2)短句练习:妈妈买面包;妹妹吃馒头;猫咪喵喵叫。

3. **儿歌练习**　小花猫,喵喵叫,不洗脸,把镜照,左边照,右边照,埋怨镜子脏,气得胡子翘。

(二) /b/ 的发音

1. 发音特点 /b/ 是双唇不送气清音。发音时,双唇闭合,软腭上升,堵塞鼻腔通路,声带不颤动,较弱的气流冲破双唇的阻碍,迸裂而出,暴发成声。

2. 强化练习

1)词汇练习:爸爸、宝宝、拔萝卜、杯子、鼻子、斑马、冰棒、不要、跑步、喇叭、面包、玻璃杯。

2)短句练习:爸爸在跑步;宝宝吃冰棒;板凳摆在地板上。

3. 儿歌练习 小白兔,白又白,两只耳朵竖起来,爱吃萝卜和白菜,蹦蹦跳跳真可爱。

(三) /p/ 的发音

1. 发音特点 /p/ 是双唇送气清音。可以用羽毛诱导,鼓励孩子加大气流先双唇闭合,把气憋住,再突然放开,向外送气,气流较强。

2. 强化练习

1)词汇练习:乒乓球、爬坡、婆婆、拼盘、琵琶、匹配、批评、泡泡、葡萄、扑克、朋友。

2)短句练习:婆婆在吃枇杷;炮兵在跑步;胖胖在打乒乓球。

3. 儿歌练习 碰碰车,车碰碰,坐着朋朋和平平,平平开车碰朋朋,朋朋开车碰平平,不知是朋朋碰平平,还是平平碰朋朋。

二、唇齿音的学习

/f/ 的发音

1. 发音特点 /f/ 是唇齿擦音。发音时,下唇接触上齿形成窄缝,软腭上抬,气流从窄缝中挤出,将手或羽毛放置于口前,然后慢慢呼气,摩擦成声。

2. 强化练习

1)词汇练习:弗、发、飞、帆、佛门、福袋、发言、衣服、包袱、头发、发脾气、分蛋糕、电饭煲、马蜂窝、叠衣服、白米饭、烫头发。

2)短句练习:宝宝穿衣服;天天玩飞机;妈妈烫头发。

3. 儿歌练习 两只小蜜蜂,飞到花丛中,左飞飞,右飞飞,飞到我的手心里,我就放了你。

三、舌尖前音的学习

(一) /s/ 的发音

1. 发音特点 /s/ 是舌尖前不送气擦音。发音时,舌尖接近上齿背,形成一窄缝,气流从窄缝中挤出,摩擦成声,声带不振动。

2. 强化练习

1)词汇练习:雨伞、洒水、色彩、森林、计算、虽然、损失、随便。

2)短句练习:四个小孩在撕纸;洒水车在洒水。

3)儿歌练习:四十是四十,十四是十四。四十不是十四,十四不是四十。

(二) /z/ 的发音

1. 发音特点 /z/ 是舌尖前不送气塞擦音。发音时,舌尖抵住上齿龈形成阻碍,较弱的气流将阻碍冲开一条窄缝,由窄缝中挤出。摩擦成声,声带不振动。

2. 强化练习

1)词汇练习:写字、早上、责任、红枣、增加、选择、原则、火灾。

2)短句练习:妈妈在走路;思思在写字。

3)儿歌练习:三山绕四水,四水绕三山。三山四水春常在,四水三山总是春。

(三) /c/ 的发音

1. 发音特点　/c/ 是舌尖前送气塞擦音。发音时,舌尖抵住上齿龈形成阻碍,气流介于 /z-s/ 之间,将阻碍冲开一条窄缝,由窄缝中挤出,摩擦成声,声带不振动。

2. 强化练习

1)词汇练习:晚餐、参考、曾经、手册、厕所、聪明、粗心、急促。

2)短句练习:大家在草地野餐;小男孩急匆匆地从操场跑去教室。

3)儿歌练习:这是蝉,那是蚕,蝉总在叶里唱,蚕总在叶里藏。

四、舌尖中音的学习

(一) /t/ 的发音

1. 发音特点　/t/ 是舌尖中送气清音。发音时,舌尖抵住上齿龈,软腭上升,堵塞鼻腔通路,声带不颤动,气流冲破舌尖的阻碍,迸裂而出,暴发成声。

2. 强化练习

1)词汇练习:天堂、抬头、探听、跳台、团体、梯田、体贴、推托、探讨、吞吞吐吐、淘汰、甜筒、地图。

2)短句练习:大厅有地毯;甜点很甜;客厅有空调。

3)儿歌练习:大兔子,大肚子,大肚子的大兔子,要咬大兔子的大肚子。

(二) /d/ 的发音

1. 发音特点　/d/ 是舌尖中不送气清音。发音时,舌尖抵住上齿龈,软腭上升,堵塞鼻腔通路,声带不颤动,较 /t/ 弱的气流冲破舌尖的阻碍,迸裂而出,暴发成声。

2. 强化练习

1)词汇练习:弟弟、当地、到底、道德、单调、单独、等待、电灯、大地、到达、订单、担当、断定、打倒、当代、顶端、抵挡。

2)结合练习:弟弟爱吃蛋糕;大厅有地毯;多多堆雪人。

3)儿歌练习:多多和弟弟,坐下分鸡蛋,多多让弟弟,弟弟让多多,都说要小个,大伯乐呵呵。

(三) /n/ 的发音

1. 发音特点　/n/ 是舌尖中浊鼻音。发音时,舌尖抵住上齿龈,软腭下降,打开鼻腔通路,气流振动声带,从鼻腔通过发音,阻碍解除时,气流冲破舌尖的阻碍,发出轻微的塞音。可以让孩子的示指指腹触摸鼻骨,感觉振动。

2. 强化练习

1)词汇练习:奶奶、牛奶、南宁、难弄、男女、能耐、恼怒、泥泞、扭捏、奶娘、奶牛、农民、南瓜、那里、扭一扭。

2)短句练习:男孩喜欢喝牛奶;女孩拿着纽带;奶奶在农场干活。

3）儿歌练习：姐姐喝牛奶，双手抱住牛奶瓶，喝了又喝还不饱，抱着奶瓶舔舔舔。

五、舌边音的学习

/l/ 的发音

1. 发音特点　/l/ 音是舌尖中、边音，发音时，舌尖抵住上齿龈，软腭下降，堵塞鼻腔通道，声带振动，气流从舌尖两边通过成声。

2. 强化练习

1）词汇练习：拉、来、鹿、漏、垃圾、萝卜、蜡笔、老板、可乐、打雷、菠萝、溜溜球、录像带、晾衣服、拖拉机、爬楼梯、大轮船、小海螺、按门铃。

2）短句练习：弟弟拉窗帘；姐姐打篮球；大家一起走楼梯。

3）儿歌练习：太阳出来，天亮了，早早起来，身体好。

六、舌尖后音的学习

（一）/sh/ 的发音

1. 发音特点　发 /sh/ 音时，舌尖上翘（稍微用劲往内上方向卷曲），接触硬腭上前部，软腭上升，堵塞鼻腔通道，形成一道窄缝，松开舌尖的同时，较强气流从舌尖和硬腭前部之间的缝隙挤出，摩擦成声，声带不振动。

2. 强化练习

1）词汇练习：高山、删除、闪烁、山西、多少、社会、舍得、诗人。

2）短句练习：叔叔吃猪肉；史老师讲时事。

3）儿歌练习：大车拉小车，小车拉小石头，石头掉下来，砸了小脚趾头。

（二）/zh/ 的发音

1. 发音特点　/zh/ 是舌尖后不送气塞擦音。发音时，嘴微张，舌尖抬起抵在硬腭前端，发音时，舌尖微微弹开一条小缝，让气流从缝隙中摩擦通过，发出不送气清塞擦音 /zh/。

2. 强化练习

1）词汇练习：眨眼、山楂、压榨、住宅、摘要、崭新、制造、障碍。

2）短句练习：战争让人恐慌；时刻准备奋战。

3）儿歌练习：我有一双小小手，一只左来一只右，一只左，一只右，一共十个手指头。

（三）/ch/ 的发音

1. 发音特点　/ch/ 是舌尖后送气塞擦音。舌尖上翘抵在硬腭前端，形成阻碍，较强的气流（送气）将阻碍冲开一条窄缝，由窄缝中挤出，摩擦成声，声带不振动。发音情况与 /zh/ 基本相同，送气介于 /zh-sh/ 之间。

2. 强化练习

1）词汇练习：插嘴、差异、喝茶、观察、生产、品尝、唱歌、彻底。

2）短句练习：一起出去除草；差不多该起床了。

3）儿歌练习：虫虫飞，虫虫飞，飞到南山喝露水，露水喝不到，回来吃青草。

（四）/r/ 的发音

1. 发音特点　/r/ 是舌尖后不送气擦音。发音时，舌尖抬起接近硬腭前部，形成窄缝，气流从窄缝中挤出，摩擦成声，声带振动。让孩子的示指指腹触摸气管前面的皮肤，感觉振动。其他与 /sh/ 音相同。

2. 强化练习

1) 词汇练习：礼让、染色、工人、认真、容易、光荣、如果、柔软。

2) 短句练习：礼让是一种人人夸的美德；认真的人容易成功。

3) 儿歌练习：见老师，问声好，见同学，微微笑，人人夸我好宝宝。

七、舌面音的学习

（一）/j/ 的发音

1. 发音特点　/j/ 音是舌面、不送气、塞擦音。发音时，舌面前部抵住硬腭，阻塞气流，然后舌面前部放松，逐渐离开硬腭，很微弱的气流从窄缝中挤出，摩擦成声。

2. 强化练习

1) 词汇练习：机、锯、家、接、积木、局面、睫毛、教堂、打架、辣椒、毛巾、鸡蛋壳、剪头发、卷毛狗、笔记本、获奖品、工具盒、温度计、电话机、望远镜。

2) 短句练习：弟弟玩积木；宝宝洗脚丫；姐姐跳舞。

3) 儿歌练习：小小鸡，看到虫儿叽叽叽，大虫捉了九十九，小虫捉了一十七。

（二）/q/ 的发音

1. 发音特点　/q/ 音是舌面、送气、塞擦音。发音时，舌面前部抵住硬腭，阻塞气流，然后舌面前部放松，逐渐离开硬腭，让稍强的气流从窄缝中挤出，摩擦成声。

2. 强化练习

1) 词汇练习：七、秋、敲、期待、企鹅、铅笔、大桥、麻雀、钢琴、跷跷板、巧克力、汽车道、打圈圈、荡秋千、狂犬病、打篮球、呼啦圈、连衣裙。

2) 短句练习：爸爸在敲门；大家一起荡秋千；姐姐骑单车。

3) 儿歌练习：一个小孩子，手拿花鞋子，看见地上有茄子，放下鞋子捡茄子。

（三）/x/ 的发音

1. 发音特点　/x/ 音是舌面擦音。发音时，舌面前部抵住硬腭，部位比发 /j/、/q/ 音时略后，形成窄缝，较强气流从窄缝中挤出，摩擦成声。

2. 强化练习

1) 词汇练习：喜、虾、笑、鞋、下巴、谢谢、小孩、膝盖、皮鞋、冰箱、螃蟹、消防队、信号灯、向日葵、马戏团、大西瓜、白鞋带、大龙虾、电冰箱、黑猩猩。

2) 短句练习：妈妈切西瓜；天上好多星星；我喜欢吃香蕉。

3) 儿歌练习：我的小小布娃娃，我的小小布娃娃，两片红红笑脸呀，像朵玫瑰花。

八、舌根音的学习

（一）/g/ 的发音

1. 发音特点　/g/ 是不送气清音。发音时，软腭后部上升，舌根抬起，顶住上颚，堵塞鼻腔通路，声带不颤动，较弱的气流冲破阻碍，暴发成声。可以用鸭子叫“嘎嘎嘎”诱导孩子，此时声带振动。

2. 强化练习

1) 词汇练习：哥哥、姑姑、改革、巩固、高贵、光顾、公共、感观、规格、灌溉、公告、骨干、挂钩。

2)短句练习:姑姑比哥哥高;顾客戴了钢盔;姑姑穿着白大褂。

3)儿歌练习:大哥有大锅,二哥有小锅,大哥要换二哥的小锅,二哥不换大哥的大锅。

(二) /k/ 的发音

1. 发音特点 /k/ 是送气清音。发音的情况和 /g/ 相比,只是气流较强,其余都相同。

2. 强化练习

1)词汇练习:口渴、开垦、宽阔、刻苦、可靠、空旷、坎坷、慷慨、苛刻、窥看、亏空、开卡车、可口可乐、看一看。

2)短句练习:可可想喝可口可乐;葵花开花了;康康拿着科普卡片。

3)儿歌练习:小牛扣扣使劲揪,小妞扣扣对准扣眼扣,小牛和小妞,谁学会了扣纽扣?

(三) /h/ 的发音

1. 发音特点 /h/ 是擦音。发音时,舌根隆起,抵住软腭,软腭上升,堵塞鼻腔通路,声带不颤动,气流从舌根后部和软腭形成的窄缝中挤出,摩擦成声。可以用叹气声诱导(此时声带振动)。

2. 强化练习

1)词汇练习:欢呼、荷花、航海、黄昏、画画、缓和、混合、和好、辉煌、挥霍、黄河、喝水、哈哈。

2)短句练习:河里有荷花;画家画了一朵大红花;花袜子上有花纹。

3)儿歌练习:一个和尚挑水喝,两个和尚抬水喝,三个和尚没水喝。

据黄昭鸣等的研究表明:在儿童言语发展过程中,各声母音位的习得具有一定的顺序与规律,一般来说,声母 /m/、/b/、/d/、/h/ 在 2~3 岁之间习得;/p/、/t/、/k/、/g/、/n/ 在 3 岁习得;/f/、/j/、/q/、/x/ 在 3~4 岁之间习得;/l/、/s/、/r/、/z/ 在 4~5 岁之间习得;/c/、/zh/、/sh/、/ch/ 在 6 岁习得。发音时舌尖部位靠前的声母早于发音部位靠后的声母,塞音早于摩擦音,鼻音早于非鼻音。因此,可根据上述规律,判断儿童言语发展迟缓的程度,并有针对性地进行阶段训练。

九、声调训练

普通话分为四个声调。一声平调 55 读 "so-so"。二声调是直线上 35 读 "mi-so"。三声调 214 读 "re-do-fa"。四声调 51 读 "so-do"。对于声调异常的矫治,先训练患儿的音调在正常范围。如果患儿对于某一个声调掌握不好,可以采取让患儿多听、多模仿,直到患儿能熟练掌握四声调为止。先进行单音节的声调训练,再进行双音节的声调训练,最后进行三音节的声调训练。

(阳伟红 覃 蓉)

参考文献

[1] 黄昭鸣.言语障碍的评估与矫治.上海:华东师范大学出版社,2006.

5

第五章
儿童摄食吞咽障碍的识别与干预

俗话说："民以食为天"，吃东西刚开始只是单纯为了摄取营养，随着年龄的增长与认知的发展，吃东西也为了品尝、享受食物的美味，还可以满足社交需求，促进交流和沟通。摄食过程包括了脑的本能、情绪、认知活动，将食物送入口中的过程以及将食物咀嚼成食团或无需咀嚼的食物咽下输送至胃的一连串吞咽过程。所以说，摄食和吞咽两者的关系是密不可分的。

第一节　儿童摄食吞咽发育概述

吞咽能力是与生俱来的，但 4 个月以后要完成摄食及吞咽需要手、口腔肌肉及大脑的协调，这绝不简单，是需要后天学习的。当这个动作无法顺利完成或不够效率，就会影响营养的摄入和吸收。首先我们了解一下小宝宝出生后是怎么吃东西的。新生宝宝依靠天生就有的吸吮/吞咽反射，通过宝宝下颌的正常开闭动作，唇颊及舌上卷包裹奶嘴或乳头做前后伸缩运动，这样将奶吮吸入口，吞咽时还得配合短暂屏气，关闭喉入口与声门，以免食物跑错了方向而进入呼吸道，宝宝往往用鼻吸气时吸一两口奶，吞下，再呼气，这样循环才将奶液安全地输送到胃内。宝宝的摄食吞咽能力随着年龄增长及口部感觉及运动的进步而慢慢发展，直到 3 岁才完全成熟。下面我们来了解 0~3 岁宝宝不同阶段摄食及口部运动能力。

(1) 0~3 个月摄食能力：吸吮/吞咽反射的模式进食奶液，存在与进食相关的原始反射。

(2) 0~3 个月口腔功能：舌两边上翘卷曲成杯状，呈前伸/后缩的活动模式，与下颌、唇呈整体活动模式。

(3) 4~6 个月摄食能力：用双手扶奶瓶发展手口协调；部分原始反射消失；进食无颗粒的细滑糊状食物，如调制好的米糊。

(4) 4~6 个月口腔功能：嘴唇开始分离活动，出现啜吸动作；出现上下方向咬，开始发展咀嚼。

(5) 7~9 个月摄食能力：出现吸吮动作；吞咽半固体食物时可见合唇动作；进食含颗粒的糊或泥状食物，如粥或婴儿面，蒸软的小块胡萝卜、花菜、南瓜等。

(6) 7~9 个月口腔功能：舌出现上下、前后方向运动；唇出现"抿"的动作；咬食物时食物可从口腔中间到一侧或从口腔一侧到中间。

(7) 10~12 个月摄食能力：吸吮/吞咽/呼吸协调性提高；可用杯子喝水；进食细碎软或容易被唾液溶化的固体食物（如烂饭、手指饼），用手拿饼干咬断，并咀嚼吞下。

(8) 10~12 个月口腔功能：用牙齿清洁下唇上的食物；出现滚动式咀嚼动作，即从口腔一侧到另一侧；咀嚼时有较好的唇和颊活动参与。

(9) 13~15 个月摄食能力：自己拿餐具将食物放入口中进食；可以进食硬的曲奇饼，丁块状、指状稍硬的食物（如无籽无皮黄瓜小条、无皮苹果薄片等）。

(10) 13~15 个月口腔功能：喝水时有时需咬住杯沿提高下颌稳定性；唇舌能分离活动，咀嚼时能保持合唇。

(11)16~18 个月摄食能力：咬食物时不会转移头部做辅助。

(12)16~18 个月口腔功能：咬东西时下颌稳定性增强；经常出现舌头往上顶的动作；吞咽时舌头向外伸的情况减少。

(13)19~24 个月摄食能力：用杯能连续饮；用吸管连续地吸饮；能咀嚼肉类、有皮的苹果块或黄瓜块等。

(14)19~24 个月口腔功能：具备了吹泡泡的条件；能用舌头舔去嘴唇四周的食物；吞咽时舌头会向后缩。

(15)25~36 个月摄食能力：咀嚼食物时能随着不同的食物质地及大小调整下颌骨的开合幅度及力度；基本上可以进食的固体食物与成人无异，可以用普通杯饮水。

(16)25~36 个月口腔功能：能很好地主动控制下颌；不会流口水；可以吹泡泡；吞咽时舌尖上抬；舌头灵活地舔嘴唇。

第二节 儿童摄食吞咽障碍的识别

往往会有较多的宝宝并不能很好地顺利进食，从而出现摄食和 / 或吞咽问题。摄食障碍涉及宝宝在摄取食物各个环节中存在的问题。例如：①患有摄食障碍的宝宝无法将食物拿起并送入口中；②宝宝双唇无力，无法完全闭合，导致食物从嘴里掉出；③口腔的感知觉异常导致进食即哭闹或易呕吐或拒绝进食。

经常受挫的进食经验或强迫进食导致宝宝缺乏食欲或拒绝进食。吞咽障碍也称吞咽困难，发生于吞咽的不同阶段（以吞咽时食物在各器官运动情况为观察重点，可分为口腔期、咽期、食管期）。常常由口腔颜面部感觉运动障碍、吞咽呼吸协调困难、食管运动障碍等导致。

一、造成儿童摄食吞咽障碍的原因

1. 由摄食吞咽相关的器官感觉运动功能障碍造成，如脑性瘫痪、脑炎、脑病造成的摄食吞咽障碍。

2. 由摄食吞咽相关器官的形态结构异常造成，如唇腭裂、皮埃尔·罗班综合征（Pierre Robin syndrome）（图 5-1）造成的摄食吞咽障碍。

3. 由摄食吞咽相关的行为出现学习上的障碍造成，如智力落后、自闭症造成的特别挑食甚至拒食等进食行为问题。

4. 由颈部肌张力异常或某些疾病导致的呼吸问题，呼吸困难造成吞咽与呼吸的协调差或吞咽时呼吸支持不足，如气管软化症、扁桃体肥大、腺样体肥大、脑性瘫痪或脑炎宝宝的颈部过伸后仰。

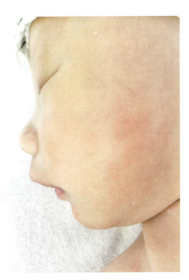

图 5-1 皮埃尔·罗班综合征

二、儿童摄食吞咽障碍的警示信号

儿童摄食吞咽障碍的症状有多样,通常具备一些异常特征。这给我们早期辨别宝宝是否有摄食吞咽的问题提供参考,具体表现如下:

1. 摄食时易怒、情绪易激惹、烦哭不安或精神不振。

2. 摄食时身体成"弓"状或身体僵硬。

3. 吮吸 - 吞咽 - 呼吸协调困难造成呛咳或奶液从口溢出。

4. 下颌经常处于开位,唇闭合差,2 岁了仍口水多。

5. 摄食时咳嗽或干呕。

6. 唇与舌无法裹紧乳头或奶嘴,吮吸力量和 / 或耐力差。

7. 喉咙沙哑、似有液体呛住的声音或喉部呼吸音有异常变化。

8. 频繁将食物吐出或含在口中不吞咽。

9. 食物、液体从口腔、鼻腔溢出或吞咽后口腔内有食物残留。

10. 宝宝 10 个月了仍只喝奶,添加辅食困难;1 岁了还不能接受任何固体食物。

11. 拒绝食物或摄入的食物种类、性状有限,非常挑食。

12. 摄食时间过长,超过 30 分钟。

13. 经常性肺炎或呼吸道感染。

14. 体重增长低于正常水平或在 2~3 个月内体重无法增加。

总之,喂食对家人造成压力,便要留意是否有摄食吞咽问题。

三、对疑有摄食吞咽问题的儿童家长建议

1. 如果宝宝有以上摄食吞咽障碍的症状特征之一,请立即到专业医疗机构儿科就诊。

2. 儿童摄食吞咽障碍的专业康复团队先筛查宝宝是否有摄食吞咽障碍,如果可疑摄食吞咽障碍,言语语言治疗师将评估宝宝的摄食吞咽功能状态,对宝宝拿取食物的能力、接受食物的能力、食物控制能力、咀嚼能力、口内转运能力、吞咽与呼吸的协调能力、吞咽后体征、食管期体征这些方面进行分析,了解摄食吞咽障碍的程度及具体哪个阶段的吞咽障碍。

3. 若有必要,采取特殊测试来检测吞咽功能,例如儿童吞食含钡或泛影葡胺的食物和液体,吞咽过程通过 X 射线观察口、咽、喉、食管的运动(图 5-2)。又如软管喉内镜通过鼻子进入咽部,观察儿童咽喉解剖结构与运动及其吞咽过程(图 5-3)。

4. 摄食吞咽障碍康复团队将对如何改善儿童的摄食吞咽能力提出针对性建议。

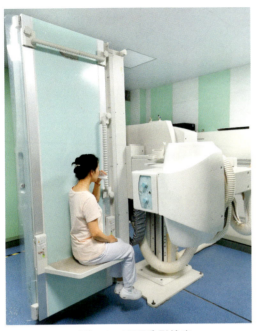

图 5-2 吞咽造影检查

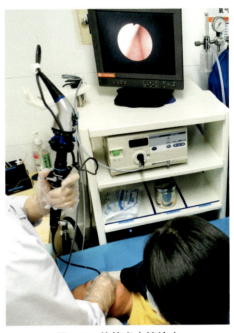

图 5-3 软管喉内镜检查

第三节 儿童摄食吞咽障碍的干预

依据摄食吞咽功能的评估结果,为了保障宝宝24小时所需食物安全地摄入,摄食吞咽障碍康复小组建议家长从以下几个方面进行管理与干预。

一、体位姿势管理

(一) 适用人群
竖头不稳或不能独坐,头部控制差、肌张力及姿势异常的宝宝。

(二) 准备
鸟巢样襁褓,小凳子,砖,靠背椅,垫巾,板凳,坐位姿势矫正椅。

(三) 目的
使宝宝头颈躯干及身体姿势保持对称并稳定放松的状态。

(四) 方法
1. 对于新生儿、不能翻身及易受惊吓的幼小宝宝,家长可采用鸟巢样襁褓(图5-4)。相对蚕茧式包裹更利于观察宝宝哺喂时释放的一些身体讯息。哺喂时可以在鸟巢样襁褓里左、右侧卧位或头偏一侧仰卧位。不仅给宝宝提供了一种边界安全感,并且提高了舒适度以减少宝宝的哭闹,又可在宝宝侧卧时提供背部支撑,以起到长时间固定体位的作用。

2. 下颌与舌后缩、喉腔狭窄、气管软化等造成呼吸困难甚至误咽的小宝宝,采用头高侧卧位或俯卧位有助于保持宝宝呼吸道通畅，减轻或防止舌后缩等现象，以改善呼吸道梗阻。

（1）给予宝宝头高侧卧位时，需在其头肩部垫适当高度的垫巾，使其头肩部抬高20°~30°，尽量保持颈部呼吸气道伸直通畅（图5-5），以减轻呼吸困难程度，减少或防止呕吐时宝宝被呛到。

（2）给予宝宝俯卧位时，四肢呈弯曲状态，双手靠近脸部，双膝靠近腹部，勿使躯干压迫上臂，要陪伴在宝宝身旁，将其头偏向一侧，以防止其窒息（图5-6）。

图5-4 鸟巢样襁褓

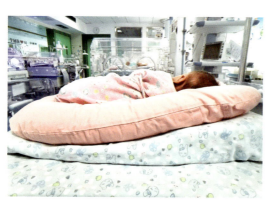

图5-5 头高侧卧位

图5-6 俯卧位

3. 哺喂时头稳定性差，不能独自坐直的幼小宝宝。

（1）哺喂者可坐在利于自己稳定而舒适的椅凳上，采取搂抱姿势，即一只手把宝宝抱在怀里，让宝宝头颈肩部靠在肘弯里，手臂扶托宝宝腰部与臀部，使其处于半直立位（40°~60°）并尽量固定其头部（图5-7）。

（2）采用靠垫或枕头等置于哺喂者一条大腿上以支撑宝宝的头颈及躯干至半直立位（40°~60°），另一条腿则起固定宝宝的作用（图5-8）。

（3）喂奶后可让宝宝取头高20°左右俯卧位（图5-9）或侧卧斜坡位，并1小时不搬动宝宝，这样可以帮助宝宝消化，有利于胃肠的排空，防止发生胃食管反流时宝宝被呛到。

4. 对于已经有头稳定能力的幼小宝宝，哺喂者自己取舒适坐姿，让宝宝坐在自己的某一条大腿上，使宝宝的膝关节屈曲，为了让宝宝的膝关节充分保持屈曲，哺喂者可垫置1~2块砖或小凳子在其一只脚下，然后哺喂者一只手扶托宝宝的头颈部及腰部，宝宝的腰背部可靠在哺喂者的另一条大腿上,使宝宝躯干至半直立位60°左右。这种姿势既有利于喂食,又有利于宝宝正确姿势的发育(图5-10)。

图5-7　搂抱姿势哺喂

图5-8　面对面斜坡位哺喂

图5-9　俯卧斜坡位

图5-10　坐位姿势哺喂

5. 脑瘫宝宝进食时,如果进食姿势错误,再加上过度紧张和不随意运动等情况,就会影响舌、口唇以及下颌的运动动作。各种类型的脑瘫宝宝进食时应根据宝宝的姿势维持状态选择相应的体位。

(1)如果较小的宝宝头控制不良,喜欢打挺,甚至角弓反张(图5-11),进食应该要保持宝宝头部稳定,防止其头部向后倾。

1)可将其双上肢放置在身体前正中线,头部与躯干维持在同一水平线上,躯干至半直立位 60° 左右,髋膝屈曲约 90° 呈环抱式来进食(图 5-12)。

图 5-11　角弓反张

图 5-12　环抱式进食

2)搂抱位取侧面下颌控制法(见后述),让宝宝的后颈部伸长,头稍向前屈不超过 15°(图 5-13),但不要往前推宝宝的头部,以免造成宝宝更加用力地将头部后仰的情况。

3)禁止宝宝仰卧位平躺状态下进食,这样容易使宝宝头部后倾,躯干往往后挺,可能会让吞咽更费力,导致难以咽下食物,甚至窒息,使得摄食和吞咽变得更加困难。

(2)1 岁以后有一定坐位能力的宝宝坐在椅子上进食时,要防止宝宝全身肌张力增高的情况,避免出现不必要的不随意运动或异常姿势。

1)为了使姿势保持稳定,需要使用桌子来配合或是使用经由桌椅配合的坐位姿势矫正椅。

图 5-13　头控制差喂食法

2)使用坐位姿势矫正椅时,家长需注意宝宝的臀部若向前滑动容易出现脊柱后弯的现象,因此需考虑椅子的防滑性能。可以用靠垫、枕头、毛巾等物品辅助支撑宝宝的胸腹部、腰背部或使用宽 20~30cm 的安全带经宝宝的胸腹部将宝宝躯干固定在椅背上(图 5-14)。使宝宝身体两侧对称,让宝宝的一切动作都从身体中线开始。

3)将宝宝的双侧上肢置于桌面上,使其双上肢在其视线范围内,此时宝宝用前臂支撑着身体,以保持躯干的稳定(图 5-15)。

安全带

图 5-14 胸部固定

图 5-15 双上肢置于桌面

4）合适的桌子高度对于保证宝宝最大限度发挥上肢功能是非常重要的：①头稳定性欠佳和摄食过程中出现联合反应的宝宝，在摄食过程中常常会出现明显的躯干屈曲或侧屈现象，如果发生这类情况，桌子的高度需取其腋窝到足底的高度，以确保其维持头部和躯干的正确姿势（图 5-16）；②对于头稳定的宝宝来说，让上肢处于外展 30° 的状态（图 5-17）。这时，肘与地面或脚踏板的高度是最适合的高度（图 5-18）；③与此同时也需留意座位的高度和深度，适宜的座位高度和深度是当宝宝在坐位时膝关节屈曲 90°，其双足与地面或脚踏板面能够保持平行接触（图 5-19）。

图 5-16 桌面高度

肩外展30°

图 5-17 肩外展 30°

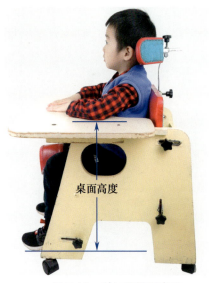

图 5-18　肘与脚踏板高度

图 5-19　膝与踝关节角度

（3）对于体格较大的年长脑瘫患儿，可使用板凳坐姿法令其进食（图 5-20）。选择板凳以宝宝双足与地面能够保持平行接触，膝关节呈 90° 弯曲时为适宜的高度。哺喂者自己坐在舒适的椅子上，用下颌控制法控制宝宝头颈部及下颌的开闭，并用一条腿置于宝宝的两条大腿上，以稳定宝宝的坐姿。

（4）注意事项：

1）进食时需控制脑瘫宝宝的异常姿势，但并不是首先改变其所有异常姿势。

2）多数可从控制其肩颈部开始，以达到减轻呕吐和恶心的目的（图 5-21）。

图 5-20　板凳坐姿法进食

图 5-21　控制肩部

3)年长脑瘫儿童即使进食姿势不良,但由于其已经习惯了某种姿势,也能较顺畅地完成每天的进食活动。突然纠正其异常姿势,会使其感觉到比较痛苦,在这种情况下出现摄食能力明显减退的例子也较常见。

总而言之,应依据宝宝的自身情况来选择,使宝宝进食时能保持稳定放松,从而使摄食安全与省力。

二、喂食管理

(一)适用人群

口腔感觉异常的宝宝,唇腭裂或皮埃尔·罗班综合征宝宝因口腔结构异常以及自身状态导致奶瓶喂养困难。

(二)准备

选择宝宝可接纳的质地触感、温度与味道的食物、喂食工具(勺、奶瓶、奶嘴),安慰奶嘴,棉花棒,温开水,一次性灭菌手套,增稠剂。

(三)目的

使宝宝安全有效地摄食与吞咽。

(四)方法

1. 口腔感觉高敏的宝宝进食　不仅对食具与食物质地触感高敏,还对食物的某些气味、味道与温度的高敏。具体表现为厌恶食具和食物与口腔相接触,进食则立刻哭闹。如有一定认知能力的宝宝甚至看见曾使用过的食具与吃过的食物即开始哭闹,想方设法来抗拒进食,严重者进食出现呕吐的情况。可以从下几个方面进行干预:

(1)进食前做3~5分钟的颜面、口腔触觉刺激,因为感觉高敏宝宝的口腔刚受到刺激时会对刺激做出最强的反应,因此宝宝进食前可先用手掌大面积地触摸按压颜面及唇周。

(2)给小宝宝用奶瓶喂奶时应选用短型奶嘴(图5-22),以避免产生过多的口腔接触。

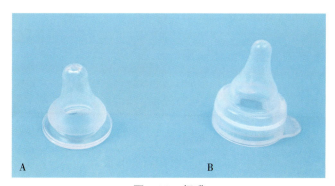

图5-22　奶嘴
A.短型奶嘴;B.长型奶嘴

(3)用勺子喂食时应使用塑胶或硅胶软勺(图5-23),因为口腔高敏的宝宝往往不愿意让物品触碰牙齿,软质勺较金属硬勺更易被接纳,且有张力性咬合反射的宝宝用金属勺易引发。勺喂时置于口腔左右的前段舌面以避免过多的口腔接触。

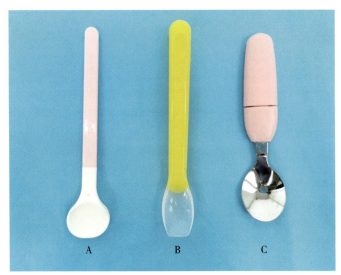

图 5-23　勺子
A.塑胶勺;B.硅胶勺;C.金属勺

（4）还可用勺从口腔两侧触压左右的前段舌面以刺激口腔,使其适应刺激,从而接纳食物(图 5-24)。

（5）选择食物可先从宝宝能够接纳的质地触感、温度、气味、味道开始。宝宝往往会接纳液体食物以及质地触感细腻的糊状食物,食物味道则较清淡,如果其无法接纳凉的食物,那么需给食物加热,找出宝宝愿意接受的热度。

（6）注意:

1）进食地点应与进行感觉脱敏训练的地点分开,以免出现讨厌进食的情况。

2）如果伴有肌张力、姿势异常的宝宝需先通过上述体位管理取得稳定而放松的进食姿势,以缓和过度的紧张。

2. 口腔感觉低敏的宝宝　具体表现为对外界刺激反应不佳,活动较少,食物入口后往往含住不咀嚼吞咽。

（1）维持宝宝后颈部伸长的稳定的对称姿势,通过唤名、唱儿歌、播放音乐等调动宝宝的情绪,以增加宝宝的身体活动,为进食做好准备。

图 5-24　勺触压舌面

（2）选择食物需注意食物的味道和温度,味道偏重与冷热明显的食物容易激发感觉低敏宝宝进食后的口腔活动。

（3）在进食过程中,如果食物入口后宝宝含住而不吞咽:

1）可用勺从宝宝舌面向下压舌头,促发吞咽动作(图 5-25)。

2）用手指向上压或轻扣或轻刷宝宝下颌底部(图 5-26),促使宝宝下颌和舌活动,并运送食物以引发吞咽动作。

图 5-25　勺下压舌面

图 5-26　手指上压下颌底部

3. 奶瓶喂养的技巧　对于宝宝来说,喂食也是其进行互动社交的一种学习途径。家长应与宝宝进行眼神交流,与其说话,喂食是一个快乐有趣的互动过程,而不是一项须尽快完成的任务。切忌在宝宝被完全包裹住的情况下喂奶,必须让宝宝的手处于喂食者的视线范围内,以观察宝宝是否有喂养压力的表现;另外给宝宝喂奶时双手必须是可自由活动的,给其主动参与哺喂创造条件。

(1)奶瓶喂养首先要找到适宜每个宝宝自身的奶嘴。0~3 个月的小宝宝因吮吸力量相对弱,一般选用圆孔奶嘴,需确认奶嘴的流速是缓慢的,约每秒 1 滴的状态。

(2)即使是较年长的宝宝,如果其无法适应较快的流速,那么流速缓慢的奶嘴可能仍是适合的。一般 3 个月以后吮吸吞咽较协调的宝宝,可选用十字、Y 字孔或一字孔奶嘴。

(3)选择奶嘴前我们需了解一下不同类型奶嘴的特点。

1)圆孔奶嘴特点:奶水可以自然流出,吮吸比较不费力,液体流量较为稳定,适合吮吸力量较差的宝宝,因易堵塞而不适合添加辅食。

2)十字孔奶嘴特点:要求宝宝吮吸力量较强,由宝宝的吮吸力来控制奶液的流速,但奶嘴孔容易破损,也会因宝宝吮吸的角度不同而产生无规律的流量,让宝宝不易控制;可用于添加辅食。

3)Y 字孔奶嘴特点:要求宝宝吮吸力量较强,液体流量相对较为稳定;可用于添加辅食;适合唇腭裂宝宝。

4)一字孔奶嘴特点:奶嘴的方向与宝宝的吮吸力不同,液体流出的速度与力量也不同;奶嘴孔相对不容易破损,适合吸稍稠的果汁。

5)软质乳胶奶嘴特点:同一品牌的乳胶奶嘴相对硅胶奶嘴质地软(图 5-27),适宜无法完成吮吸活动及吮吸力量差的宝宝。

(4)不管使用哪一种类型的奶嘴,奶嘴需放在宝宝舌的上面,必须含住从顶端至底部的整个奶嘴。

(5)喂奶时将奶瓶举高至能保持奶嘴顶端充满奶液的状态即可。

如果宝宝有以下任一种喂养压力表现:奶液从口腔溢出、欲将奶瓶推开、转头、多动、手指及脚趾张开,就必须让宝宝休息一会儿。可以将奶嘴顶端顶在宝宝的上腭部分(图 5-28),让宝宝休息。这样做可使宝宝感受到奶瓶还在,可以随时继续吸奶,而减少哭闹(哭闹时哺喂易致呛咳)。

图 5-27　奶嘴

A. 乳胶奶嘴；B. 硅胶奶嘴

图 5-28　奶嘴顶在上腭

（6）注意：

1）哺喂时如果出现面色唇周发青、喉咙有呼噜呼噜的声音，而且进行性增加或呛咳，需拔出奶嘴，让宝宝休息片刻，待以上表现缓解再继续哺喂。

2）一般宝宝吮吸 3~5 分钟即已大半饱，以后吮吸停顿次数越来越多，停顿时间也越来越长，一般一次哺喂时间约 10 分钟，宝宝基本喝饱。因宝宝能力造成进食速度慢者，每次哺喂时间不超过 30 分钟。假如宝宝释放其表示喝饱的讯息（将头偏向一侧，欲将奶瓶推开等），就必须得尊重宝宝并停止喂奶。

3）喂奶过程中家长可以采取换边的方式以达到接近亲喂的模式，这对宝宝的双边视觉和身体都可产生刺激。

（7）宝宝有吮吸、吞咽与呼吸不协调的情况。

1）哺喂时避免让宝宝仰着平卧，其身体需搂抱成半直立状态（40°~60°）。

2）使用流量较小的圆孔奶嘴，也可以选择十字孔奶嘴（需注意奶嘴孔未破损），因为当开口受到压迫时，奶嘴口才会开大，这样可使宝宝不容易呛到。

3）给宝宝进行吮奶时，需将奶嘴置于宝宝的舌面上，并可以轻压舌面有节律地小幅度前后移动奶嘴，以便形成节律性的吮吸 / 吞咽 / 呼吸（图 5-29）。

4）开始时可以使用奶粉增稠剂将液体增稠一些，这样可使液体流得慢一些，让宝宝有足够的时间去组织一次安全的吞咽动作。

5）注意：哺喂过程中观察宝宝是否出现面色发青、呼吸过快、喉部有痰响以及呛咳，如有这些表现需给予其适当的休息。

6）哺喂 1~2 小时后可对宝宝进行非营养性吮吸 - 吞咽 - 呼吸协调训练（图 5-30）。

方法：用带无菌一次性手套的手指或安抚奶嘴放置在宝宝舌面中部，轻压舌面并进行小幅度地前后移动，使宝宝舌形成包裹状进行前后伸缩的运动，从而形成节律性的吮吸 - 吞咽 - 呼吸的连贯循环。

（8）宝宝如有吮吸力量与耐力不足的情况，吮奶或哺喂时间超过 30 分钟则易导

图 5-29　小幅度前后移动奶嘴

致其疲倦,从而增加宝宝呛咳的风险,同时也给哺喂者带来喂食压力。吮吸主要是以正压和负压相配合的方式来发挥作用(正压:舌与硬腭挤压乳头或奶嘴使奶流出;负压:吮奶时舌与唇颊裹紧奶嘴,形成一个密闭空间,并且舌和下颌向下运动,以致密闭空间扩大而使得奶水流出)。

1)需给宝宝提供质地较软与流量稍大的奶嘴,一般来说,同品牌的乳胶奶嘴比硅胶奶嘴更柔软。

2)选择可挤压的硅胶制的奶瓶,当宝宝吮奶时适度挤压瓶身,借此来辅助吮吸能力不足的宝宝进食(图5-31)。

3)可提供宝宝脸颊与下颌的支持,每秒1次的速率轻柔地向内向前挤压宝宝两侧脸颊并配合下颌的闭合(图5-32),宝宝累了要给予充分的休息时间。

4)必要时可用勺喂的方式(图5-33),使宝宝获取食物不那么费力,让其有足够体力完成一顿奶量,但要注意把握好进食速度,以免吞咽与呼吸不协调而呛咳。

(9)唇腭裂宝宝的奶瓶喂养。

1)选择较柔软的长型奶嘴(图5-34),其开口以Y字孔为佳,奶嘴在挤压后张开,流出适量的奶液。奶嘴开口放置位置应朝向唇腭正常的一侧,以避免磨破裂口处腭或鼻腔黏膜,引起宝宝疼痛,进而影响吮奶及进食量。

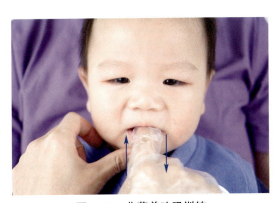

图 5-30　非营养吮吸训练

图 5-31　挤压瓶身

图 5-32　提供脸颊与下颌支持

图 5-33　带勺奶瓶

（四）口腔触觉感觉异常的干预

1. 口腔触觉感觉异常包括感觉高敏、低敏、高敏与低敏混合，如有的宝宝唇颊低敏，而舌咽部却高敏。大多数宝宝还伴有摄食技能与口腔功能的发育落后。

（1）高敏是指对口部触觉刺激过度敏感。当触摸此类宝宝的口内、口外，甚至肩颈时，他们就会有躲避、作呕、回缩嘴唇（图 5-42）、闭紧嘴巴拒绝触碰等反应或近似发狂。

（2）低敏是指当触及宝宝的口内或口周时，其表现出对触觉刺激反应较慢或几乎没反应，还特别喜欢口部触觉刺激，甚至渴望得到刺激，会有吮吸、舔舐自己身体部位或别的东西（图 5-43）或咀嚼、磨牙的习惯。

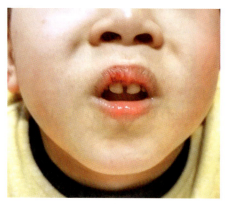

图 5-42　触觉高敏之回缩唇

图 5-43　触觉低敏之舔舐衣服

2. 口腔触觉感觉正常化治疗往往通过不同的触觉刺激与口腔按摩来进行。

（1）口腔触觉高敏的宝宝

1）需选择宝宝舒适的体位进行治疗。

2）深压触觉刺激宝宝更容易耐受而且可让宝宝产生舒服的感觉，因此对高敏宝宝应采取大面积的、稳而慢的触压方法进行触觉刺激（图 5-44）。

3）首先从宝宝可以接受的身体部位进行触觉刺激，慢慢地到其可以耐受的身体部位。采取阶段性的触觉按摩刺激方式，先短时间后长时间。

4）有时需从宝宝的手与脚开始进行触觉刺激（图 5-45），然后过渡到躯干，再到头部、面部、口周，最后用固定的力量按摩口腔。

图 5-44　深压触觉刺激

图 5-45　脚的触觉刺激

5)可一边对其进行触觉刺激,一边给予宝宝喜欢看的、听的、玩的事物,告诉宝宝这是在干什么。

6)让宝宝自己摸自己的头、脸颊、口周及口腔内,鼓励自己用可接受的用具放入口腔。

(2)口腔触觉低敏的宝宝通常口部肌张力较低,如果全身软软的,俗称"软宝宝",坐位时往往难以伸展脊柱(图5-46)。

1)辅助宝宝伸展脊柱,使宝宝后颈伸展并保持头中立位(图5-47),有利于宝宝下颌的开闭运动并使接收到的感觉适度地传入口腔。

图 5-46 脊柱伸展差

图 5-47 辅助伸展脊柱

2)采取多变的刺激与强度,如轻而快的刷擦、叩击或拍打手法刺激脸颊、唇周、牙龈、舌面等部位。

3)采用振动棒(可让宝宝自己握持)给予颜面部、唇和舌快速的振动以激活口部感觉系统,并提高全身的肌张力(图5-48)。

(3)颜面按摩的一般方法(需根据宝宝的情况按以下方法进行按摩)(视频5-1,视频5-2):

1)用手掌大面积地定点按压宝宝额头、脸颊、下巴及口周,可以重复数次。

2)用手指指腹从宝宝鼻翼两侧开始顺着两侧的鼻唇沟往下移动至嘴角数次。

3)用手指指腹沿着宝宝嘴唇周围以顺时针方向绕圈移动数次。

4)用手指指腹从宝宝嘴角两边向颞下颌关节处移动数次。

5)用手指指腹从宝宝嘴角两边向上至颧骨处移动数次。

(4)口腔内按摩的一般方法(需根据宝宝的情况按以下方法进行按摩)(视频5-3):

1)按摩者戴手套,用手指指腹或硅胶牙刷,采用螺旋或按压的方式从中间到内侧先按摩宝宝下排齿龈外侧数次,再按摩宝宝下排齿龈咬合面及内侧面数次。因为下排齿龈更易接受触觉按摩。

2)同法按摩上排齿龈外侧数次,按摩宝宝上排齿龈咬合面及内侧面数次。

3)手指轮流伸入左右颊的内侧滑出到嘴角数次。

4)水平刷扫或按压硬腭,左到右或右到左数次。

5)按摩者可用海棉棒、棉花棒、硅胶牙刷等(图5-49)蘸上温开水或冷白开水或糖水或柠檬水或稀盐水等液体(2岁以后的宝宝才使用后面3种味道的水),按上述1)的方式对宝宝进行按摩。

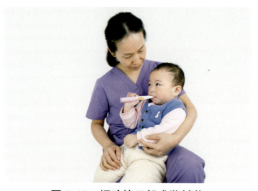

图 5-48　振动棒口部感觉刺激

图 5-49　按摩工具

视频 5-1　低
敏宝宝颜面
部按摩

视频 5-2　高
敏宝宝颜面
部按摩

视频 5-3　口
腔内按摩的
一般方法

6）易产生呕吐反射的宝宝,用手指指腹或硅胶牙刷等用具按压宝宝舌尖,使宝宝产生向上顶的反应后再逐步按压至舌中部,再回退按压至舌尖,重复数次。再由宝宝舌尖向后按压至舌侧缘中部数次。

7）按摩者可用海棉棒、硅胶牙刷等用具,由宝宝舌尖向后轻刷至舌侧缘中部数次。

8）对于舌体易隆起的宝宝:①用海绵棒等用具在舌的前至中段水平滚动数次;②用海绵棒等用具轻按舌的前至中段数次,以促进舌槽的形成。

（5）注意:

1）需仔细观察宝宝是否出现触觉防御的迹象。比如宝宝可出现轻微的唇回缩、哭闹躲避、面部歪曲、呕吐、窒息、疼痛的表情、下颌前突、下颌回缩、舌回缩、头部侧偏等迹象,所有这些细节都是需注意的。并应根据实际情况随时调整刺激强度与方法。

2）以上刺激如引起呕吐反射应立即停止。

3）颜面舌肌张力高的宝宝勿用振动棒。

3. 冰块刺激法　在一般情况下,短时间内使用冰块刺激可降低触觉高敏宝宝对触觉刺激的敏感性,同时提高触觉低敏宝宝对触觉刺激的感知能力。但不适合对冷感高敏的宝宝。

（1）首先需用冰格制作小冰棍(图 5-50)。用稍溶化的冰棍刷擦或按压宝宝唇周、舌等需刺激的部位。

（2）视宝宝情况采用 1 次刺激法,即用冰棍 1 次快速触碰刺激后休息 2~3 秒或连续刺激法,即轻刷刺激 15~30 秒后让宝宝休息几分钟,然后再进行刺激,如此交替进行数次。

（3）还可让宝宝吸吮冰棍、吹冰水、舔冰块,将冰块放进口里含住片刻或咬食冰棍。一个部位刺激的持续时间一般不超过 30 秒。

（4）应注意的是并不是所有口腔感觉障碍的宝宝都适合对其使用冰块,假如宝宝对冰块刺激产生过激的防御反应,则可先用小毛巾蘸凉白开水对宝宝进行颜面部冷刺激,还可用棉花棒蘸凉白开水进行口腔内冷刺激。

4. 气脉冲与水脉冲法　此法采用气脉冲及水脉冲设备(图 5-51),按前述对颜面及口腔按摩的部位进行喷气或喷水雾刺激。是一种冷的触觉刺激,其输出的气流与水雾可强可弱,持续时间可长可短,需根据宝宝的实际接受情况随时进行调整。

图 5-50　小冰棍

图 5-51　水脉冲

(五) 促进口腔运动的干预

1. 下颌

(1)张力性咬合反射(图 5-52):指当有东西触及牙齿和牙龈时,引起立刻咬住不放的反射动作,可因宝宝头颈、躯干过度紧张与口腔高敏等因素而产生,往往触及门齿更易引出。

1)采取前述体位姿势管理的方法,放松宝宝的头颈与躯干部使宝宝容易接纳触觉刺激。

2)按上述颜面、口腔按摩方法对宝宝进行颜面与口腔按摩可使其口腔减敏。

3)采用软的硅胶勺、咀嚼棒或者将食物包裹在纱布中让宝宝进行咀嚼。

4)将食物置于咬咬乐中让宝宝进行咀嚼(图 5-53)。

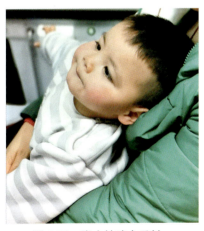

图 5-52　张力性咬合反射

图 5-53　咬咬乐

5）需采用软的硅胶或塑胶勺子喂食，在进食过程中勺子接近宝宝的唇时，需让宝宝学会主动张口（图5-54），这类自主控制动作可大幅度降低张力性咬合反射的发生次数。

6）如果宝宝出现将某种物体紧紧咬住的情况（图5-55），喂食者切忌将物体从宝宝口中强行抽出，因为那样做会对宝宝的牙齿造成损伤，也会刺激宝宝咬得更紧。正确的操作方法是：耐心地等待宝宝松口，然后迅速取出。

图5-54　学会主动张口

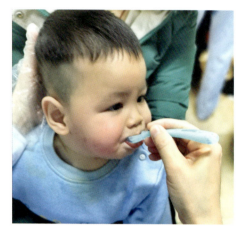

图5-55　紧咬物体

（2）下颌过紧，张口幅度较小或张口困难（图5-56）。

1）需采取环抱姿势或睡在吊床里，给宝宝提供规律性晃动以降低其躯体紧张感（图5-57）。

2）可用手指指腹由宝宝颧骨下缘往下颌角方向，沿着肌肉走向缓慢拉伸咬肌来放松咬肌（图5-58）。

3）用手掌稳而慢地挤压宝宝的颞下颌关节（图5-59）。

4）用手指或结实的棉花棒从一侧口角进入沿着磨牙外侧面至"K"点，刺激"K"点促使宝宝张口而下颌开大（图5-60）。

5）"K"点位于磨牙后三角的高度，在舌腭弓与翼突下颌帆的凹陷处（图5-61）。

图5-56　张口困难

图5-57　吊床

图 5-58　拉伸咬肌

图 5-59　挤压颞下颌关节

图 5-60　刺激"K"点

图 5-61　"K"点

6）用咀嚼棒或硅胶勺进行下颌向下运动的牵伸与开口度维持训练，先用宝宝可接受的开口度，逐渐增加开口度至宝宝不能承受即不再增加，据宝宝情况牵伸数秒（图 5-62），再令宝宝在可控制的范围进行咀嚼练习。如此交替进行数次。

（3）下颌不稳定，活动过度，常见于头颈、躯干及四肢肌张力不稳定或肌张力高造成身体活动过度，姿势控制能力差，导致过度地张口（图 5-63）。首先需对其头和躯干部提供相应的支持使其保持稳定。

图 5-62　开口度维持训练

图 5-63　过度张口

1)用下颌控制法支撑脸颊和下颌来关闭下颌：①前面控制下颌法（图5-64）：示指轻轻靠在宝宝一侧颞下颌关节处，拇指放在下唇下方中部即颏肌上缘，中指置于下颌底部舌骨上肌群处，也称三点下颌控制法，协助下颌与唇的开闭；②侧面控制下颌法（图5-65）：拇指与相应侧手掌靠在一侧颞下颌关节处，示指放在下唇中部即颏肌上缘，中指置于下颌底部舌骨上肌群处，协助下颌与唇的开闭。

2)可选用不同质地、厚度、大小与形状的硅胶勺、硅胶牙刷、咀嚼棒或条块状食物（图5-66）。

3)利用以上工具或食物让宝宝进行两侧磨牙咀嚼的训练（图5-67）。

图 5-64 前面控制下颌法

图 5-65 侧面控制下颌法

图 5-66 训练工具

图 5-67 咀嚼训练

4)利用以上工具或食物让宝宝进行门齿咬合并令其维持数秒的训练（图5-68），以此促进下颌咬合力量与稳定及分级控制能力，并多鼓励或辅助宝宝自己用手拿着以上物品咀嚼。

2. 嘴唇与脸颊

（1）嘴唇无法闭紧或闭唇时间短以及脸颊松弛。

1)宝宝大多肌张力较低，施治者需用示指和中指在宝宝上下唇的中部快速牵拉或轻叩（图5-69）。

2)用手指指腹或勺、振动棒等定点深压宝宝上下唇，用手指或勺时深压持续约3秒（图5-70），振动棒则根据宝宝的耐受情况可持续更长时间。

3）用手指指腹或勺由两侧脸颊内面从内向嘴角快速牵拉,用硅胶牙刷或振动棒等由脸颊内面从内向嘴角快速轻刷(图 5-71)。

4）可用食物诱导法,将黏性糊状食物抹在宝宝唇上,让其做闭唇和张口的交替动作(图 5-72)。

5）有一定唇闭合和认知能力的宝宝,令宝宝咂唇或发出"叭""叭""叭"等双唇音节;鼓腮并持续数秒,然后再让其逐渐放松(图 5-73)。

图 5-68　门齿咬合训练

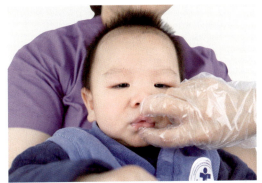

图 5-69　轻叩唇部

图 5-70　振动棒深压唇部

图 5-71　硅胶牙刷轻刷脸颊

图 5-72　食物诱导唇开闭训练

图 5-73　鼓腮训练

6)还可以用唇抿能够抿住的由轻到重的各种物品,如吸管、棉签、压舌板等,并逐步增加其抿物时间(图5-74)。

7)让宝宝用嘴唇吸吮勺中不同稠度的液体(图5-75)。

8)让宝宝用杯子饮用不同稠度的液体(图5-76)。

9)根据每个宝宝情况选择不同管径与不同长短的吸管,吹容器中的水或吸饮不同稠度的液体,如水、牛奶、酸奶、稀粥等(图5-77)。

10)用软刷、勺、振动棒等用具对宝宝进行上下闭唇的抗阻训练(图5-78),并逐渐增加时间。

11)用软刷、勺、振动棒等用具对宝宝进行圆唇的抗阻训练(图5-79),并逐渐增加时间。

图 5-74　抿唇训练

图 5-75　吸吮训练

图 5-76　杯饮训练

图 5-77　吸管训练

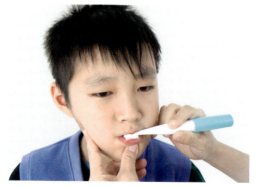

图 5-78　闭唇的抗阻训练

图 5-79　圆唇的抗阻训练

12）维持宝宝下颌在高或低位时,交替进行圆唇、展唇活动或发"ɑ/ō""ī/ū""ī/ǖ"等音节,其速度应切合宝宝的能力(图5-80)。

(2)唇回缩:唇回缩是指宝宝的上唇和/或下唇发生回缩,其状如同"一字嘴",并只露出上齿或下齿的情况(图5-81)。治疗需采取如前述使宝宝头颈部稳定且放松的姿势。

1)上唇回缩按摩方法:①操作者面向宝宝,将拇指指腹置于宝宝鼻翼两侧,其余手指置于宝宝下颌缘处,用拇指沿宝宝鼻翼两侧

图5-80 圆唇、展唇活动训练

往两口角处按摩,并重复数次(图5-82);②然后将拇指移动到宝宝颧骨中部,往两口角处按摩,并重复数次(图5-83);③最后拇指移动到宝宝上唇上方,进行间歇性按压,并重复数次(图5-84)。

图5-81 唇回缩

图5-82 鼻翼-口角按摩

图5-83 颧骨中部-口角按摩

图5-84 按压上唇上方

2)下唇回缩按摩方法:①将拇指与示指分别放在宝宝下唇下方中点的两侧(图5-85A);②用拇指与示指分别向中点方向按摩嘴唇,可重复数次(图5-85B)。

图 5-85　下唇回缩按摩

（3）脸颊肌张力高,脸颊紧绷。

1）操作者可采取侧面下颌控制法,控制宝宝头颈及下颌,再将手指或塑胶勺伸入宝宝口腔内,由宝宝脸颊内侧从内向外部的嘴角处缓慢拉伸颊肌(图 5-86)。

2）让宝宝进行圆展唇交替的动作,还可以发"ī\ū""ī\ǔ"等音节。

3. 舌

（1）宝宝挺舌和吐舌:挺舌多见于肌张力低的宝宝,舌从口中挺出,舌体相对巨大(图 5-87)。吐舌常伴有舌肌僵硬,舌从口中伸出,多见于肌张力高的宝宝(图 5-88)。

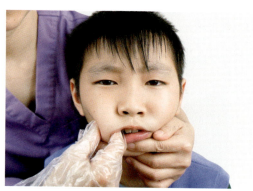

图 5-86　拉伸颊肌

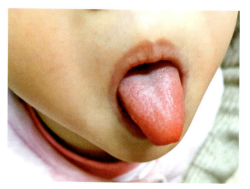

图 5-87　挺舌　　　　　　　　　　图 5-88　吐舌

采用前述使宝宝头颈部稳定且舒适放松的体位。

1）轮流从宝宝两侧嘴角喂食并用食物或咀嚼棒让宝宝进行咀嚼,诱发宝宝舌头左右活动。

2）让宝宝舌头经常做上抬的运动,喂食时可以将食具或食物置于需上抬的舌同侧上腭,诱发同侧舌侧缘上抬及舌尖上抬。

3)可使用勺子、硅胶牙刷等用具往下和往内按压宝宝舌面中部。

4)用下颌控制手法辅助宝宝稳定下颌及闭唇,其有利于让舌回入口腔。

5)必要时可调整食物的性质与状态,黏性低的食物容易引起宝宝吐舌,因此液状食物比泥糊状食物更容易引起宝宝舌外吐。

(2)宝宝舌后缩

1)可使用勺子、硅胶牙刷、奶嘴等用具将宝宝舌头缓慢地外拉至下齿龈内侧后再闭合宝宝下颌。如舌体僵硬,切忌强行拉扯舌,否则加剧舌后缩。

2)用勺子、硅胶牙刷、奶嘴等用具向下轻压宝宝舌面中部,利于舌变成小碗状并往前伸。

3)对于未出牙的宝宝可将戴了一次性使用无菌手套的手指指腹,已出牙的宝宝则用硅胶牙刷,置于宝宝的舌面中部进行小幅度的前后移动按摩,其目的是令宝宝舌头变得柔软且易形成舌槽并增加其活动范围。

(3)促进宝宝舌的主动活动:

1)将酸奶、果酱等食物抹在宝宝两侧口角处、上下唇处等不同部位,以诱发宝宝舌头前伸与上下左右的活动(图5-89)。

2)让宝宝连续地发出 /dā/、/gā/、/lā/ 的音节,并可让宝宝练习交替地发出这些音节。

3)已有舌主动活动的宝宝,为了促使宝宝舌主动活动的幅度范围和力量的增加,可以用硅胶牙刷、振动棒等用具分别向下压舌前段,向后及左右推压宝宝舌头,重复数次(图5-90)。

图 5-89　舌活动训练

图 5-90　舌力量训练

四、提高摄食技能的干预

(一)适用人群

下颌、唇、舌分离活动差,不会含住食物、啜吸、抿入、咀嚼、杯子喝、吸管吸饮等摄食能力发育落后的宝宝,无法自主、使用餐具进食的宝宝,进食行为异常,偏食的宝宝。

(二)准备

浅底软勺、粗柄勺或叉、宽沿吸盘、辅助筷、双耳杯、酸奶、煮熟的南瓜或冬瓜、手指饼、香蕉条、细苹果条、磨牙棒、咬咬乐、咬胶棒、缺口杯、5~8cm 软吸管、普通吸管、与进食工具质地相似的玩具 2~3 个、进食的时间图片、进食地点图片、食材与食物量图片、增稠剂。

（三）目的

促进下颌、唇、舌分离活动，提高宝宝摄取食物的能力。

（四）方法

1. 嘴唇闭合不良，不会啜吸或抿入食物的宝宝

（1）可选择凹槽较浅，宽度适合宝宝嘴巴大小的非钢质勺（图5-91）。切忌直接将食物倒入宝宝嘴里，这样不但容易使宝宝发生呛咳，还会让宝宝失去了学习摄食的机会。

（2）应该用勺将食物水平送进宝宝嘴里，但不要太深，应注意勺需放在舌面上方（图5-92），然后用勺触碰宝宝的上唇或侧压一侧嘴角，诱导上唇向下运动。

（3）在上下唇最接近的时候，迅速水平回抽勺子，必要时可用下颌控制法，使宝宝下颌向上运动，以帮助宝宝闭唇，将勺中泥糊状食物抿入口（图5-93）。

（4）若是液体状食物，可将勺竖着左右侧置于嘴角及横着勺子置于宝宝唇中部，用下颌控制法让宝宝保持闭唇状态，治疗者做出啜吸动作及用语音提示来促使宝宝学习啜吸勺中的液体状食物（图5-94）。

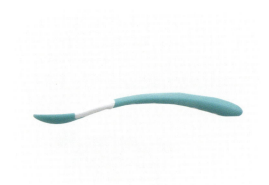

图 5-91　训练用勺

图 5-92　勺水平入口

图 5-93　辅助唇抿入食物

图 5-94　啜吸训练

2. 不咀嚼，直接吞咽或咀嚼力量弱的宝宝

（1）可选择煮熟的南瓜、冬瓜块、小溶豆等食物（图5-95A），宝宝可通过舌与上腭的配合活动而轻易压碎的或易被口水湿化的固体状食物。

（2）让宝宝体验压碎食物的感觉，从而促进宝宝下颌和舌的运动并提高其力量。

（3）如果宝宝能够顺利进食这种可以压碎类型的食物，但咀嚼能力仍然弱时，则可选择手指饼、香蕉条、细苹果条、山楂条等食物（图5-95B）。

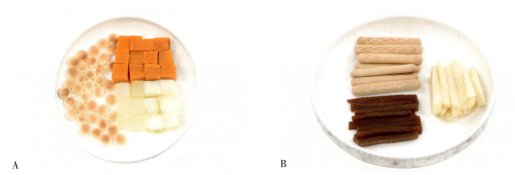

图 5-95　训练食物

A. 易压碎的食物；B. 易咀嚼的食物

1）轮流置于宝宝两侧上下磨牙之间并持续片刻以促使宝宝进行咀嚼（图5-96）。

2）必要时使用下颌控制法辅助下颌上下活动，并用手指指腹深压咬肌，注意勿用力过猛，同时用语音提示宝宝此处需用力。

（4）假如宝宝有误咽的危险，则可采用磨牙棒、咬胶棒或将食物装入咬咬乐中如上法练习咀嚼。

3. 不会用杯喝水及用吸管吸饮的宝宝

（1）常采用缺口软质杯给其学习喝水（图5-97），宝宝通过咬着杯沿来稳定下颌，同时杯子不受鼻部的阻挡，这样以利于学习喝水并利于观察宝宝的饮水情况。

图 5-96　咀嚼训练

图 5-97　训练用杯

（2）需使杯子呈水平状入口，让液体缓慢流至宝宝唇部。如果宝宝头部控制不良，下颌闭合差，则需用侧面下颌控制法辅助头稳定并使下颌闭合，轻咬杯沿以维持杯子稳定，先练习一口一口地喝水，再练习连续几口地喝水最后再到自由地喝水（图5-98）。

（3）初始饮水量可以只有3~5ml，也可以用增稠剂把饮水增稠一些或其他宝宝可接受的稠些的液体食物，这样可使液体流速慢一些，让宝宝有足够的时间去组织一个安全的吞咽动作。

图 5-103　改良的勺子

A. 弯曲角度固定勺；B. 弯曲角度可调式勺

图 5-104　辅助筷

图 5-105　吸盘碗

5. 对宝宝偏食的干预　首先得知道宝宝究竟可以接受怎样的食物，可以从宝宝目前能够接受的食物开始，慢慢地添加花样。主要可从以下几点来处置：

（1）寻找宝宝可以接受的食物，可从食物因素（味道、形状、气味、温度、触感等）、环境因素（喂食者、场所、餐具、辅助用具等）、宝宝的进食行为、生活习惯、认知理解能力、交流能力、偏嗜物、除食物以外的感觉接受度等入手，以寻找宝宝可以接受的最合适进食方式与食物。

图 5-106　双耳杯

（2）社会角色模仿：喂食者要从自身做好起到榜样作用；还可以采取角色扮演游戏把进食融入到一个宝宝喜欢的故事中。

（3）定时、定量、定地点来系统化进食，不要让零食包围了宝宝，不要让宝宝随时随地吃零食，可以在宝宝做好某一事情时给予零食作为强化物鼓励。

（4）添加新食物可以按以下步骤，让宝宝易于接受新食物。

1）第一步让宝宝眼睛看一看（图 5-107）。

2）第二步让宝宝手摸一摸（图 5-108）。

3）第三步让宝宝脸颊碰一碰（图 5-109）。

4）第四步让宝宝鼻子嗅一嗅（图 5-110）。

5）第五步让宝宝唇部触一触（图 5-111）。

6）最后一步即让宝宝入口尝一尝（图 5-112），不勉强宝宝，若执意强迫宝宝可能导致其强烈抗拒，甚至产生过激行为。

图 5-107　看一看

图 5-108　摸一摸

图 5-109　碰一碰

图 5-110　嗅一嗅

图 5-111　触一触

图 5-112　尝一尝

(5)在宝宝进食时与宝宝建立良好的关系,首先需认可宝宝的努力,营造一个愉快的进食环境;其次还需在非进食场合加深宝宝对喂食者的信赖,非进食场合也需建立良好的关系,这样做可鼓励并促使宝宝进食以及愿意与喂食者沟通。

(6)可通过视觉的支持,让宝宝形成心理准备,知道当天吃什么、食材是什么、份量有多少及进食方式等。

五、给宝宝家长们的几句话

1. 耐心喂食,决不强迫宝宝进食。

2. 1岁以内宝宝的辅食可不加任何调味品以尽量降低宝宝糖和盐的摄取,1岁以上的宝宝可逐渐尝试清淡的家庭饮食。

3. 进餐时喂食者和宝宝应进行充分地交流。需鼓励并辅助宝宝独立进食,培养其进食兴趣。进食时需让宝宝不看电视、不玩玩具等以集中其注意力,每次进食时间不超过30分钟。

4. 喂食者应保持自身良好的进食习惯,并成为宝宝学习的榜样,不要在宝宝哭闹、发笑及发声的时候喂食。

5. 注意宝宝是否有食物过敏的现象(如对牛奶、鸡蛋、花生、鱼类、贝类过敏等),而采取母乳喂养是目前唯一可预防及缓解过敏症状的措施;宝宝3岁前应避免其进食坚果、种子类容易让宝宝发生窒息的食物。

6. 饭前需给宝宝洗手,宝宝进食时应有成年人在旁边看护,并需保证进食环境的安全性。宝宝进食完毕后60分钟内不宜进行剧烈运动。

7. 定期监测宝宝的体格指标。体重和身长是反映宝宝营养状况的直观指标,可每3个月让宝宝进行1次体格检查或遵医嘱。

第四节　儿童吞咽障碍护理策略

一、儿童吞咽障碍的表现

(一)儿童存在吞咽问题的病因

早产、出生时体重过轻、腭裂/唇裂、头颈有缺陷、消化道问题、自闭症、脑性瘫痪、神经受损、先天性心脏病等。

(二)父母平时需要留意儿童的症状

1. 无法咬紧乳头或奶嘴,或吸吮困难;

2. 难协调啜、吞及呼吸过程;

3. 进食时表现烦躁;

4. 进食时经常咳嗽、呛或作呕;

5. 经常进食后呕吐;

6. 拒绝喂食或非常挑食;

7. 婴儿被喂食时倍感疲累;

8. 食物遗留在口腔内,或流出来,常常流口水等;

9. 在 2~3 个月内体重无法增加,经常患吸入性肺炎;

10. 进食时间经常超过 30~40 分钟。

当发现宝宝有上述症状或问题,父母就应尽早带宝宝去专业医疗机构进行吞咽问题的检查。医生及治疗师会给出专业的判断及治疗措施,家长在家里也应重视和知晓儿童吞咽障碍的护理方法,才能更好地解决吞咽问题。

(三) 护理观察要点

1. **基础疾病**　如脑损伤、肿瘤、重症肌无力等疾病的发生发展。

2. **全身状态**　注意有无发热、脱水、低营养,呼吸情况、体力、疾病稳定性等方面的问题,确认患儿是否属于适合摄食的状态。

3. **口腔功能的观察**　先观察宝宝呼吸、面色、口部残留量、听诊呼吸音,再仔细观察口部开合、口唇闭锁、舌部运动、有无流涎、软腭上抬、吞咽反射、呕吐反射、牙齿状态、口腔卫生、构音、发声(开鼻声:软腭麻痹;湿性嘶哑:声带上部有唾液等残留)、口腔内知觉、味觉等。

4. **意识水平**　确认宝宝的意识水平是否可进行清醒进食,是否随着时间发生变化。

5. **高级脑功能**　观察语言功能、感知、行为、注意力、记忆力、情感或智力水平有无问题。如果宝宝有以上摄食吞咽障碍的症状特征之一,请立即到专业医疗机构儿科就诊。摄食吞咽障碍康复团队将对如何改善宝宝的摄食吞咽能力提出针对性的建议。

二、儿童吞咽障碍的护理

(一) 经口进食的宝宝的家长管理

确保宝宝安全有效进食,减少营养不良发生的概率,我们应从进食姿势、一口量、进食方式的调整来做起。

1. **进食体位**　能坐的宝宝,尽量在坐位下进食。不能坐起来的宝宝,一般至少采取 30° 半坐卧位,头稍前屈。偏瘫宝宝可在偏瘫侧肩部用枕头垫起,喂食者在患儿的健侧喂食,采用面对面喂食。禁忌平躺位进食。吞咽时避免仰头,有必要则指导宝宝使用稍低头姿势吞咽。

2. **控制进食速度与一口量**　要叮嘱宝宝家属喂食时等待宝宝口中食物咽下后再进行下一口食物的喂食,并且根据吞咽功能障碍评估中指导的一口量的分量进食,不宜过多,吃完一口食物之后检查口腔内是否吞干净,避免两次食物重叠入口,导致口腔聚集食物增多引起误吸。

3. 保持进食时环境安静、明亮,避免分散宝宝注意力,避免在进食时与其交流。

4. 进食过程最好控制在 30 分钟以内,最长不超过 40 分钟,进食时间过久会导致患儿吞咽功能疲劳而易引发误吸,进餐后保持姿势 30 分钟,年龄小的婴幼儿应竖抱轻拍背部至打嗝。进餐后协助清洁口腔内的食物残留。

关于不同年龄不同疾病的进食体位管理详细图文见第五章第三节儿童摄食吞咽障碍的干预。

(二) 食物的选择

食物的质地多样,分为稀流质、浓流质、糊状、半固体与固体食物。理想的食物质地是密度均匀、黏稠适当、不易分散，有一定硬度、质地爽滑、易于变形通过咽部和食管的食物。避免食用水渣分离的食物，如汤泡饭。制作食物的方法也有技巧，可使用搅拌机将食物调制成各种黏稠度的流质食物。

1. 稀流质（水、汤、果汁等）适合舌头功能较弱，咽喉部功能较好的宝宝。
2. 浓流质（酸奶、蜂蜜等）适合无需咀嚼，只需要少量舌头活动控制吞咽的宝宝。
3. 糊状食物（米糊、烂粥等）适合无需咀嚼，只需要少量舌头活动控制吞咽的宝宝。
4. 半固体食物（香蕉、小馒头、烂饭等）适合咀嚼稍困难，只要求少量咀嚼的宝宝。
5. 固体食物（饼干、苹果、米饭等）适用于咀嚼功能较好，吞咽功能较好的宝宝。

（三）食物的调配

食物的选择也是因人而异的，吞咽障碍的宝宝在不同时期、不同程度所选择的食物有所不同，主要从容易吞咽，而又不引起误吸和残留因素考虑，必要时须在吞咽造影下进行选择。应根据患儿吞咽功能情况，平衡地选择食物质地。黏稠度低的如稀流质不易残留，但误吸风险高，黏稠度高的食物不易误吸但容易残留。合适的食物种类包括软食、半流质食物、糊状食物。

1. **稀流质食物的性状**　进食时可以吸食，入口即流散开，吸食时不费力，可以用吸管吸。放在勺里，勺倾斜时，马上流出。将杯子倾斜倒出后，杯中仅有少量残留痕迹（图5-113）。

2. **浓流质食物的性状**　可以用饮来形容，入口后缓慢流散，不会很快流走，可以在舌上聚集，吸管吸食时有明显阻力。放在勺里，勺倾斜时，食物一点一点流出，将杯倾斜倒出后，杯子中仍有中等量附着残留（图5-114）。

图 5-113　稀流质食物　　　　　　图 5-114　浓流质食物

3. **糊状食物的性状**　可以很好地形成食团，舌往后送需要一定的力量，用勺吃来形容，吸管很难吸食。放在勺里，勺倾斜时食物保持一定形状，基本不流出，将杯子倾斜食物不能流出，或缓慢呈块状掉落（图5-115）。

（四）摄食护理的注意事项

吞咽障碍影响了宝宝安全有效进食，由于护理不充分以及宝宝家属的认识不够，导致许多吞咽障碍宝宝发生营养不良、肺部感染甚至窒息等并发症，家庭护理时要注意。

1. 意识不清、疲倦或不合作者切勿进食；
2. 痰多者，进食前应清除痰液后再进食；

图 5-115　糊状食物

3. 口腔感觉差的宝宝,把食物送入口中时,可适当增加汤匙下压舌部的力量,有助于刺激感觉;

4. 耐力差的宝宝宜少食多餐;

5. 有认知障碍的宝宝,可适当给予口令提示;

6. 如宝宝出现呛咳,应停止进食;

7. 进餐后保持口腔清洁,及时进行口腔护理;

8. 餐后保持坐位或半卧位休息至少 30~40 分钟。

(五) 提示有误吸的情况及预防

1. 进食后声音改变,声音变为嘶哑或喉中发出"咕咕"的潮湿声;

2. 进食后自主咳嗽减弱;

3. 进食后痰液增多、咳嗽增多;

4. 进食后发生呼吸不畅、脸色发紫或苍白、意识不清;

5. **预防及处理措施**　①严格按照治疗性经口进食流程执行;②家属或陪护人共同参与学习摄食护理。

(六) 在宝宝进食时,提示有窒息的情况

1. 不能说话;

2. 欲用力咳嗽而咳嗽不出;

3. 皮肤、嘴唇和指甲发绀;

4. 瞳孔散大,意识丧失;

5. 大小便失禁等。

(七) 误吸窒息的处理

由于气管和食管是邻居关系,固体食物、流质、口咽分泌物都可以通过声门进入气道,大部分正常人可以通过咳嗽反射将其排出。吞咽障碍的宝宝,吞咽生理机制受损,误吸比较频繁,导致脱水、营养不良及肺部感染的发生率较高。

当食团堵塞在气道或咽喉造成气流受阻时,将发生窒息。一旦发现马上采用海姆立克急救法,并叫旁人拨打 120 急救电话。抢救的黄金时间只有 4 分钟,人人掌握海姆立克法很有必要。

海姆立克急救法的原理:利用冲击腹部 - 膈肌下软组织,产生向上的气压,压迫两肺下部,从而驱使肺部残留空气形成一股气流,这股气流能驱除堵住气管的食物硬块等异物。

1. 对意识清醒宝宝的施救　宝宝可采用立位或坐位,抢救者站在宝宝背后,双臂环抱患儿,一手握拳,使拇指掌指关节突出点顶住患儿腹部正中脐上部位,另一只手的手掌压在拳头上,连续快速向内、向上推压冲击 6~10 次,直至异物被排出(图 5-116)(视频 5-4)。

视频 5-4　2岁以上幼儿海姆立克急救法

2. 对昏迷倒地患儿的施救　采用仰卧位,抢救者骑跨在患儿髋部,两手掌根部叠加置于脐上两横指处,按上面方法推压冲击该部位。这样冲击上腹部,等于突然增大了腹内压力,可以抬高膈肌,使气道瞬间压力迅速加大,肺内空气被迫排出,使阻塞气管的食物或其他异物上移并排出,这一急救法又被称为"余气冲击法"。如果无效,可间隔几秒后,重复操作一次(图 5-117)。

图 5-116　立位海姆立克急救法

图 5-117　仰卧位海姆立克急救法

3. 婴幼儿拍背压胸法施救(视频 5-5)　把宝宝脸朝下放在操作者的前臂上,让宝宝的头向地面倾斜,用手撑住宝宝的脖子和头。把操作者的一只胳膊撑在大腿上,用另一只手的手掌根在宝宝的肩胛骨之间稳稳地拍击 5 次,尽量把异物从宝宝嘴里排出来(图 5-118A)。

视频 5-5　婴儿海姆立克急救法

接下来,操作者用空着的手,也就是拍打背部的手,放在宝宝脑后,托住宝宝的脊椎骨,小心地把宝宝反过来面朝上,同时要注意支撑好宝宝头和脖子,在宝宝两乳头之间连一条线,用两个指头放在宝宝胸上两乳头连线中间位置,从上垂直往下按压 5 次。每次按压深度大约 1.5~2.5cm。如此反复几次,直至异物排出或开始咳嗽(图 5-118B)。

图 5-118　婴儿海姆立克急救法

A. 手掌根在宝宝的肩胛骨之间稳稳地拍击；B. 两个指头放在宝宝胸上两乳头
连线中间位置，从上垂直往下按压

（刘丽君　苏珍辉　胡　晔）

参考文献

［1］熊仓勇美，椎名英贵.摄食吞咽障碍学.新北：合记图书出版社，2016.

［2］窦祖林.吞咽障碍评估与治疗.2版.北京：人民卫生出版社，2017.

［3］赖丽梅，叶杰清，吴海波.新生儿 Pierre Robin 综合征 5 例的护理.护理与康复，2017，16（4）：337.

［4］吕云霞，冯少娟.Pierre Robin 序列征患儿喂养的护理研究进展.中华现代护理杂志，2015，21（27）：
　　33-38.

［5］廖华芳，王丽颖.小儿物理治疗学.3版.台北：禾枫书局有限公司，2013.

［6］卢红云，黄昭鸣.口部运动治疗学.上海：华东师范大学出版社，2010.

［7］陈卓铭.语言治疗学.3版.北京：人民卫生出版社，2018.

［8］李慧娟.实用吞咽障碍康复护理手册.北京：电子工业出版社，2017.

6

第六章
儿童认知语言障碍的小儿按摩

第一节 小儿按摩概述

小儿按摩疗法是祖国医学中比较独特的治疗方法,属中医外治法的一种,是指在中医辨证论治的基础上,选取小儿身体表面对应疾病相关的穴位,采用特定的按摩手法,从而达到防治疾病的治疗方法。小儿按摩疗法具有平衡阴阳、调和脏腑、疏通经络、行气活血、扶正祛邪的作用,是一种无痛苦、减少用药的绿色治疗和保健方法。临床实践证明,小儿推拿可以预防疾病,还可以促进小儿生长发育、健脑益智。

小儿生理主要为生机蓬勃、发育迅速,然而脏腑娇嫩、形气未足。小儿自出生后,一方面不断地生长发育、成长与壮实,另一方面又脏器柔弱、血气未充,阴阳二气均不足。可见,小儿在物质基础和生理功能方面都是幼稚和不完善,正处在不断生长发育过程之中,与成人的身体有所不同,需要特别呵护。儿童皮肤娇嫩,按摩之前需借助按摩介质,比如凡士林、姜汁、凉水、麻油、痱子粉等,这样既能避免损伤皮肤,又能够保证手法的顺畅柔和。因此,小儿按摩施术手法和技巧,也跟成人的不同,要以柔和舒适为原则,使婴幼儿在治疗时乐于接受。

小儿特定穴位有"点""线""面",以双手居多,"小儿百脉汇于双掌",五个指头可以调理五脏,几条线就可以维护小儿健康。如五经:拇指——脾经;示指——肝经;中指——心经;无名指——肺经;小指——肾经。几条线:小儿手臂阴面靠中指那条线——天河水;手臂阴面靠拇指那条线——三关;手臂阴面靠小指那条线——六腑。儿童取穴除了穴位点外,还有线和面的穴位操作,以及打马过天河、猿猴摘果、黄蜂入洞等复式手法操作。在操作时,应根据小儿的年龄大小、体质强弱、病情轻重及手法特点等因素确定操作时间。推拿治疗一般每日 2~3 次,在小儿配合的情况下每次可施术 20~30 分钟,也可根据具体情况灵活掌握。一般刺激量较小的手法,如揉法、推法等,操作次数多;刺激量重的手法,如掐法、拿法等,操作时间短。

小儿按摩作为祖国医学传统特色疗法,具有安全有效、无毒副作用等特点,既避免了打针吃药的痛苦,也容易被小儿接受,可以在轻松活跃的气氛中完成治疗,所以越来越受到家长们的欢迎,小儿按摩在保健、防病、治病方面都有着独特的治疗穴位和手法。在某些情况下,如某些急性传染病、烧烫伤或局部皮肤破损未修复、合并出血倾向性疾病、小儿极度虚弱等情况时不适合进行操作,避免不必要的意外发生。

家庭按摩是小儿推拿的一种形式,我们在多年临床实践的基础上,以湘西刘氏小儿推拿为主要手技结合中医儿科学、人体发育学及解剖学总结形成了一套促进儿童语言发育的行之有效的家庭按摩保健手法。通过各种手法刺激小儿的经络、腧穴、肌肉、关节及神经感受器,达到疏通气穴、调理脏腑、协调阴阳的目的,同时可促进儿童认知语言的发育。本章节主要介绍儿童语言障碍、精神发育迟滞、儿童孤独症等常见神经发育障碍性疾病相关认知语言障碍的家庭按摩常用的推拿穴位、手法及注意事项。

第二节　儿童语言障碍的家庭按摩

一、语言发育迟缓的家庭按摩

语言发育迟缓指儿童口语表达能力和／或语言理解能力明显落后于同龄儿童的正常发育水平。常见于现代医学的精神发育迟滞、智力低下、听功能障碍、构音器官疾病、中枢神经系统疾病等。中医认为语言发育迟缓隶属于"五迟"之中的"语迟"范畴。

中医认为言为心声，舌为心之苗窍，心窍不开，舌则难言；肾脉系舌，小儿先天肾虚，心气不和，舌无力，发转不得；肺主声，心为言；舌乃心之苗，心肺失调，致舌本强不能发而为言。所以语言发育迟缓主要分为心肾不足与心肺失调两种类型。

（一）临床表现

1. **心肾不足**　神清呆滞，语言发育迟缓，身材矮小，弄舌，偶有流涎，易惊，伴运动发育迟缓，夜卧不安，舌淡苔少，脉沉细，指纹色淡。

2. **心肺失调**　气少懒言，声音低微，语言落后，伴言语不清，咀嚼无力，喉间痰鸣，多伴脑炎、反复呼吸道感染病史，形瘦骨立，大便干结，舌质淡，苔少，脉沉迟，指纹沉。

（二）治疗原则

补益心肾，调气养神。

（三）手法

手法有五种，分别为推法、揉法、捣法、摩法、拿法。

1. **推法**　推法在小儿推拿中临床应用广泛，常用的有直推法、分推法、旋推法三种。

（1）直推法：施术者用手或身体其他部位在宝宝体表相关穴位或部位上做单一方向的直线推动，称为直推法（图6-1）。

【适用部位】

直推主要适用于线性穴位；拇指螺纹面直推适用于十指及腰骶部穴位；示指、中指螺纹面直推适用于四肢尤其是上肢穴位。

图 6-1　直推法

【操作】

施术者一手握持宝宝肢体，使待施术的部位向上充分暴露，然后另一手的拇指伸直，其余四指微屈曲，用拇指螺纹面在相关穴位上做同一方向的直线推动，或示指、中指并拢伸直，其余三指屈曲，用示指、中指螺纹面在相关穴位上做直线推动。

【动作要领】

要求施术者上肢放松，沉肩、屈肘、悬腕。用拇指螺纹面直推时，靠大拇指腕指关节的摆动或腕关节的摆动来带动大拇指做单一方向的推动；施术者用示指、中指螺纹面行直推法时,靠的是肘关节的活动来带动前臂和示指、中指行单一方向的推动。操作时动作要快,力量略轻,关节带动柔和,不可黏滞阻涩,频率每分钟 200~300 次。

【注意事项】

施术前必须借助按摩介质,介质的选择根据宝宝病情病性来确定,一方面为了不损害宝宝皮肤,另一方面为了进一步加强疗效;直推法要求施术者手指螺纹面在宝宝皮肤表面进行推动,不带动皮下组织;直推要求往单一方向推,不可来回往复,否则影响疗效。

(2)分推法:

施术者用双手或身体其他部位在宝宝体表相关穴位或部位上由内往外做单一方向的直线或弧线推动,称为分推法(图 6-2)。

【适用部位】

分推主要适用于线性穴位;拇指螺纹面或桡侧缘分推适用于头面部及四肢穴位;掌根分推适用于腰骶部及胸腹部穴位。

【操作】

患儿取坐位、仰卧位或俯卧位,充分暴露待施术部位,要求施术部位皮肤保持紧凑不疏松。施术者站于宝宝右侧、坐于前方或头后方,利用两个拇指螺纹面、桡侧缘或掌根部位在穴位上进行由内向外的对称性直线或弧线推动操作。

图 6-2　分推法

【动作要领】

要求施术者上肢放松,沉肩、屈肘、悬腕。用两个拇指螺纹面或桡侧缘分推时,如果施术于头面部,则先用两手小鱼际和其余四指尺侧端稳定小儿被施术穴位周边部位,如果施术于四肢部位,则用其余四指固定两旁肢体部位,然后靠两拇指掌指关节的内收外展运动来带动大拇指进行分推操作;用掌根做分推操作时,靠的是腕关节的旋外运动带动掌根部做分推操作。拇指桡侧做分推操作时动作要快,力量轻,速度快,频率每分钟 20~50 次;掌根做分推时,速度宜略慢,动作连贯,频率每分钟 20~30 次。

【注意事项】

分推法要求施术者在宝宝皮肤表面进行推动,不带动皮下组织;分推要求由内往外单一方向推,不可来回往复,否则影响疗效。

(3)旋推法:施术者用拇指螺纹面在宝宝体表相关穴位或部位上做顺时针方向的回旋往复推动,称为旋推法(图 6-3)。

【适用部位】

旋推法主要适用于颜面、手及面状穴位。

【操作】

施术者先以四指指腹端支撑固定在小儿待施术穴位或部位周围,再以施术大拇指的掌指关节的主动运动带动拇指螺纹面在穴位或部位上予以顺时针方向的回旋运动。

【动作要领】

要求施术者上肢放松,沉肩、屈肘、悬腕,掌指关节放松,唯一活动的只有施术拇指的掌指关节。旋推操作时,要求速度平快、动作连贯。频率每分钟 100~300 次。

【注意事项】

旋推法同样要求施术者在宝宝皮肤表面进行操作,不带动皮下组织;旋推法顺序为顺时针方向。

2. **揉法**　施术者用拇指或中指螺纹面在宝宝体表相关穴位或部位上做顺时针方向的回旋往复揉动,称为揉法(图 6-4)。

图 6-3　旋推法

图 6-4　揉法

【适用部位】

揉法适用于颜面、躯干、四肢等各个部位的点状穴位。

【操作】

施术者先以其余四指指腹端支撑固定在小儿待施术穴位或部位周围,再以施术大拇指的掌指关节的主动运动带动拇指螺纹面在穴位或部位上予以顺时针方向的揉动;或以示指螺纹面直接在施术穴位或部位行顺时针方向的揉动。

【动作要领】

要求施术者上肢放松,沉肩、屈肘、悬腕,掌指关节放松。拇指螺纹面揉法操作时,靠拇指掌指关节运动进行带动。示指行揉法时,靠腕关节的摆动进行带动。揉法操作时,要求速度平快、动作连贯。频率每分钟 100~300 次。

【注意事项】

揉法要求施术者着位于宝宝皮肤表面,拇、中指螺纹面不离开皮肤,同时带动皮下组织;揉法的顺序为顺时针方向;原则上要求揉法的力量渗透方向与施术穴位或部位尽量垂直。

3. **捣法**　以中指指端或示指、中指屈曲的指间关节着力,进行有节律地叩击穴位的方法,称为捣法(图 6-5)。

【适用部位】

面状穴位。

【操作】

宝宝取坐位,以一手握持住宝宝示、中、无名、小指四指,使手掌向上,用另一手的中指指端,或示指、中指屈曲的第一指间关节突起部着力,以腕关节做主动屈伸运动来发力,有节奏的叩击穴位10~20 次。

【动作要领】

沉肩、屈肘,腕关节放松;捣击时取穴要准确,发力要稳而具有弹性。

【注意事项】

切忌暴力;避免损害皮肤。

4. 摩法

图 6-5　捣法

(1)指摩法:施术者用指面在宝宝体表相关穴位或部位上做顺时针或逆时针方向的回旋往复摩动,称为指摩法。

【适用部位】

指摩法主要适用于颜面及躯干部面状、线状穴位。

【操作】

示、中、无名、小指四指并拢,关节自然伸直,腕部微悬屈,以指面接触在小儿体表一定的部位或穴位上,前臂主动运动,通过腕关节做顺时针或逆时针方向的环形摩动。

【动作要领】

要求施术者上肢放松,沉肩、屈肘,手、腕关节呈一直线,腕关节放松,唯一活动的只有施术侧的肘关节。指摩法操作时,要求速度稍缓、动作连贯。频率每分钟 100~300 次。

【注意事项】

指摩法要求施术者四指指面固定于宝宝皮肤表面,操作时在皮肤表面进行一定范围的摩擦,不带动皮下组织;指摩法顺序可为顺时针,也可为逆时针方向。

(2)掌摩法:指掌自然伸直,腕关节稍背伸,用掌面着力,用力附着在宝宝体表一定部位,腕关节放松,前臂主动运动,通过腕关节连同着力部分做顺时针或逆时针的环形摩动,称为掌摩法(图 6-6)。

【适用部位】

掌摩法主要适用于躯干部和面状穴位。

【操作】

要求施术者上肢放松,沉肩、屈肘、悬腕,手、腕关节呈一直线,腕关节放松,唯一活动的只有施术侧的肘关节。

图 6-6　掌摩法

【动作要领】

掌摩法操作时,要求速度稍缓、动作连贯。频率每分钟 100~300 次。

【注意事项】

掌摩法要求施术者手掌掌面固定于宝宝皮肤表面,操作时在皮肤表面进行一定范围的摩擦,不带动皮下组织;掌摩法顺序可为顺时针,也可为逆时针方向。

5. **拿法**　以单手或双手的拇指与示指、中两指或拇指与其余四指相对夹捏住某一部位或穴位处的肌肉和肌筋,逐渐用力内收,并做一紧一松的拿捏动作,称为拿法(图 6-7)。

【适用部位】

主要适用于颈项、肩部、四肢部。

【操作】

以单手或双手的拇指与示中两指或拇指与其余四指的指掌面相对着力,稍用力内收,夹持住某一部位或穴位处的皮下软组织,并进行缓慢、一紧一松、轻重交替、持续不断的提捏动作。

【动作要领】

肩、肘、腕关节放松,掌心空,着力部分要紧贴小儿被拿部位或穴位处的肌肤;操作时要着劲于掌,贯注于指,拇指与其余指主动运动,以其相对之力进行上提操作;用力要由轻而重,缓慢增加,逐步深透,而不失灵活。

【注意事项】

操作中不能用指端与指甲内扣;操作时不可突然用力或使用暴力,更不能拿住不放;由于拿法的刺激较强,拿后再用揉法,以缓解不适。

6. **按法**　以拇指或中指的指端或螺纹面或掌根着力于选择的穴位或部位上,向下按压,称为按法(图 6-8)。根据施术部位分为指按法和掌根按法,其中指按法又分为拇指按法和中指按法。

图 6-7　拿法

图 6-8　按法

171

【适用部位】

指按法适用于全身各个穴位,掌按法适用于头面、胸腹部。

【操作】

(1)指按法:分为拇指按法和中指按法。

1)拇指按法:拇指伸直,其余四指握空拳,示指中节桡侧轻贴拇指指间关节掌侧,起支持作用,以协同助力。用拇指螺纹面前1/3部位着力。吸定在宝宝治疗穴位上,垂直用力,向下按压,然后逐渐放松,如此一压一放反复操作。

2)中指按法:用中指端或螺纹面着力,固定于宝宝需要治疗的穴位上,垂直用力,向下按压。余同拇指按法。

(2)掌按法:腕关节背伸,五指放松伸直,用掌根着力,附着在宝宝需要治疗的部位或穴位上,垂直用力,向下按压,并持续一定的时间,按而留之,再逐渐放松,反复操作。

【注意事项】

操作时不可突然用力或使用暴力,要由轻而重,逐渐用力,按而留之。

(四) 操作步骤

语言发育迟缓患儿按摩治疗不同病因分型相关选穴见图6-9。

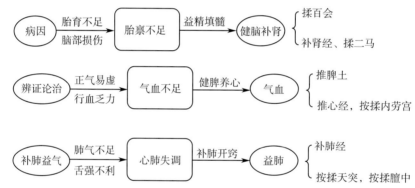

图6-9　语言发育迟缓患儿按摩治疗病因相关选穴示意图

1. 心肾不足

(1)开窍:开天门24次,推坎宫24次,推太阳24次。

1)天门

【位置】

眉心至前发际成一直线(图6-10)。

【操作】

两拇指自下而上地交替直推,称开天门,又称推攒竹。若用两拇指自下而上交替推至囟门为大开天门。操作30~50次。

【主治】

头痛、感冒、发热。

【临床应用】

开天门能疏风解表,开窍醒脑,镇静安神。常用于外感发热、头痛等症,多与推坎宫、揉太阳等合用;若惊惕不安、烦躁不宁,多与清肝经、揉百会等合用。

2)坎宫

【位置】

自眉心起沿眉向眉梢成一横线(图6-11)。

【操作】

两拇指自眉头向眉梢分推,称推坎宫,亦称分阴阳。操作30~50次。

【主治】

外感发热、惊风。

【临床应用】

推坎宫能疏风解表,醒脑明目,止头痛。常用于外感发热,头痛,多与开天门,揉太阳等合用;若用于治疗目赤痛,多和清肝经,掐揉小天心,清河水等合用。

图6-10 天门

图6-11 坎宫

3)太阳

【位置】

眉梢后凹陷处(图6-12)。

【操作】

两拇指自前向后直推,名推太阳。用中指揉该穴,称揉太阳。操作30~50次。

【主治】

发热、头痛、惊风。

【临床应用】

推、揉太阳能疏风解表、清热、明目、止头痛。推太阳主要用于外感风热;揉太阳主要用于外感风寒。

(2)推五经:补心经300次,清心经150次,补肾经300次,补脾经150次。

1)心经

【位置】

中指末节螺纹面(图6-13)。

【操作】

以拇指面在穴位上旋推为补心经,向指根方向直推为清心经。100~300 次。

【主治】

心火炽盛引起的高热神昏、面赤、口疮、小便短赤等症。

【临床应用】

此穴宜清不宜补,补心经易动心火;当用补法时,需补后加清,或以补脾经代替。

图 6-12　太阳

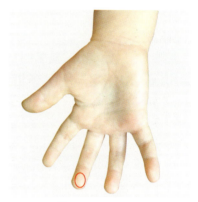

图 6-13　心经

2)肾经

【位置】

小指末节螺纹面(图 6-14)。

【操作】

以右手示指、中指夹住小儿示指,用拇指螺纹面贴在小儿小指螺纹面上做顺时针旋转推法,为补肾经;由小儿小指端直推向指根为清肾经。补肾经与清肾经统称为推肾经法,100~300 次。

【主治】

先天不足、久病体虚、肾精亏虚引起的多尿、遗尿、虚喘、久泻等症;膀胱湿热、小便赤涩等实症。

【临床应用】

"肾为先天之本",肾经宜补不宜清;治疗膀胱湿热、小便赤涩时常以清后溪代替。

3)脾经

【位置】

大拇指螺纹面(图 6-15)。

【操作】

以右手示指、中指夹住小儿拇指,用拇指螺纹面贴在小儿拇指螺纹面上做顺时针旋转推动为补脾经;由小儿拇指端直推向指根为清脾经。补脾经与清脾经统称为推脾经。100~300 次。

【主治】

脾胃虚弱、气血不足引起的食欲不振、消化不良、形体消瘦等症及湿热内蕴、恶心呕吐、热结便秘等。

【临床应用】

补脾经能健脾胃、补气血;清脾经能清湿热、消食滞。脾经穴为小儿按摩临床中最常用、最重要的穴位之一。因小儿脾常不足,临床上可以治疗大部分病症,多用补脾经,所以该穴以补法为主。非邪实体壮者一般不用清法,需用清法时常以清胃经代之,或先清后补。

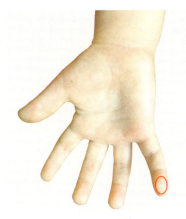

图 6-14 肾经

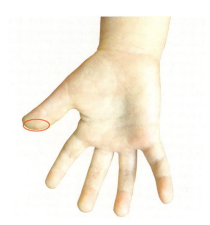

图 6-15 脾经

(3)分推阴阳:用双拇指螺纹面分推手阴阳各 100 次。

【阴阳位置】

总筋穴两旁,小指侧为阴,又称阴池;拇指侧为阳,又称阳池(图 6-16)。

【操作】

两手握住小儿手掌,两拇指并列,指面按在总筋穴上,朝左、右两边分推 20~30 次,称分阴阳,又名手部分阴阳。

【主治】

阴阳不调、气血不和而致的寒热往来、烦躁不安、食滞腹胀、呕吐腹泻等。

【临床应用】

具有平阴阳、调气血、行气导滞等功效。分推阴阳列为手部常规手法。

(4)按揉内劳宫:用拇指指腹揉内劳宫,揉按结合各 150 次。

【内劳宫位置】

手掌心,握拳屈指时中指指尖处(图 6-17)。

【操作】

用拇指按揉之,称按揉内劳宫。揉 200~300 次。另内劳宫滴 1~2 滴凉水,并用中指在其周围旋运,同时结合以对其掌心吹凉气(以不超过 18 口气为限),称水底捞明月。

【主治】

心经有热而致的口舌生疮、发热、烦渴等症及阴虚潮热、盗汗等症。

【临床应用】

对心、肾两经虚热最适宜。

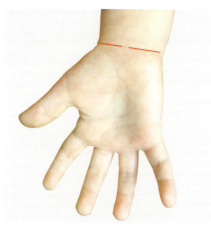

图 6-16　阴阳

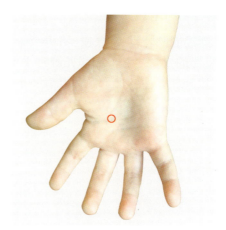

图 6-17　内劳宫

（5）按揉二马：用拇指指腹揉二马，揉按结合 100 次。

【二马位置】

手背无名指及小指掌指关节后陷中（图 6-18）。

【操作】

拇指端揉或拇指甲掐，称揉二马或掐二马。掐 5~10 次，揉 100~300 次。

【主治】

虚热喘咳、小便赤涩淋漓不尽、腹痛、牙痛、睡时磨牙等。

【临床应用】

有滋阴补肾、顺气散结、利水通淋之功。临床上多采用揉法，为补肾滋阴的要法。本法对体质虚弱、肺部感染有干性啰音且久不消失者配揉小横纹、揉乳根、揉乳旁等穴合用；有湿性啰音者，配揉掌小横纹，分推肩胛骨等同用，疗效较好。

（6）捣揉小天心：用中指端捣小天心 50 次，并揉按小天心 50 次。

【小天心位置】

大、小鱼际交接处凹陷中（图 6-19）。

【操作】

用拇指指端或中指端揉按该穴，称按揉小天心；用拇指甲由小天心掐运至内劳宫，称掐运小天心。揉按 20~50 次，掐 3~5 次。

【主治】

惊风、癫痫、目赤肿痛、干涩、泪多、解颅等。

【临床应用】

揉按小天心用于治疗心火亢盛的烦躁不安或阴虚内热、久热不退等病证；掐运小天心用于治疗惊风、抽搐、夜啼、惊惕不安等；揉小天心穴 3 分钟，再揉一窝风穴 3~5 分钟有透表发汗的功效；揉小天心穴、揉阳池穴 1 分钟，推补肾经穴 7 分钟，揉肾顶穴 3 分钟，可治疗解颅。

（7）按揉百会：用拇指指腹按揉百会穴，揉按结合 100 次。

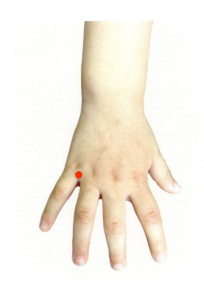

图 6-18　二马

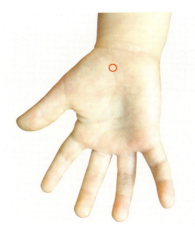

图 6-19　小天心

【百会位置】

头顶正中线与两耳尖连线的交叉点(图 6-20)。

【操作】

用拇指按、揉或掐,分别称按百合、揉百会、掐百会。次数:按 30 次,揉 50~100 次。

【主治】

头痛、脱肛、惊风。

【临床应用】

百会为诸阳之会,按揉之能安神镇惊、升阳举陷。治疗惊风、惊痫、烦躁等症,多与清肝经、清心经、掐揉小天心等合用;用于遗尿、脱肛等症,常与补脾经、补肾经、推三关、揉丹田合用。

(8)摩关元:用掌或四指指腹置于关元穴,做顺时针方向运摩 3 分钟。

【关元位置】

腹部正中线,脐下 3 寸(图 6-21)。

【操作】

用中指面或掌按揉,称按揉关元。100~300 次。

【主治】

虚性腹痛、小腹痛、腹泻、遗尿、五迟、五软等症。

【临床应用】

具有温肾壮阳、培补元气之功效。

(9)揉肾俞:用拇指指腹揉肾俞,揉按结合 100 次。

177

图 6-20　百会

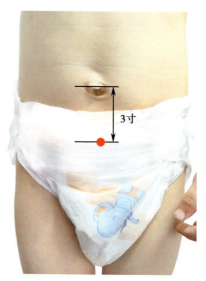

图 6-21　关元

【肾俞位置】

第 2 腰椎棘突下旁开 1.5 寸（图 6-22）。

【操作】

用示指、中指端或两拇指端揉,称揉肾俞。100~300 次。

【主治】

腹泻、便秘、小腹痛、下肢痿软乏力等症。

【临床应用】

具有滋阴壮阳、补益肾气之功效。还可以治疗腰痛、生殖泌尿疾患、耳鸣、耳聋等。

（10）关窍:拿肩井 3~5 次,结束操作。

【肩井位置】

大椎与肩峰连线之中点,肩部肌肉最高点处（图 6-23）。

【操作】

用拇指与示指、中指两指对称用力提拿肩井,称拿肩井。用指端按,称按肩井。5~10 次。

【主治】

感冒、惊厥、上肢抬举不利。

【临床应用】

有宣通气血、发汗解表之功效。本法为诸多按摩手法最终的结束手法,又称作总收法。

2. 心肺失调

（1）开窍:开天门 24 次,推坎宫 24 次,推太阳 24 次。

（2）推五经:补心经 300 次,清心经 150 次,补肺经 200 次,补脾经 150 次（具体见前）。

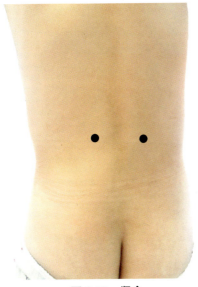

图 6-22　肾俞

图 6-23　肩井

【肺经位置】

无名指末节螺纹面（图 6-24）。

【操作】

以拇指螺纹面贴在小儿无名指螺纹面上做顺时针旋转推法，为补肺经。由小儿无名指端直推向指根为清肺经。补肺经与清肺经统称为推肺经法。100~300 次。

【主治】

肺气不足引起的咳嗽、气喘、自汗怕冷、容易感冒等症；肺经实热之感冒、发热、咳嗽、气喘痰鸣等症。

【临床应用】

补法能宣肺益气、固表敛气；清法能宣肺解表、利咽止咳、顺气化痰、通便。

(3)分推阴阳：用双拇指螺纹面分推手阴阳各 100 次。

(4)按揉内劳宫：用拇指指腹揉内劳宫，揉按结合各 150 次。

(5)按揉天突：用中指指腹揉天突，揉按结合 100 次。

【天突位置】

胸骨上窝凹陷中（图 6-25）。

【操作】

中指端按或揉，称按天突或揉天突。按天突，10~15 次。揉天突，100~300 次。

【主治】

痰涎壅盛、咳嗽呼吸不畅、痉挛性咳嗽、恶心呕吐等。

【临床应用】

按揉天突能止咳化痰、降逆止呕。

(6)按揉膻中：用中指指腹揉膻中，揉按结合 100 次。

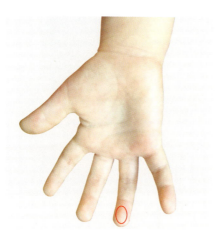

图 6-24　肺经

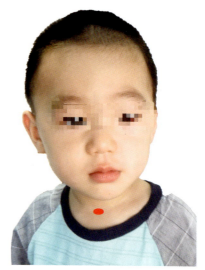

图 6-25　天突

【膻中位置】

胸骨中线上,平第 4 肋间间隙,两乳头之间(图 6-26)。

【操作】

中指端揉称揉膻中;两拇指自穴中向两旁分推至乳头,称分推膻中。50~100 次。

【主治】

各种原因引起的胸闷、吐逆、痰喘咳嗽、呕吐等。

【临床应用】

膻中穴为气之会穴,居胸中。推揉能宽胸理气、止咳化痰。治疗呕吐、嗳气常与运内八卦、分腹阴阳等合用;治疗喘咳常与推肺经、揉肺俞等合用。治疗痰吐不利常与揉天突、按揉丰隆等合用。

(7)摩关元:用掌或四指指腹置于关元穴,做顺时针方向运摩 3 分钟。

(8)关窍:拿肩井 3~5 次,结束操作。

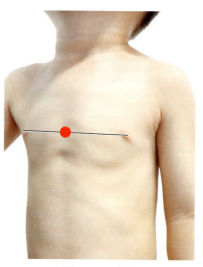

图 6-26　膻中

二、构音障碍的家庭按摩

构音障碍是指因神经病变导致与言语有关的肌肉麻痹、收缩力减弱或运动不协调所致的言语障碍,该症属于中医"语言謇涩""言语不清"等范畴。《医碥·四诊》:"语言謇涩者,风痰也。"中医认为"心主言,肝主语",所以将构音障碍分为风痰阻络与心肝失调两种类型。

(一)临床表现

1. **风痰阻络**　语言謇涩,吐词不清,舌强难言,偶有流涎,多伴口眼歪斜或半身不遂,舌质暗紫,苔滑腻,脉弦滑,指纹紫滞。

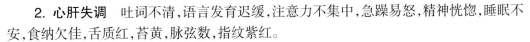

2. 心肝失调　吐词不清,语言发育迟缓,注意力不集中,急躁易怒,精神恍惚,睡眠不安,食纳欠佳,舌质红,苔黄,脉弦数,指纹紫红。

（二）治疗原则

宁心安神,疏肝清热,活血通窍。

（三）手法

手法有推法、掐法、揉法、按法、摩法、拿法。

掐法:以拇指指甲末端掐宝宝的穴位或部位,称掐法,又称"切法""爪法""指针法"（图6-27）,其他手法同前。

【**适用部位**】

适用于头面部和手足部的穴位,尤多用于急救穴。

【**动作要领**】

施术时,应垂直用力、逐渐用力掐按。

【**操作**】

施术者拇指伸直,指腹紧贴在示指中节桡侧缘,以拇指指甲着力于宝宝需要治疗的穴位或部位上,逐渐用力进行掐按。

【**注意事项**】

掐法是强刺激手法之一,不宜反复长时间应用,更不能配合其他手法,以免加重疼痛或不适感。

图 6-27　掐法

（四）操作步骤

构音障碍患儿按摩治疗不同病因分型相关选穴见图6-28。

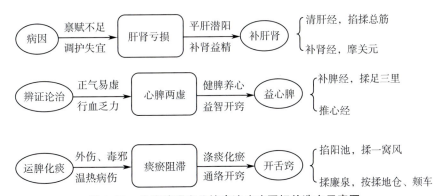

图 6-28　构音障碍患儿按摩治疗病因相关选穴示意图

1. 风痰阻络

（1）开窍:开天门24次,推坎宫24次,推太阳24次。

（2）推五经:清肝经150次,补肾经200次,补肺经100次,补脾经100次。

【**肝经位置**】

示指末节螺纹面（图6-29）。

【操作】

以右手示指、中指夹住小儿示指,用拇指螺纹面贴在小儿示指螺纹面上做顺时针旋转推法,为补肝经;由小儿示指端直推向指根为清肝经。补肝经与清肝经统称为推肝经法。100~300次。

【主治】

急惊风、抽搐、烦躁不安、五心烦热、目赤、口苦、咽干等症。

【临床应用】

肝经宜清不宜补,需补肝经时以补肾经代替,称补母泻子法。

(3)掐揉总筋:用拇指指甲掐总筋1分钟,掐后加揉100次。

【总筋位置】

手臂内侧,腕掌横纹中点(图6-30)。

【操作】

以左手轻握小儿的手掌,右手拇指按在总筋处,与在腕背抵住的示指相对用力按揉约100~300次,称按揉总筋。或用拇指甲掐1分钟,掐后加揉20次,称掐总筋。

【主治】

口舌生疮、夜啼、发热、惊风、抽搐等病症。

【临床应用】

临床上治疗实热证多与清天河水、清心经配合;治疗惊风抽搐等,多与掐小天心、清肝经、清心经配合;按揉总筋为推上肢的首推穴之一,故作常例手法。

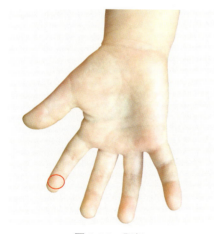

图6-29 肝经

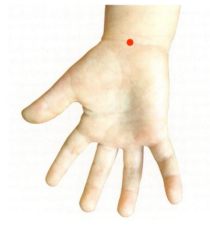

图6-30 总筋

(4)揉一窝风:用拇指指端揉一窝风穴300次。

【一窝风位置】

手背腕横纹正中凹陷处(图6-31)。

【操作】

中指或拇指端揉,称揉一窝风。100~300次。

【主治】

伤风感冒、腹痛等。

【临床应用】

具有温中行气、止痹痛、利关节之功。与拿肚角、推三关、揉中脘等合用。治疗小儿风寒感冒、头痛等,常与推攒竹、推坎宫合用。

(5)掐揉阳池:用拇指指甲掐阳池 3~5 次,掐后加揉 100 次。

【阳池位置】

在腕后区,腕背侧远端横纹上,指伸肌腱的尺侧缘凹陷中(图 6-32)。

【操作】

用拇指甲掐之,掐后加揉,称掐阳池。掐 3~5 次,揉 50~100 次。

【主治】

头痛、小便赤涩短少、便秘等。

【临床应用】

掐阳池主治一切头痛。临床上治疗风痰头痛、外感头痛时,常配合揉耳后高骨、丰隆、一窝风等穴;若小便赤涩短少,多与后溪配合使用;若大便秘结者,常与推六腑、推下七节骨等配合使用。

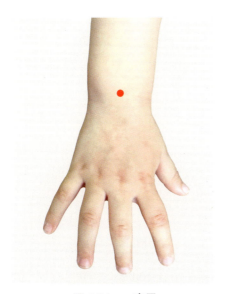
图 6-31　一窝风

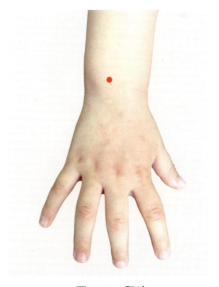
图 6-32　阳池

(6)按揉百会:用拇指指腹按揉百会穴,揉按结合 100 次。

(7)按揉颊车、地仓:用拇指或中指指腹揉颊车、地仓穴,揉按结合各 100 次。

1)颊车穴

【位置】

在面部,下颌角前上方一横指(图 6-33)。

【操作】

用拇指或中指指端揉,或揉中加按,50~100 次。

【主治】

口眼㖞斜,齿痛,咀嚼困难,牙关紧闭,面肌痉挛等。

【临床应用】

按揉颊车对于缓解下齿牙痛非常有效。此外还可以配合下关、阳白、合谷穴缓解三叉神经痛,口歪,咀嚼困难,口噤不语。

2)地仓穴

【位置】

在面部,口角旁开 0.4 寸(图 6-34)。

【操作】

用拇指或中指指端揉,或揉中加按,50~100 次。

【主治】

口眼㖞斜,流涎,齿痛,失音,咀嚼困难,牙关紧闭,面肌痉挛等。

【临床应用】

临床上治疗口噤不开、失音、咀嚼困难常配合颊车、承浆、合谷穴一起应用;与颊车、合谷穴配合治疗齿痛。

图 6-33　颊车　　　　　　　　　　　　图 6-34　地仓

(8)按揉廉泉:用拇指或中指指腹揉廉泉穴,揉按结合 100 次。

【廉泉位置】

在颈前区,当前正中线,舌骨上缘凹陷处(图 6-35)。

【操作】

用拇指或中指指端揉,或揉中加按,50~100 次。

【主治】

舌根挛急,舌纵涎出,暴喑,喉痹,失语,声带麻痹等。

【临床应用】

临床上治疗口噤不开、失音、咀嚼困难常配合颊车、承浆、合谷穴一起应用;与颊车、合谷穴配合治疗齿痛。

(9)摩关元:用中指指腹做顺时针方向揉转丹田穴,揉中加按 2 分钟。

(10)关窍:拿肩井 3~5 次,结束操作。

2. 心肝失调

(1)开窍:开天门24次,推坎宫24次,推太阳24次。

(2)推五经:补心经300次,清心经150次,清肝经150次,补肾经100次,补脾经100次。

(3)分阴阳:用双拇指螺纹面分推手阴阳各100次。

(4)掐揉内劳宫:用拇指指腹揉内劳宫,揉按结合各100次。

(5)按揉百会:用拇指指腹按揉百会穴,揉按结合150次。

(6)按揉颊车、地仓:用拇指或中指指腹揉颊车、地仓穴,揉按结合各100次。

(7)按揉廉泉:用拇指或中指指腹揉廉泉穴,揉按结合100次。

(8)摩关元:用掌或四指指腹置于关元穴,做顺时针方向运摩3分钟。

(9)按揉足三里:用拇指指端揉足三里,揉按结合各100次。

【足三里位置】

外膝眼下3寸,胫骨旁开1寸(图6-36)。

【操作】

用拇指端按揉,称揉足三里。100~300次。

【主治】常用于食欲不振、恶心呕吐、腹泻、腹痛、腹胀的治疗和保健。

【临床应用】

有健脾和胃、调中理气、导滞通络、强身健体等作用。本穴多用于消化系统疾病,常作为保健穴位。治疗疳积、厌食等,常与摩腹、揉板门、运内八卦同用;用于保健,常与摩腹、捏脊、补脾经等合用。

图6-35 廉泉

图6-36 足三里

(10)关窍:拿肩井3~5次,结束操作。

三、儿童失语症的家庭按摩

失语症是指脑组织病变导致语言交际符号系统的理解和表达能力的损害,尤其是语音、词汇、语法等成分、语言结构和语言的内容与意义的理解和表达障碍,以及作为语言基础的语言认知过程的减退和功能的损害。中医属"失音症""喑""瘖"范畴,临床上以痘疹及大病后失语或癫痫后失语多见,前者中医认为其病机为惊痫入心,痰闭心阳,心阳蒙蔽,神失所养而出现失音不能言;后者则是因为心有余热,肾脏已虚,肾水不能上济心火,水火失于既济而心神失养出现言语不能,所以将儿童失语症分为痰闭心阳与心肾不济两种类型。

(一) 临床表现

1. **痰闭心阳** 言语废用,语法缺失,命名困难或听理解障碍,恍惚失魂,惊惕不安,面色时红时白,智力低下,多半合并癫痫病史,舌质淡红,苔白,脉弦滑。

2. **心肾不济** 不能言语,流涎,听理解障碍,不能听懂别人言语,心烦失寐、心悸不安、眩晕、耳鸣、健忘、五心烦热、咽干口燥、舌红,脉细数。

(二) 治疗原则

涤痰通络,滋阴降火。

(三) 手法

推法,掐法,揉法,捣法,按法,拿法。

(四) 操作步骤

失语症患儿按摩治疗病因相关选穴见图 6-37。

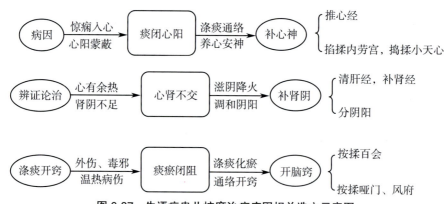

图 6-37 失语症患儿按摩治疗病因相关选穴示意图

1. 痰闭心阳

(1)开窍:开天门 24 次,推坎宫 24 次,推太阳 24 次。

(2)推五经:清心经 300 次,补心经 150 次,清肝经 300 次,补肾经 100 次。

(3)掐揉总筋:用拇指指甲掐总筋 1 分钟,掐后加揉 100 次。

(4)分阴阳:用双拇指螺纹面分推手阴阳各 100 次。

(5)捣揉小天心:用中指端捣小天心 50 次,并揉按小天心 100 次。

(6)按揉百会:用拇指指腹按揉百会穴,揉按结合 100 次。

(7) 按揉哑门、风府：用拇指端或中指指腹按揉哑门、风府穴,揉中加按各 100 次。

(8) 关窍：拿肩井 3~5 次,结束操作。

2. 心肾不济

(1) 开窍：开天门 24 次,推坎宫 24 次,推太阳 24 次。

(2) 推五经：清心经 300 次,补心经 150 次,补肾经 300 次,补脾经 100 次。

(3) 分阴阳：用双拇指螺纹面分推手阴阳各 100 次。

(4) 揉二马：用拇指指腹揉二马,揉按结合 100 次。

(5) 掐揉内劳宫：用拇指指腹揉内劳宫,揉按结合各 100 次。

(6) 捣揉小天心：用中指端捣小天心 50 次,并揉按小天心 100 次。

(7) 按揉百会：用拇指指腹按揉百会穴,揉按结合 100 次。

(8) 按揉哑门、风府：用拇指端或中指指腹按揉哑门、风府穴,揉中加按各 100 次。

1）哑门

【位置】

在颈后区,第 2 颈椎棘突下凹陷中,后正中线上(图 6-38)。

【操作】

用拇指端按揉,称揉哑门。100~300 次。

【主治】

暴喑,舌强不语,癫痫,脑性瘫痪,脑膜炎等。

【临床应用】

有开窍醒神,散风息痉的作用。与廉泉、天突、关冲配合治疗舌强不语、暴喑;配合脑户、百会、风池、太溪、昆仑、肾俞可治疗大脑发育不全。

2）风府

【位置】

在颈后区,枕外隆凸直下,两侧斜方肌之间凹陷中(图 6-39)。

【操作】

用拇指端按揉,称揉风府。100~300 次。

【主治】

舌急不语,半身不遂,失音,颈项强急,癫痫等。

【临床应用】

有通关开窍,散风息风等作用。常与人中、风池、合谷穴配合治疗小儿惊风;配合金津、玉液、廉泉穴缓解治疗舌强难言。

(9) 关窍：拿肩井 3~5 次,结束操作。

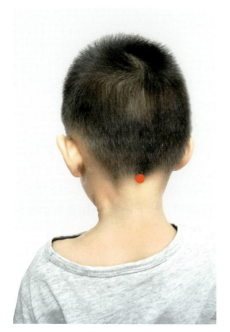

图 6-38 哑门

图 6-39 风府

第三节 精神发育迟滞的家庭按摩

精神发育迟滞指一组以智能低下和社会适应困难为显著临床特征的精神障碍,临床以发育阶段的技能损害为主要特征,包括认知、语言、运动和社会能力等不同程度的低下。

(一) 临床表现

中医属"五迟""五软""惛塞"等病范畴,按辨证论治分为以下五型。

1. **脾肾两虚证** 智力迟钝,四肢软弱或下肢痿弱,面色白,手足不温,甚或五更泄泻,完谷不化,小便清长,舌淡胖、苔白滑,脉沉弱,指纹沉。

2. **心脾两虚证** 神情呆滞,语言发育延迟,言语不清,口角流涎,吸吮咀嚼无力,弄舌,全身软弱无力,多梦易惊,面色萎黄,纳食欠佳,唇甲淡白,毛发稀疏萎黄,舌淡、苔薄,脉细缓,指纹色淡。

3. **肝肾不足证** 目无神采,发育迟缓,身材矮小,囟门宽大,运动延迟,筋骨痿软,肢体拘紧或瘫痪,易惊,夜卧不安,面色青白,舌质淡或红、苔少,脉沉细,指纹淡。

4. **阴精亏虚证** 神智异常,智能迟缓重症,难以接受教育,容貌痴愚,动作无主,摇头吐舌,言语无序,囟门迟闭,形瘦骨立,身材矮小,大便干结,舌质淡、苔少,脉沉迟,指纹沉。

5. **痰瘀阻滞证** 智力低下,反应迟钝,或有失聪失语,言语延迟或不流利,吞咽困难,口角流涎,喉间痰鸣,动作不自主,关节僵硬,肌肉软弱,或有癫痫发作,多有脑炎、颅脑产伤及外伤史,舌质暗,有瘀点、瘀斑、苔腻,脉沉涩或滑,指纹暗滞。

（二）治疗原则

虚证益智健脑、醒脑开窍；实证化瘀通络、涤痰开窍。

（三）手法

推法，揉法，掐法，摩法，捏法，拿法。

捏法：以单手或双手的拇指与示指、中两指或拇指与其余四指的指面做对称性用力，夹持住宝宝的皮肤，相对用力挤压并一紧一松逐渐移动，称捏法。小儿按摩主要用于脊柱部位皮肤，故又称捏脊法（图6-40）。余法同前。

（四）操作步骤

精神发育迟滞患儿按摩治疗病因相关选穴见图6-41。

图 6-40　捏法

1. 脾肾两虚

（1）开窍：开天门24次，推坎宫24次，推太阳24次。

（2）推五经：补脾经300次，补肾经300次。

（3）揉板门：用拇指指端揉板门100次。

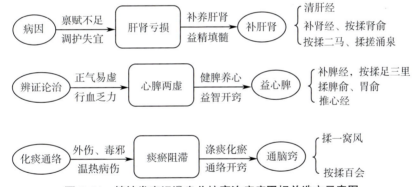

图 6-41　精神发育迟滞患儿按摩治疗病因相关选穴示意图

【板门位置】

手掌大鱼际平面（图6-42）。

【操作】

指端揉称揉板门；板门推向横纹，以拇指桡侧自宝宝拇指根推向腕横纹；横纹推向板门，自腕横纹推向拇指根；清板门来回推之。100~300次。

【主治】

胃热之口臭、吐泻、烦躁、鼻衄等。

【临床应用】

揉板门能健脾和胃、消食化滞；板门推向横纹主升止泻，横纹推向板门主降止吐；清板门能清脾胃之热，亦可用于"割治"以治疗疳积。

(4)掐推四横纹：用拇指指甲掐揉四横纹 5~10 次，推四横纹 100 次。

【四横纹位置】

在掌面第二～第五指的第一指间关节横纹处（图 6-43）。

【操作】

拇指甲掐揉，称掐四横纹；四指并拢从示指横纹处推向小指横纹处，称推四横纹。掐 5~10 次，推 100~200 次。

【主治】

疳积、腹胀、腹痛、气血不和、消化不良、惊风、气喘、口唇破裂等症。

【临床应用】

掐之能退热除烦、散瘀结，推之能调中行气、和气血、消胀满。常与补脾经、揉中脘等合用。也可用毫针（或）三棱针点刺本穴出血，治疗疳积效果好。

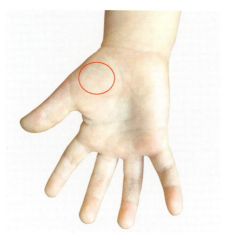

图 6-42　板门

图 6-43　四横纹

(5)按揉二马：用拇指指腹揉二马，揉按结合 100 次。

(6)按揉百会：用拇指指腹按揉百会穴，揉按结合 100 次。

(7)摩关元：用掌或四指指腹置于关元穴，做顺时针方向运摩 3 分钟。

(8)捏脊：用示指、中指与拇指对捏脊柱两侧皮肤，由肾俞处，从下往上翻捏至肺俞间 3~5 遍。

(9)关窍：拿肩井 3~5 次，结束操作。

2. 心脾两虚

(1)开窍：开天门 24 次，推坎宫 24 次，推太阳 24 次。

(2)推五经：清心经 150 次，补心经 300 次，补脾经 150 次。

(3)分推阴阳：用双拇指螺纹面分推手阴阳各 100 次。

(4)掐揉内劳宫：用拇指指腹揉内劳宫，揉按结合各 100 次。

(5)按揉板门：用拇指指端揉板门 100 次。

(6)掐推四横纹：用拇指指甲掐揉四横纹 5~10 次，推四横纹 100 次。

(7)按揉脾俞：用拇指指腹揉脾俞，揉按结合 100 次。

【脾俞位置】

第 11 胸椎棘突下旁开 1.5 寸（图 6-44）。

【操作】

两拇指指腹或示指、中两指指端揉，称揉脾俞。100~300 次。

【主治】

呕吐腹泻、疳积、食欲不振、黄疸、水肿、慢惊、四肢乏力等。

【临床应用】

具有健脾胃、助运化、祛水湿之功。还可用于治疗背痛等局部病症。

（8）摩关元：用掌或四指指腹置于关元穴，做顺时针方向运摩 3 分钟。

（9）按揉足三里：用拇指指端揉足三里，揉按结合 100 次。

图 6-44　脾俞

（10）捏脊：用示指、中指与拇指对捏脊柱两侧皮肤，由肾俞处，从下往上翻捏至肺俞间 3~5 遍。

（11）关窍：拿肩井 3~5 次，结束操作。

3. 肝肾不足

（1）开窍：开天门 24 次，推坎宫 24 次，推太阳 24 次。

（2）推五经：清肝经 300 次，补肾经 200 次，补脾经 300 次。

（3）按揉二马：用拇指指腹揉二马，揉按结合 100 次。

（4）按揉百会：用拇指指腹按揉百会穴，揉按结合 100 次。

（5）摩关元：用掌或四指指腹置于关元穴，做顺时针方向运摩 3 分钟。

（6）按揉肾俞：用拇指指腹揉肾俞，揉按结合 100 次。

【肾俞位置】

第 2 腰椎棘突下旁开 1.5 寸（图 6-22）。

【操作】

用示指、中指端或两拇指端揉，称揉肾俞。100~300 次。

【主治】

腹泻、便秘、小腹痛、下肢痿软乏力等症。

【临床应用】

具有滋阴壮阳、补益肾气之功效。还可以治疗腰痛、生殖泌尿疾患、耳鸣、耳聋等。

（7）揉搓涌泉：把手掌搓热，分别搓擦涌泉穴至发热为度。

【涌泉位置】

足底第 2、3 跖趾缝纹头端与足跟连线的前 1/3 与后 2/3 交点上（图 6-45）。

【操作】

以拇指端或中指端揉，称揉涌泉。从涌泉往足趾端推，称推涌泉。100~300 次。

(二) 治疗原则

调补心肝脾肾,醒脑开窍。

(三) 手法

推法,掐法,揉法,按法,拿法。

(四) 操作步骤

儿童孤独症患儿按摩治疗病因相关选穴见图 6-47。

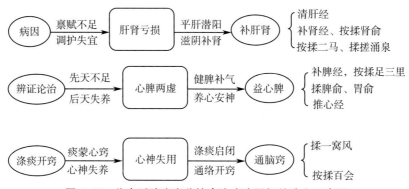

图 6-47 儿童孤独症患儿按摩治疗病因相关选穴示意图

1. 心肝火旺

(1) 开窍:开天门 24 次,推坎宫 24 次,推太阳 24 次。

(2) 推五经:清心经 300 次,补心经 150 次,清肝经 300 次,补肾经 100 次。

(3) 掐揉总筋:用拇指指甲掐总筋 1 分钟,掐后加揉 100 次。

(4) 分推阴阳:用双拇指螺纹面分推手阴阳各 100 次。

(5) 掐揉内劳宫:用拇指指腹揉内劳宫,揉按结合各 100 次。

(6) 捣揉小天心:用中指端捣小天心 50 次,并揉按小天心 100 次。

(7) 按揉百会:用拇指指腹按揉百会穴,揉按结合 100 次。

(8) 关窍:拿肩井 3~5 次,结束操作。

2. 痰蒙心窍

(1) 开窍:开天门 24 次,推坎宫 24 次,推太阳 24 次。

(2) 推五经:清心经 300 次,补心经 150 次,补肾经 200 次,补脾经 100 次。

(3) 掐揉内劳宫:用拇指指腹揉内劳宫,揉按结合各 100 次。

(4) 捣揉小天心:用中指端捣小天心 50 次,并揉按小天心 100 次。

(5) 按揉百会:用拇指指腹按揉百会穴,揉按结合 100 次。

(6) 按揉足三里:用拇指指端揉足三里,揉按结合各 100 次。

(7) 捏脊:用示指、中指与拇指对捏脊柱两侧皮肤,由肾俞处,从下往上翻捏至肺俞间 3~5 遍。

(8) 关窍:拿肩井 3~5 次,结束操作。

3. 心脾两虚

(1) 开窍:开天门 24 次,推坎宫 24 次,推太阳 24 次。

(2) 推五经:补心经 300 次,清心经 150 次,补脾经 300 次,补肾经 100 次。

(3) 掐揉总筋：用拇指指甲掐总筋 1 分钟，掐后加揉 100 次。

(4) 分推阴阳：用双拇指螺纹面分推手阴阳各 100 次。

(5) 揉板门：用拇指指端揉板门 100 次。

(6) 掐推四横纹：用拇指指甲掐揉四横纹 5~10 次，推四横纹 100 次。

(7) 按揉百会：用拇指指腹按揉百会穴，揉按结合 100 次。

(8) 捏脊：用示指、中指与拇指对捏脊柱两侧皮肤，由肾俞处，从下往上翻捏至肺俞间 3~5 遍。

(9) 关窍：拿肩井 3~5 次，结束操作。

4. 肾精不足

(1) 开窍：开天门 24 次，推坎宫 24 次，推太阳 24 次。

(2) 推五经：清肝经 150 次，补肾经 300 次，补脾经 100 次。

(3) 分推阴阳：用双拇指螺纹面分推手阴阳各 100 次。

(4) 按揉二马：用拇指指腹揉二马，揉按结合 100 次。

(5) 按揉百会：用拇指指腹按揉百会穴，揉按结合 100 次。

(6) 摩关元：用掌或四指指腹置于关元穴，做顺时针方向运摩 3 分钟。

(7) 按揉肾俞：用拇指指腹揉肾俞，揉按结合 100 次。

(8) 关窍：拿肩井 3~5 次，结束操作。

第五节　小儿益智安神保健按摩

一、补肾益智法

肾气的生发是推动小儿生长发育、脏腑功能成熟完善的根本动力。小儿"肾常虚"，是针对小儿"气血未充，肾气未固"而言。肾藏精，主水主骨，为先天之本。小儿肾常虚，它直接关系到小儿骨、脑、发、耳、齿的功能及形态，关系到生长发育和性功能成熟，尤其是大脑的发育；肾精不足，髓海不充则脑失精明而不聪。因此，小儿智商的高低，与先天肾精是否充盛具有密切的关系。此法主要适用于先天禀赋不足，素体虚弱，肾气不足的小儿；并对小儿的五迟、五软、五硬等脑瘫疾病有一定的辅助治疗作用。

(一) 治疗原则

补肾填精，健脑益智。

(二) 手法

推法，揉法，按法，摩法，捏法，拿法。

(三) 操作步骤

1. 开窍　开天门 24 次，推坎宫 24 次，推太阳 24 次。

2. 推五经　主补肾 200 次，次补肺 150 次，略补脾 100 次。

3. 按揉二马　用拇指指腹揉二马，揉按结合 100 次。

4. 揉百会　用拇指指腹按揉百会穴，揉按结合 100 次。

5. **揉丹田** 用中指指腹做顺时针方向揉转丹田穴,揉中加按 2 分钟(脐下 2~3 寸之间)。

6. **摩关元** 用掌或四指指腹置于关元穴,做顺时针方向运摩 3 分钟。

7. **搓擦涌泉** 把手掌搓热,分别搓擦涌泉穴至发热为度。

8. **揉肾俞** 用拇指指腹揉肾俞,揉按结合 100 次。

9. **捏脊** 用示指、中指与拇指对捏脊柱两侧皮肤,由肾俞从下往上翻捏至肺俞间 3~5 遍。

10. **关窍** 拿肩井 3~5 次,结束操作。

二、宁心安神法

心主血脉、主神明,主管精神意识思维活动的功能;而精神调摄在中医保健中极为重要。小儿心气未充、心神怯弱未定,神经系统发育未全,对外界刺激反应性强,适应能力差,表现为易受惊吓,思维及行为的约束能力较差。即便是健康小儿,在睡眠中或游戏时,惊触异物,突闻异声,则易受惊恐,甚至惊厥,因此小儿的精神调摄极为重要。此法主要适用于心气有余,易受惊吓的小儿;并对小儿夜啼及烦躁有一定的改善作用。

(一) 治疗原则

养心安神,宁心定志。

(二) 手法

推法,捣法,揉法,捏法,拿法。

(三) 操作步骤

1. **开窍** 开天门 24 次,推坎宫 24 次,推太阳 24 次。

2. **推五经** 主清心 200 次,次清肝 150 次,再清肺 100 次,稍清脾 50 次,略补肾 50 次。

3. **捣揉小天心** 用中指端捣小天心 50 次,并揉按小天心 50 次。

4. **揉内劳宫** 用拇指指腹揉内劳宫,揉按结合各 150 次。

5. **捏脊** 用示指、中指与拇指对捏脊柱两侧皮肤,由肾俞处,从下往上翻捏至肺俞间 3~5 遍。

6. **关窍** 拿肩井 3~5 次,结束操作。

(刘春雷 王跑球)

参考文献

[1]佘建华.小儿推拿学.北京:人民卫生出版社,2005.

[2]曲生健,吕美珍.小儿推拿.北京:人民卫生出版社,2012.

[3]廖品东.小儿推拿.北京:科学技术文献出版社,2001.

[4]房敏,宋柏林.推拿学.北京:中国中医药出版社,2016.

7

第七章

儿童常见语言发育障碍疾病及干预对策

（一）全面性发育迟缓的定义

全面性发育迟缓（global developmental delay，GDD）是指年龄小于 5 岁，在运动、语言、认知和社会交流等 2 个以上方面的发育落后，发病率为 1%~3%，GDD 只是一个暂时性诊断，如不进行早期干预，部分患儿可进展为智力发育障碍或脑性瘫痪等。

（二）引起全面性发育迟缓的高危因素

全面性发育迟缓的发生是多因素作用的复杂过程，尚不明白其确切机制，众多的孕期及新生儿期高危因素增加了其患病风险。89.7% 的患儿存在高危因素，发生比率依次为新生儿窒息、早产、病理性黄疸、宫内发育迟缓、宫内窘迫、新生儿缺氧缺血性脑病（hypoxic-ischemic encephalopatly，HIE），新生儿感染和妊娠高血压。

近年来，遗传性因素估计占不明原因全面性发育迟缓的 50%，在中重度智力障碍患儿中尤为突出，比例达 2/3 甚至更高。遗传性因素包括染色体数目和结构异常、单基因病、线粒体病、多基因和 / 或表观遗传异常等。据统计，染色体数目和结构异常占整个遗传因素的 25%~30%。通过常规的染色体核型分析可为 5%~10% 的患儿找到遗传学病因。随着荧光原位杂交、多重连接探针扩增技术等细胞分子遗传学技术被应用于染色体亚端粒区异常的检测，诊断率约 5%。染色体微阵列芯片分析（chromosomal microarray analysis，CMA）是目前检测全基因组拷贝数变异（copy number variants，CNVs）的经典方法。国内外数据报告，10%~19% 智力障碍或全面发育迟缓患儿可通过 CMA 找到病因。

（三）全面性发育迟缓的临床表现

1. 具有 2 项或 2 项以上标志性的发育指标或里程碑没有达到相应年龄应有的水平，临床特征主要为运动落后合并语言落后，运动合并认知落后，语言合并认知落后，运动、认知、语言发育均落后。

2. **临床上具有暂时性、预后不确定性的特征**　一部分全面性发育迟缓患儿可发育成为正常儿童，部分则预后不良，可发展为语言发育障碍、学习困难、脑性瘫痪、多动注意力缺陷综合征等。

3. **与遗传代谢病相关**　部分全面性发育迟缓患儿表现为遗传及遗传代谢病的早期表现，大约 20% 的 GDD 是遗传及遗传代谢病。

4. **共患病**　部分全面性发育迟缓患儿以共患病的形式表现，包括癫痫、听觉障碍等。

（四）全面性发育迟缓的语言发展特点

1. **语言理解能力低**　全面性发育迟缓患儿语言发展迟缓，词汇贫乏，患儿只能理解和执行单项指令，难以执行两项及以上指令。有的儿童不能理解别人的话语，常常答非所问。特别是对于抽象和色彩意义词语的理解，存在很大困难，而且患儿对句子理解的发展速度极其缓慢，难以准确、迅速地理解多维的、含信息量较多的复杂句子，句中特殊成分的理解也是如此。

2. 语言表达能力差　全面性语言发育迟缓患儿由于词汇量少，词义狭窄，词语、语序混乱，患儿的表达往往词不达意，语无伦次，使听者不能明白其内容。认知能力的局限性导致其语句的简单、语序混乱。最终使得患儿难以运用语言，只能用最明显的表情、手势传递最简单的信息。重度全面性发育迟缓患儿，即使长大成人后也不能很好地运用语言。

3. 发音问题　大多数全面性发育迟缓儿童存在构音、声音和语流方面的障碍。

1）构音困难：表现为说话发音不准，吐字不清，常出现音的替代、歪曲、遗漏和添加现象。辅音发音中替代非常突出并且复杂，元音中更是如此，如辅音 /s/ 和 /ʃ/、元音 /e/ 和 /o/ 等音常发生扭曲。全面性发育迟缓患儿的语音发展顺序是元音、半元音、鼻音和塞音，而擦音 /f/、/s/ 和塞擦音 /z/、/zh/ 等较难掌握。

2）嗓音障碍：表现为儿童说话的音调、音量、音质不能很好地控制在正常范围之内。其中的嗓音失调主要为鼻腔共鸣控制失调。部分重度患儿还存在启音困难，极个别存在声带或腭等器质性病变。

3）语流问题：发生在部分言语障碍较严重的智力障碍儿童中，如说话时断时续、声音越来越低，且明显感到言语呼吸不畅、气流不足，其部分言语节律失常与其说话时紧张或思维障碍有关。

（五）如何全面性发育迟缓的诊断

在儿童的生长发育过程中，发育监测是由专业组织参与的医疗保健。常规的筛查和父母提供的可靠病史是构成全面性发育迟缓诊断的主要手段。同时，建立病因学诊断无论对儿童初级保健还是家庭而言，都有着重要的益处，明确病因，对于预后和疾病的发展转归，制订治疗方案，都有非常重要的意义。

最新的诊断标准为：

1. 有高危因素：脑损伤病史和母亲不良妊娠史；

2. 5 岁以下发育早期的儿童；

3. 有 2 项或 2 项以上标志性的里程碑发育没有达到相应年龄段应有的水平；

4. 因年龄过小而不能完成一个标准化智力功能的系统性测试；

5. 发育量表测试结果指标低。

（六）全面性发育迟缓的评估量表选择

智力主要是用量表进行评估，下面介绍目前常用的量表。

1. 盖塞尔发育量表（Gesell development test）　适用于 4 周 ~3 岁的小儿，共 500 项，63 个检查场面，包括 5 个领域，即适应性、精细动作、语言、大运动、个人 - 社交，评分为发育商（developmental quotient，DQ），DQ ≥ 85 分为正常，低于 75 分时可疑发育落后，此量表专业性较强，具有较为可靠的诊断价值，在国际及国内得到广泛应用。是 GDD 诊断和随访最常用量表。

2. 韦氏学前儿童智力量表（WPPSI）　适合 4~6.5 岁儿童，该量表在我国已标准化，包括语言性检查和动作性检查两项，共 11 个分测验，包括：理解、算术、背数、类同、填图、词汇、常识、数字广度、图片、拼图和积木，能较好地反映智力的整体和各个侧面，能比较全面地评价儿童的智力高低。适用于 Gesell 发育量表不能满足的 5 岁前的 GDD 患儿。

3. 儿童语言发育迟缓评定（S-S 法）　适用于 1.5~6 岁儿童。S-S 法依照语法行为，从语法规则、语义、语言应用三个方面对语言发育迟缓儿童的语言能力进行评定及分类。

4. Peabody 运动发育量表 2（PDMS-2） 是目前广泛应用的一种定量和定性的全面运动功能评定量表，综合评定发育商和总运动商，适用于 0~72 个月儿童。

（七）全面性发育迟缓的治疗

1. 全面性发育迟缓（发育迟滞）干预的关键年龄 发育迟滞儿童早期干预要在 6 岁以前，最好在 3 岁以前就开始，当然一经发现患儿发育落后的表现，马上就开始干预更好，临床观察 1 岁前就开始干预的效果最好。

2. 全面性发育迟缓（发育迟滞）干预的原则

（1）对发育迟滞儿童进行教育、训练目的是使其潜能得到最大限度发挥，而不是把他们每个人都能培养成具有正常儿童的智力和能力。

（2）不管发育迟滞儿能力多低，都应尊重其现有水平，从现有起点教起。

（3）多表扬，正强化不超过 2 秒钟。

（4）每次训练同一个行为领域的一个行为项目，学会了再训练这个领域的下一个项目。

（5）重复学习的次数，要超过正常儿童的几倍、几十倍。

（6）不要用过激言语或不愉快表情伤害儿童自尊心。

（7）要有足够的耐心和信心，坚信只要努力，一定会有收获。

3. 全面性发育迟缓的治疗方法

（1）对因治疗：只有少数病因所致的全面性发育迟缓可进行对因治疗，包括遗传代谢性疾病，如苯丙酮尿症确诊后给予低苯丙氨酸饮食；半乳糖血症停用乳类食品，给予米麦粉或代乳品；先天性甲状腺功能减退症给予甲状腺激素替代治疗；先天性颅脑畸形如颅缝早闭、先天性脑积水可考虑相应外科治疗。上述疾病只有在对智力尚未造成明显损害之前积极治疗，才有可能取得较好的疗效。

（2）对症治疗：针对合并存在的其他精神症状或躯体疾病，应予以相应的治疗。对于伴有精神运动性兴奋、攻击或冲动行为、自伤或自残行为者可用抗精神病药物如奋乃静、氟哌啶醇等。对于活动过度、注意缺陷和行为异常可用中枢神经兴奋剂。对于合并癫痫者要用抗癫痫治疗。对于屈光不正、斜视、弱视及听力障碍者都需要予以矫正。

（3）早期干预

1）游戏治疗：以游戏为载体，让患儿在欢乐、愉快的环境中接受认知、语言、运动、交流和行为等各种功能训练。

2）认知训练：通过视觉、听觉、触觉等多感官刺激训练，促进患儿对知识的理解，加强对外界的认知，丰富信息量。人工化设计的多感官刺激训练单元，将放松与刺激经验通过多感官环境进行互动，与特殊教育相结合，是促进脑发育和提高认知功能的最佳治疗方式之一。

3）语言与交流能力训练：语言训练包括个别训练和小组训练。个别训练环境应安静、安全，室内布置简单，避免丰富的环境分散孩子的注意力。时间最好是上午，30~60 分钟为宜。治疗师应以孩子评估的现有水平为基础，训练时和孩子目光平视，诱发孩子的语言，及时鼓励非常重要。同时应用小组的形式进行集体语言和交流能力的训练，结合实际，在与人和物密切接触中进行训练，循序渐进，稳步提高。训练内容主要有语音、言语、吞咽、交流互动、口型等，包括模仿他人的发音，用单词称呼日常所见物品的名称，用声音表示需求,用话语回答简单的问题,逐渐增加词汇量等。

4)活动观察训练:让患儿主动观察人微笑、点头、伸舌和面部表情变化等或物体,进行反复主动的模仿训练。每次 15~30 分钟,每天 1~2 次,3 个月一疗程。

5)目标 - 活动 - 运动环境(goals-activity-motor enrichment,GAME)疗法:此疗法是基于现代运动学习原理,以家庭为中心的康复治疗方式,所有教授给家庭的信息及方法都是根据父母的问题和要求,以及患儿所面临的问题而制订的。将运动训练、家长教育和丰富的儿童学习环境相结合。运动训练包括蹲、站、坐等。家长教育包括患儿的发育、喂养、睡眠、玩耍及其他信息。每周至少进行 1~2 次,每次 30~90 分钟。

4. 家庭训练　建议家长花多一些时间陪伴孩子,多跟孩子进行沟通,跟孩子说话,唱歌给孩子听,鼓励孩子对声音、姿势进行模仿都是非常有意义的;从 6 月大开始,读书给孩子听;利用日常生活场景来强化孩子的语言、言语能力;家庭为孩子营造一个良好的环境,并且将训练与日常生活紧密、有机结合起来。

第二节　孤独症谱系障碍

(一) 孤独症谱系障碍的定义

孤独症谱系障碍(autism spectrum disorder,ASD)是一组神经发育障碍性疾病。其核心症状为生命早期即出现的社会交往障碍以及重复、刻板行为和狭隘的兴趣,临床表现及背景的异质性极大。以往称为广泛性发育障碍、自闭症。

目前,世界范围内 ASD 患病率估计为 60/ 万 ~70/ 万。我国尚无 ASD 患病率的全国性报告。2013 年的一项荟萃分析显示,中国大陆 ASD 合并发病率为 11.8/ 万,我国内地、中国香港和中国台湾省三地的合并患病率为 26.6/ 万。该病男女发病率差异显著,国外报道男女比约为 4:1。目前我国没有统计,就临床诊断患儿来说,男孩发病率高于女孩。

(二) 孤独症谱系障碍的病因

ASD 的病因学特点与智力残疾和脑瘫的病因学特点类似,涉及多种遗传学和非遗传学因子。ASD 个体的病因学诊断较困难,病因明确者仅占少数,75%~80% 的患儿病因不明。尽管目前孤独症谱系障碍的病因仍不明了,但是多数学者认为生物学因素(主要是遗传因素)在孤独症的发病中占有重要的作用,也成为目前众多学者病因研究的热点。

1. 遗传因素　双胎和家系研究确定,ASD 遗传学因素占 90% 以上。目前能够确定遗传学病因者见于 20%~25% 的孤独症患儿。已知的 ASD 遗传学病因包括细胞遗传学上可见的染色体异常(5%)、拷贝数变异(10%~20%)、单基因病(5%)。

2. 神经系统异常　通过神经解剖和神经影像学研究,比较一致的发现是孤独症儿童存在小脑的异常,包括小脑体积减少、浦肯野细胞数目减少,其他发现包括海马回、基底核、颞叶、大脑皮质及相关皮质的异常。近年来较多研究采用 fMRI 技术研究孤独症谱系障碍患儿脑功能,发现孤独症谱系障碍儿童脑功能与正常儿童相比存在异常,包括杏仁核、海马回的大脑边缘系统、额叶和颞叶等部位。

3. 环境因素　与 ASD 有关的环境因素包括孕期母亲感染、宫内重金属和药物暴露、电离辐射以及疫苗接种等。孕期母亲暴露于丙戊酸、沙利度胺、米索前列醇、有机汞等可以引起 ASD。注射性疫苗,尤其是麻疹 - 腮腺炎 - 风疹(measles-mumps-rubella,MMR)疫苗含有的防腐剂邻乙汞硫基苯酸钠可能诱发 ASD。

4. 代谢性疾病　ASD 患儿中,先天性代谢性疾病的效应占 5%。由于酶的缺陷引起代谢性神经毒性物质在体内蓄积,造成发育中的脑损伤,引起 ASD。

综合有关研究,推测存在孤独症遗传易感性的儿童,在诸如围产期感染、免疫、致畸因子等未知环境有害因素影响下,神经系统发育异常,从而导致自婴儿时期开始,在感觉、知觉及认知加工等神经系统高级功能方面有异于正常儿童,表现为孤独症谱系障碍。

(三) 孤独症谱系障碍的临床表现

孤独症谱系障碍的核心症状为社会交往障碍、重复 / 刻板行为两大领域。语言障碍为大多数典型孤独症儿童就诊的主要原因。同时,超过 70% 的 ASD 还伴有其他发育和精神障碍,常见的伴随症状包括智力落后、注意缺陷、多动障碍、感觉异常、抽动性运动障碍及运动功能异常;存在免疫失调、胃肠性问题;还伴有睡眠障碍、焦虑、癫痫、抑郁、强迫症等。

1. 社交障碍表现为缺乏自发性社会或情感交流的动机和行为,如喜欢独自玩耍,不合群,对唤名无反应,对父母的指令常常是充耳不闻,缺乏亲子依恋,共享行为及利他行为缺乏;不听从指令,我行我素;多种非言语交流行为存在显著缺损,如缺乏目光对视和面部表情;较少运用肢体语言;不能准确判断情境等。

2. 语言障碍是大多数典型孤独症儿童就诊的主要原因,多表现为:①言语发育迟缓或不发育:语言发育较同龄儿落后或有些儿童可有相对正常的言语发育阶段,后又逐渐出现语言倒退,表现为语言逐渐减少甚至完全消失,甚至一部分孤独症儿童终生无语言表达能力;②言语理解能力不同程度受损,不理解对方的语义内容,无法沟通互动,不能理解双关语、讽刺、幽默等复杂的语言;③言语形式及内容异常:表现为"语用"障碍,即不会适当地用语言沟通,如答非所问、重复刻板语言、即刻模仿言语、延迟模仿言语、自言自语和"鹦鹉语言"等,不会运用"你我他"等人称代词;④语调、语速、节律、重音等异常。高功能孤独症谱系障碍儿童虽有正常的词汇量及基本沟通能力,但其语用能力较差,表现为说话技巧的机械性,如音量、语调及语速单一,较少使用口语或俗语。其他非口语沟通障碍,表现为理解和使用脸部表情、手势、肢体动作等非口语的沟通方式上有困难。

3. 狭隘的兴趣和刻板行为是孤独症谱系障碍儿童的另一个核心症状,易沉溺于某些特殊狭窄的兴趣中,如对画面快速变化的电视广告很感兴趣,对旋转的风车着迷;独自转圈、玩开关、无目的地来回奔跑;对玩具车的车轮反复拨转长达数小时等。固执地执行某些仪式行为和重复刻板动作,例如固定盖一床被子;喜欢乘坐观光电梯。典型孤独症儿童的兴趣点集中在无意义的事物上。

4. 大多数孤独症儿童存在感觉异常,表现为对某些声音、视觉图像或场景的特殊恐惧;或是喜欢用特殊方式注视某些物品:很多患儿不喜欢被拥抱;常见痛觉迟钝现象;特殊的本体感觉,如喜欢长时间坐车或摇晃、特别喜欢或惧怕乘坐电梯等。

其他症状包括多动和注意力分散行为在大多数孤独症患儿较为明显,常常成为家长和医师关注的主要问题,因此常常被误认为儿童多动症。脾气大、易发怒、攻击、自伤等行为在患儿中较常见,这类行为可能与父母教育中较多使用打骂或惩罚有一定关系。少数儿童表现为温顺安静,对于治疗比较有益。

ASD 症状的发育性变化特征使得早期临床诊断不易。尤其 2 岁前儿童由家人照顾,并无太多社会交往的要求。研究通过对 ASD 患儿的回顾性调查及对 ASD 同胞的前瞻性研究。确定了 ASD 的早期危险信号(表 7-1)。

表 7-1　2 岁前儿童罹患孤独症谱系障碍的危险信号

功能领域	减少或异常的行为表现	其他行为表现
社会交往	眼睛注视、分享或共同注意 社会性微笑 社会性兴趣和共享性快乐 对名字的定向反应 不同沟通方式的协调(如眼睛注视、面部表情、姿势、声音)	社交 - 情感连接的倒退或丧失
语言	牙牙学语,特别是与他人来回交互性的牙牙学语 语言理解和产生(如说话延迟、怪异的词语、不正常的重复) 异常的声调(包括哭泣) 姿势发展(如手指指向、挥手等)	沟通技能的倒退或丧失(包括话语)
游戏	动作模仿 机能游戏或想象性游戏	对玩具或其他物体过度或不正常的操作或视觉探索 对玩具或其他物体的重复性动作
视觉或其他感觉	粗大和精细运动技能	异常的视觉追踪、凝视(如长时间凝视灯)
运动功能	运动控制(如肌张力降低、姿势控制能力不足)	对声音或其他形式刺激的反应过度 / 不足 重复性运动行为、四肢或手指的异常姿态

(四)孤独症谱系障碍的诊断

1. 评估　ASD 的早期发现主要依赖于照顾者和社区初级儿童保健医生。在婴幼儿早期体检与疾病筛查中建立 ASD 的筛查工作是早期发现的关键。具体实施上可采用国际通用的筛查量表和问卷,推荐的方法有:

(1)筛查:采用婴幼儿孤独症筛查表(CHAT)和孤独症行为量表(ABC),其中 ABC 供家长和抚养者对可疑儿童进行评估时使用,共 57 项,每个条目按 0~4 级评分,最后累积计算总分,得分 >67 可以考虑孤独症诊断。

(2)诊断性晤谈:多为结构式问卷,如孤独症诊断面谈量表 - 修订版(ADI—R)、孤独症诊断观察量表(ADOS)和儿童孤独症评定量表(CARS),其中 ADOS 尚无中文修订版本。CARS 由专业人员对儿童进行评估,共 15 个条目。1~4 级评分。总分 30~36.5 为轻 - 中度孤独症,>37 分为重度孤独症。

(3)其他辅助测评:认知能力评估可用贝利婴幼儿发育量表(BSID)、斯坦福 - 比奈智力量表(SBIS)和韦氏儿童智力量表(WISC)等。适应能力评估常用儿童适应行为量表、婴幼儿社会适应量表等。

(4)语言交流能力评估方面:在实际康复工作和家庭带养过程中,康复医师和语言治疗师、监护人首先要判断患儿的交流能力是处于前语言期、手势动作期,还是与其年龄不相符的语言能力期。前语言期主要表现为不会应用手势动作和言语,其主要的表达方式多数为哭闹、发脾气、踩脚、地上打滚等不良、极端的情绪或非言语行为的一种表达方式。手势动作期主要表现为用肢体粗大动作来表达需求或完成指令。其中最常用的手势动作是用示指去指,如饥饿时用示指指食物,再指嘴巴。当我们在评估儿童语言能力时,尤其是口语交流能力,要注意儿童的语言能力是否与其生活年龄相当。在进行语言交流能力评定时,要注意对儿童交流态度、语言清晰度、可懂度评定。注意对儿童语用能力进行评定,做到对语言理解能力和语言表达能力两个维度的评定。目前针对孤独症儿童语言能力的评定,常用的评定方法有语言发育迟缓评价法、格塞尔儿童发育量表、语言行为量表等。目前还没有一个量表可以全面评估一个儿童所有的语言能力,每一种量表都有其优势,多个量表相互结合,综合应用,可以尽可能准确、全面地评估出儿童的语言能力。

2. 诊断标准　诊断儿童 ASD 需满足以下的五个标准,其中(1)和(2)阐明了孤独症谱系障碍的核心症状。

(1)在多种环境中持续性地显示出社会沟通和社会交往的缺陷,包括现在或过去有以下表现:

1)社交与情感的交互性缺陷:从异常的社交行为模式、无法进行正常的你来我往的对话,到与他人分享兴趣爱好、情感、感受偏少,再到无法发起或回应社会交往;

2)社会交往中非言语交流行为的缺陷:从语言和非语言交流之间缺乏协调,到眼神交流和身体语言的异常、理解和使用手势的缺陷,再到完全缺乏面部表情和非言语交流;

3)发展、维持和理解人际关系的缺陷:从难以根据不同的社交场合调整行为,到难以一起玩假想性游戏、难以交朋友,再到对同龄人没有兴趣。

(2)局限、重复的行为、兴趣或活动,包括在现在或过去有以下至少两项表现:

1)动作、对物体的使用或说话有刻板或重复的行为(比如:刻板的简单动作,排列玩具或是翻东西,仿说,异常的用词等);

2)坚持同样的模式、僵化地遵守同样的做事顺序、语言或非语言行为有仪式化的模式(比如:很小的改变就造成极度难受、难以从做一件事过渡到做另一件事、僵化的思维方式、仪式化的打招呼方式,需要每天走同一条路或吃同样的食物);

3)非常局限、执着的兴趣,且其强度或专注对象异乎寻常(比如:对不寻常物品的强烈依恋或专注、过分局限或固执的兴趣);

4)对感官刺激反应过度或反应过低、对环境中的某些感官刺激有不寻常的兴趣(比如:对疼痛或温度不敏感、排斥某些特定的声音或质地、过度地嗅或触摸物体、对光亮或运动有视觉上的痴迷)。

(3)这些症状一定是在发育早期就有显示(但是可能直到其社交需求超过了其有限的能力时才完全显示,也可能被后期学习到的技巧所掩盖)。

(4)所有症状共同限制和损害了日常功能。

(5)这些症状不能用智力发育缺陷或整体发育迟缓更好地解释。智力缺陷和 ASD 疾病常常并发,只有当其社会交流水平低于其整体发育水平时,才同时给出 ASD 和智力缺陷两个诊断。

（五）儿童孤独症谱系严重程度的判断

ASD 的障碍程度根据两大诊断领域划分为三级：需要支持（Ⅰ级）、需要较多支持（Ⅱ级）、需要极大支持（Ⅲ级）（表 7-2）。

表 7-2　DSM（Diagnostic and Statistical Manual of Mental Disorders）-5 孤独症谱系障碍程度分级

障碍程度	社会交往	刻板 / 重复性行为
Ⅲ级：需要极大支持	言语或非言语社会沟通表现出严重损伤，导致社会功能严重受损；很少主动发起社交行为，对他人发起的社交行为也极少回应	行为模式刻板，对环境中的改变极度不适应；重复刻板的行为显著影响各方面的功能；很难改变其对事物或兴趣的专注性
Ⅱ级：需要较多支持	言语或非言语社会沟通表现出明显损伤；即使在有支持情况下仍表现出社会功能的损伤；很少主动发起社交行为，对他人发起的社交行为也极少或异常回应	行为模式刻板，对环境中的改变很难适应；常表现出明显重复刻板行为并影响着多种情景中的功能；很难改变其对事物或兴趣的专注性
Ⅰ级：需要支持	在无支持的情况下表现出明显的社会沟通损伤；较难主动发起社交行为，对他人发起的社交行为表现出明显的异常；可能表现出对社交行为较少的兴趣	行为模式的刻板显著影响单一或多情景中的功能；不同活动之间的转换表现出困难；组织和计划问题影响独立性

（六）孤独症谱系障碍的鉴别

1. **特殊性语言发育迟缓**　孤独症谱系障碍儿童早期被关注的主要问题往往是语言障碍，容易与特殊性语言发育迟缓混淆。鉴别要点在于孤独症儿童除有语言障碍外，同时合并有非语言的交流障碍和刻板的行为，而特殊性语言发育迟缓儿童除语言落后外，无交流障碍和行为异常，可以鉴别。

2. **精神发育迟滞**　大约有 10% 的精神发育迟滞儿童可以表现有孤独症样症状。50% 的孤独症儿童也合并有精神发育迟滞。两种障碍可以并存。可以根据孤独症儿童的社交障碍、行为特征以及部分特别认知能力加以鉴别。此外，典型孤独症儿童外观正常，运动发育正常甚至表现灵活，而很多精神发育迟滞儿童往往存在早期的运动发育迟缓，有些存在特殊的面容。

3. **儿童精神分裂症**　孤独症谱系障碍儿童多数在 2~3 岁开始出现行为症状，而精神分裂症 5 岁前起病少见，甚至有人指出，5 岁前不存在精神分裂症。此外，尽管孤独症某些行为异常与精神分裂症类似，但不存在妄想和幻觉，不难鉴别。

（七）孤独症谱系障碍的治疗

孤独症儿童存在多方面的发展障碍，因此在治疗中应根据患儿的个体情况，采取综合措施，包括教育训练、结构化教学、家长辅导、药物治疗等手段结合起来治疗。

1. **应用行为分析（applied behavior analysis，ABA）**　其基础是行为强化理论，运用功能分析法从个体需要出发，采用"A（antecedent）-B（behavior）-C（consequence）"模式，即"前因 - 行为 - 后果"来塑造正性行为。行为分解训练法（discrete trial training，DTT）是 ABA 基本教学、训练的方式，典型的任务分解技术有 4 个步骤：训练者发出指令、儿童的反应、对儿童反应的应答、停顿。训练要求个体化、系统化、严格性和科学性,保证具有一定的强度,每周 20~40 小时,每天 1~3 次,每次 3 小时,持续 1~4 年。ABA 适合在孤独症早期开始训练。

2. 孤独症和相关沟通障碍儿童治疗与教育(treatment and education for autistic and related communication handicapped children,TEACCH)　为目前欧美国家获得较高评价的孤独症综合教育方法。该方法主要针对 ASD 儿童在语言、交流、感知觉及运动等方面的缺陷进行教育,核心是增进患儿对环境、教育和训练内容的理解和服从。TEACCH 实践中运用各种视觉结构化要素,将环境中的信息翻译成 ASD 儿童能够理解掌握并偏爱的概念,训练内容包含儿童模仿、粗细运动、手眼协调、语言理解和表达、认知、生活自理、社交及情绪情感等方面。强调干预的结构化和视觉提示,即训练场地或家庭家具的特别布置、玩具及其有关物品的特别摆放;注重程序化,即训练程序的安排和视觉提示,在教学方法上要求充分利用语言、身体姿势、提示、标签、文字等各种方法促进儿童对训练内容的理解和掌握,同时运用强化原理和其他行为矫正技术帮助儿童克服异常行为。此方法适合在医院康复、训练机构开展,也适合在家庭中进行。该疗法在国内应用广泛,亦取得较好的疗效。

3. 人际关系发展干预疗法(relationship development intervention,RDI)　地板时光、社交故事、共同注意等方法。心理理论缺陷逐渐被认为是孤独症的核心缺陷之一,表现为缺乏目光接触、不能形成共同注意、不能分辨别人的面部表情因而不能形成社会参照能力,不能与他人分享感觉与经验,因此不能形成与亲人之间的感情连接和友谊。鉴于此,需要对患儿在获得一定程度配合的基础上开展以“提高患儿对他人心理理解能力”的人际关系训练,训练人际关系发展的规律和次序是:目光注视 - 社会参照 - 互动 - 协调 - 情感经验分享 - 分享友情。依此设计了一套有数百个活动组成的训练项目。以游戏的方式进行,由父母或训练者主导,以提高 ASD 儿童对他人的心理理解能力。例如:目光对视、捉迷藏、抛接球等。它最独特的标志在于强调经验的分享与互动,需要在孤独症儿童获得一定配合能力的基础上开展。

4. 图片交换沟通系统(picture exchange communication system,PECS)　主要针对那些无语言或语言有限的 ASD 儿童的沟通问题,其理论基础是操作条件反射理论,教导 ASD 儿童使用图片系统来应对简单的问题,借助视觉支持帮助 ASD 儿童获得功能性交流。该疗法训练效果较快,适用范围广泛,教师、治疗师和家庭成员都容易使用。

5. 语言训练

(1)对儿童进行动作模仿训练:包括粗大运动和嘴部动作模仿。

(2)模仿儿童无意识的发音,促进儿童发音模仿:无论何时,只要儿童发出某个音节后立即模仿刚才发过的音,并观察儿童是否对你刚才发出相同的音做出反应。

(3)口型和发音训练:对于年龄偏大的儿童,重在口型模仿训练,可用手等其他工具协助儿童做出正确的反应。对于年龄偏小的无语言孤独症儿童,重在自然环境中的发音模仿训练。

(4)从儿童已发的音入手训练儿童发音:从能够发的音入手训练儿童的发音技能,对儿童进行长短音、组合音、声调训练,同时使用含爆破音的玩具、卡片作为语言训练辅助材料。

具体训练方法详见第四章儿童构音障碍的语言训练。

6. 家庭支持

(1) 家长的态度是孤独症儿童康复的关键：家长要做到接受孩子患病的现实，树立信心，制订努力目标。

(2) 家长要承担起教育者的重担：在家里尽可能保持规律的日常生活；保持教育方法的一致性；及时奖励规范行为；培养个人的兴趣、爱好。在训练过程中涉及的简单的辅助技能是家长需要掌握的，常用的语言训练的6种辅助技巧包括：激发性操作训练，在饥饿、要吃的时候训练；实物提示，给儿童展示平时最爱吃的东西；形体辅助，手把手辅助儿童做出"吃"的动作；直接示范，训练者做出吃的动作给他看；口头指令，告诉儿童做出"吃"的手势；语言提示，训练者问"你想做什么？"在实施家庭训练时，当儿童能力较低时，家长同时给予多种辅助都是不为过的，但当儿童能力提高后，家长需要及时、逐渐撤退辅助，以诱导儿童主动表达。

(3) 家庭的团结和相互支持是战胜困难的坚实基础：团结、温馨、和睦的家庭会给孤独症儿童带来健康和快乐。

(4) 家庭和孩子互相适应是长期而艰巨的任务：家庭的所有成员要理解、接纳孤独症儿童并保持沟通，积极配合机构对孩子进行家庭教育和训练，随着孩子成长的各个时期的不同需要，家庭成员要不断进行调整，以相互适应。

7. 药物治疗 目前对ASD的治疗仍以特殊训练为主，尚缺乏针对其核心症状的有效药；药物治疗只是作为辅助手段，主要用来治疗ASD伴发的一些情绪和行为问题，如焦虑、抑郁、多动、冲动、易激惹、攻击行为等，常用的药物包括抗抑郁药、抗精神病药、治疗注意缺陷与多动障碍（attention deficit and hyperactivity disorder，ADHD）药等。

第三节 听力障碍所致语言障碍

(一) 听力障碍的定义

听力障碍是指由于各种原因导致双耳听力丧失或听力减退，以致听不到或听不清周围的声音。2006年，全国残疾人第二次抽样调查结果显示，我国2 780万听力残疾人中，儿童听力残疾以重度、极重度型听力损失居多，占残疾人总数的34.28%，其中6岁以下听力语言障碍儿童约80万，14岁以下的约200万，每年还有3万多新增听障儿童。

(二) 儿童听力障碍的病因

1. 炎症 中耳炎是引起听力损伤最常见的原因，外耳道引起的疖肿也可引起。

2. 外伤 颞骨骨折或鼓膜破裂、穿孔。

3. 异物或其他机械性阻塞 耵聍或肿瘤阻塞。

4. 先天性发育异常 先天性外耳道闭锁、听骨链畸形或中耳传导结构的发育异常。

5. 先天性耳聋 由于基因或染色体异常等遗传缺陷引起的听觉器官发育缺陷而导致的听力障碍为先天遗传性听力障碍。

6. 母亲孕期病毒感染 尤其巨细胞病毒感染、孕期用药、孕期受到物理性损伤等。

7. 中枢神经损伤 包括脑干和听觉皮层损伤。

（三）正常儿童的听觉发育过程

为了更好地判别孩子有无听力损伤，首先我们要了解正常儿童的听觉发育过程（表 7-3）。

表 7-3 婴幼儿听觉发育参考

年龄	听觉反应
胎儿期	20 周时听觉系统开始发育，后期听觉较灵敏
1 个月	对突发的声音产生眨眼、惊跳反应
2 个月	可辨别不同的声音
3~4 个月	在听到声音后，可将头转向声源
5~6 个月	对父母亲的唤名可回头
7~9 个月	可左右找，向下寻找声源，不能向上找
12 个月	可开始低头寻找声源
18 个月	开始区分不同响度的声音
24 个月	对声音响度的区别较精确
3 岁	对声音的区别更为精细，能辨别 /er/ 与 /e/
4 岁	能区别 /f/ 与 /s/ 或 /f/ 与 /th/

（四）正常儿童的语言的发育过程

因为听力障碍影响儿童语言的发育，我们应该了解正常儿童的语言发育过程（表 7-4）。

表 7-4 婴幼儿语言发育过程

年龄	正常语言的发育
1 个月	哭叫、格格声
2 个月	模仿母亲的声音
2~4 个月	能发元音
5 个月	元音和辅音结合的声音
6 个月	喉能发出声音
9~10 月	齿背音、爆破音
6~12 个月	可以模仿声音，区别是否为先天性耳聋的标志
12 个月	可以讲第一个词，具体哪一个词不一定
18 个月	词汇量可以增加到 50 个，出现了词语的组合
24 个月	可说双词句
29 个月	可讲身体的部位
36 个月	可说三词句，词汇约 900~1 000 个

6岁前是儿童语言发育的黄金时期,错过这一时期,儿童语言水平的发展将受到明显制约,尤其是听障儿童,由于听力补偿时间晚、听力补偿差等问题,有时导致儿童错过语言训练的最佳时期。因此,对于听障儿童来说,尽早发现听力损失,找出原因并纠正,如听力损失不可逆,则应尽早进行听力补偿,在良好的听力补偿基础上,对儿童进行语言、认知、社交行为等多方面训练,从而使听障儿童更好地融入社会生活。

(五) 听力检查方法及选择

面对诸多的听力测试,家长该如何选择呢? 下面简单介绍几种听力测试的方法。

1. 儿童听力筛查 大多人认为听力筛查主要针对新生儿听力筛查,新生儿听力筛查正常,后期发育过程中不会出现听神经的损伤。但是,新生儿听力筛查不能发现迟发性和获得性听力损失,而未被发现和未被治疗的单侧听力损失及双侧轻度听力损失,与言语发育迟缓、教育成绩不佳以及不良行为有关,因此,对各年龄段儿童进行听力筛查非常有必要。

不同年龄儿童(从新生儿、婴幼儿到中学生)的听力筛查方法存在差异。

(1) 对于0~3岁婴幼儿的听力筛查方法: 建议采用电生理测试或行为测听的方法,在进行耳外形检查的同时,有条件的筛查机构应采用筛查型耳声发射和听性脑干反应等方法进行听力筛查,条件不具备的机构可运用听觉行为观察法或便携式听觉评估仪进行听力筛。

(2) 对于3~6岁学龄前儿童及学龄儿童听力筛查方法: 此年龄段儿童多可采用主观听力测试即纯音测听、听觉行为观察法或便携式听觉评估仪等方法。

2. 听性脑干反应(auditory brainstem response,ABR) 又称为脑干听觉诱发电位(brainstem auditory evoked potential,BAEP),是以一定声压和低刺激率(10~11.1Hz)和高刺激率(51~60Hz)的疏密交替短声(click)刺激一侧鼓膜,对侧给予低于给声侧30~40dB的白噪音掩蔽,在颅顶-给声侧耳垂或耳垂导联(Cz-Ai)回路中,可记录到一系列短潜伏期(10毫秒以内)诱发电位,它是听神经动作电位及脑干相关听觉神经元树突突触后电位。在临床上用于筛查听神经损伤、诊断听觉传导通路病变、用于颅脑及听神经瘤手术的术中监测、神经科定位诊断参考和昏迷与脑死亡的判断。

3. 听力障碍分级 采用世界卫生组织推荐标准,依据听障患儿较好耳在500Hz、1 000Hz、2 000Hz和4 000Hz的平均气导听阈(听力级),将听力障碍分为轻度(26~40dB)、中度(41~60dB)、重度(61~80dB)、极重度(>80dB)四个级别。

(六) 听力障碍儿童的语言特点

1. 听感知的问题 低频听力障碍儿童在发低频辅音 /m/、/n/ 时含糊不清;而高频听力障碍儿童则在发高频辅音 /z/、/c/、/s/ 等时有错误。一些重度听力障碍的儿童(如>70dB以上者)不能区分辅音和元音。

2. 语音的问题 听力障碍儿童在说话中,语速较慢,语调过高或过低。还常常出现构音的问题,吐词不清,所谓听不清所致的说不准。

3. 语言的影响 听觉是语言感受的重要途径,儿童因为听不到或听不清,就会造成语言获取的困难。听力障碍儿童的语言学习迟缓,语法掌握得较慢,用语言交流的主动性也比较差。

(七) 听力障碍儿童语言障碍的治疗

1. 佩戴助听器 助听器是一种微型的电声放大装置,只可补偿听力损失,不能改善和阻止听力损失,也不能完全代替耳的听觉能力,部分听障儿童可以通过佩戴助听器获得较好听力,进而进行听觉语言能力的训练。

我国市场上的助听器有很多种类型,面对市场种类繁多的助听器,该如何选择呢?

(1)挂线盒式助听器:挂线盒式助听器具有功率大、价格低等优点。这种助听器由于有一根耳机线与其盒体相连,不便于佩戴者进行大幅度的运动,因此较适合活动量不大的重度耳聋(听力损失在60dB以上)患儿使用。

(2)耳背式助听器:耳背式助听器具有携带方便、功率多样、价格适中等优点。这种助听器由于必须挂在佩戴者的耳背上使用,因此不便于佩戴者随时调节助听器的功率。

(3)耳内式助听器:耳内式助听器是一种微型助听器,可放入佩戴者的耳甲腔(耳郭与外耳道接壤的平台区域)或外耳道内使用。此种助听器的缺点是容易产生声反馈(俗称助听器啸叫)、隐蔽性不强。

(4)耳道式助听器:耳道式助听器比耳内式助听器的体积更为小巧。可放入佩戴者的外耳道内使用,且不易产生声反馈。此种助听器的缺点是价格比较昂贵。

(5)完全耳道式助听器:完全耳道式助听器是一种隐形助听器,可放入佩戴者的耳道(包括外耳道和内耳道)内使用。此种助听器的缺点是价格比较昂贵。

其中,耳内式助听器、耳道式助听器和完全耳道式助听器又叫作定制型助听器(佩戴者可根据自己耳道的形态定制机身),具有密封性好、佩戴方便、声音清晰、不影响佩戴者活动等优点。

2. 人工电子耳蜗 人工电子耳蜗是一种将声音转换成特殊编码的电脉冲并刺激内耳的感音结构使个体产生听觉的特殊装置。这是目前对于极重度耳聋及全聋最为有效的补偿方法。

电子耳蜗主要包括两部分,即体内部分和体外部分,体内置入部分包括接收器、刺激器和电极,体外部分包括言语处理器、麦克风、传输线以及相应的连接导线。

3. 听觉功能的训练 听力障碍儿童即使配了助听器,仍不能与正常听力的儿童完全相同。因此,听觉训练是第一步,主要包括以下内容:

(1)听觉察觉:即听觉的感受性,是对不同性质和不同响度的声音如鼓、喇叭、响铃、沙锤等,或音乐刺激的听感知。在刺激中不断调节声音的强度、频率和节奏,使其感受到各种声音的存在。

(2)听觉注意:即对声音产生注意力。培养听力障碍儿童聆听的兴趣和习惯。在训练中可利用自然环境、交通工具、家禽家畜的发声;也可用日常生活、野生动物及鸟类的声音;还可以用人声、物品声及乐器声,引起听力障碍儿童的注意,反复听,反复辨认。对听力障碍的儿童来说,训练这一能力时,要求先以简单、有趣的刺激开始,引起小儿的兴趣,让其体会到成功。

(3)听觉定位:即判断声音的位置和方向。如上、下、左、右、前、后等。在训练中,让儿童听到来自不同方向的声音,指出声源的方向。可将音响玩具放在儿童看不到的位置,提醒其寻找。

(4)听觉识别:包括对各种乐器、动物声音的辨认。即利用视觉、听觉的相互协调作用,出示各种不同响度和长短的声音,让听力障碍儿童进行识别是什么物体发出的。所用的声音可以与听觉注意的方法雷同,但对儿童的要求不同。在训练过程中,可将声源与其相应的自然现象的录像或图片予以呈现,这样可使听障儿童更好地将声音与情景结合起来,理解声音的意义。

(5)听觉记忆:即强化或巩固上述声音信息,训练他们对听觉刺激的记忆能力,反复刺激,强化记忆,储存在记忆中。例如,当儿童找到"鼓"的卡片,要求他发出"咚咚"的击鼓声;看动物图片后模仿动物叫声等。

(6)听觉选择:即在2种以上声音或在噪声中,辨认与选择自己希望听到的声音信号的能力。例如在背景噪声中,让听力障碍儿童辨认语声、词汇等。

(7)听觉反馈:即反复进行听觉器官和发音器官的协调,利用听觉监测自己的声音,并进行自我调整的过程。其目的是进一步矫正听力障碍儿童的发音。

(8)听力概念:即儿童从听到了发展成听清了、听懂了,并能正确地回答,这一过程意味着听力障碍儿童的听觉从"量变"阶段进入到"质变"阶段。

为了最大限度提高训练的效果,我们需要注意从早期开始训练、确立患儿在最佳助听状态、训练需设定个体化训练计划、调整语言环境。

4. 语音治疗

(1)放松训练:听障儿童由于听力损失的问题,常存在发音时肌肉不自主紧张等状况,所以应进行放松训练。可采取坐位或卧位,精力集中,闭目。需给予颈头肩的放松、腹胸背部的放松,第一次运动时间为15~20分钟,随着儿童对运动熟悉后,可缩短时间。

(2)呼吸训练:这是一种吸气深,控制气流量平而匀地呼出的呼吸。呼吸气流的量和气流的控制是正确发声的基础。听力障碍儿童在发音之前,先要做到发音呼吸训练,使说话时的气息处于自我控制的状态。吸气时要求儿童口鼻并用。吸入大量气流;呼气时将气流缓慢地呼出。对一些欠配合的儿童可让其对着镜子,先深吸气,然后哈气。

(3)呼吸与发声协调:当学会了自如呼吸后,就可训练在呼吸中促使声带振动发出声音,培养听力障碍儿童正确地使用声带及控制气流的能力。例如,使儿童触摸喉部,感受发 /a/、/o/、/e/ 等元音时声带颤动的触觉感知;又如,令儿童深吸一口气后,使其连续发 /a/、/a/、/a/、/a/ 或其他元音,观察声带调节发音的长短,又称为最大声时。当最大声时低于6秒时,说明呼吸与声带的协调有问题,需要加强训练。此外,还要训练听力障碍儿童的起音,由"硬"变"软"。

(4)口腔功能运动:唇、舌、齿是重要的语音调节器官。听力障碍儿童可能因缺乏发声运动而使唇和舌较僵硬,位置不正确,影响语音的清晰度。在训练中可设计一系列的方法加强口腔功能运动。例如使儿童做主动的张嘴、圆唇、努唇、碰唇、唇齿轻咬的练习,促进双唇在发音时的控制;又如使儿童练习上下和水平方向伸舌、舌在口外或口内的左右运动;还可练习卷舌的运动。这样可以使听力障碍儿童在发音过程中获得灵活而协调的运动。

(5)音素练习:音素是最基本的发音单位。听力障碍儿童学习发音,首先要从音素训练开始,训练中将元音和辅音分别进行。元音训练时,先学习 /i/、/a/、/u/3 个元音,然后泛化至 /o/、/e/,并将元音之间做对比。如 /a/ 和 /u/ 是展唇与圆唇音,/i/ 和 /l/ 是舌面和舌尖音。辅音的训练较元音的难度大,即使正常听力的儿童亦是如此。普通话辅音的发音也有一定的进程,例如18~24个月的儿童能发 /d/、/t/、/m/、/n/、/h/ 音,24~30个月能发 /b/、/p/、/g/、/k/、/x/、/j/、/q/ 音,30~36个月能发 /f/ 音,而 36~42 个月能发 /s/、/sh/、/r/、/l/ 音,42

个月以上才发 /z/、/c/、/zh/、/ch/ 音。在训练中,利用听力障碍儿童视觉(看口型和舌位)、触觉(舌尖碰触牙齿或上下唇轻触等)及本体觉(舌根触及软腭)练习 21 个辅音的发音。除了学习元音和辅音之外,听力障碍儿童感到困难的是学习声调,即普通话的四声,这是完全依赖听觉而习得的,听力障碍儿童在练习发四声时,先学第 1 声和第 4 声,然后再学第 2 声和第 3 声,掌握四声有利语言的理解和交流。

(6)音节训练:当听力障碍儿童已经学会了音素的发音之后,就应当进入音节水平的训练。即辅音和元音的结合,用以巩固以前所学的音素发音。具体的方法多种多样,因人而异。

5. 语言训练 没有佩戴听辅具或听辅具听力补偿效果差的,可以进行看话和手语的学习,提高这部分听障儿童的沟通交流能力。对于听力补偿较为理想,佩戴听辅具较为及时的听障儿童主要以听觉语言训练为主。听障儿童的语言训练是建立在听觉能力的积累之后,才出现"成形"的语言,因此,对于听障儿童的语言训练不能操之过急。通常从最简单直观的词汇为训练起点,训练应遵循从易到难的顺序,循序渐进。

(1)语言理解:在语言发展过程中,儿童总是理解先于表达。听力障碍儿童需要大量的语言输入,给予"听觉轰炸",刺激儿童对语言的感受,期间应附以视觉、触觉或其他感觉刺激,并选择听力障碍儿童感兴趣的或与生活有关的内容,促进其对语言的理解。

(2)制订目标:听力障碍儿童的言语治疗一定要做发育的评估,清楚其认知特点、语言感受和语言表达的水平,然后制订客观的目标,这是一项非常细致的专业技术,只有目标定位正确,治疗才能奏效。否则事倍功半、难以见效。

(3)语言表达:对听力障碍儿童来说,最大的困难莫过于开口说话。因此,鼓励儿童说话、激发他们的表达至关重要。而不要过于强调语言的正确性,以免挫伤儿童语言表达的积极性。同时,还应注意在愉快的情境中学语,要求儿童模仿说话、重复他们的自发性表达。用提问的方式让儿童回答问题,以复述的形式回忆简短故事的内容,还可以采取补充句子的练习让其将句子补充完整等。然后,循序渐进至造句、扩句、看图说话、叙述事物等难度较大的语言表达,为听力障碍儿童进入有声世界的学校学习打下良好的基础。

(八)听力障碍儿童的心理疏导

听力障碍儿童的特殊生理决定了心理发展的不平衡性,决定了儿童在认知、学习、交往等方面的困难和心理偏差。多数听力障碍儿童的语言发育落后于正常儿童。与正常儿童一样,听力障碍儿童的心理发展必须经过四个阶段,即感知运动阶段(0~2 岁)、前运思阶段(2~7 岁)、具体运算阶段(7~11 岁)和形式运算阶段(11 岁以后)。在这四个发展阶段中,语言能力得到发展是后三个阶段的发展得以实现的重要支柱,这就意味着如果没有语言能力的参与,儿童的心理发展水平就会长期停留在感知运动阶段。即使能通过其他渠道得以发展,要达到前运思阶段也得推迟 3~5 年,而且由于语言的关键期已过,也影响到以后一、两个阶段的实现。这一发展速度的延缓,严重阻碍了儿童的认知能力、情感、个性心理以至道德观念的形成等一系列心理品质的发展。由此造成多种心理缺陷:认知片面、道德观念模糊、情感冷漠等。

听力障碍儿童听力不同程度的丧失导致听障儿童在家庭中至高无上的地位,绝大多数家长在生活上尽量给予满足,甚至默认或包庇子女的错误行为。强烈的优越感是造成听力障碍儿童性格自私固执的主要原因。有的家长感觉孩子多余,虐待、打骂、训斥,在生活上不关心,使孩子形成孤僻、暴躁、自卑、撒谎的性格。父母必须正视孩子的缺陷,在教育方法上正确教育听力障碍儿童,避免形成自私、自卑的性格,为孩子参与社会生活奠定牢固的生活基础。

社会交往中,听力障碍儿童往往表现出一些不良的社会行为,如打人、独占玩具、孤僻、逃避等。听力障碍学生由于听力和语言障碍,生活范围狭窄,人际交往困难,影响了心理健康的发展。听力障碍学生由于社会认知发展的滞后和偏差,对同伴交往的目标及其价值理解不深,交友动力不足,因此要让听力障碍儿童体会友谊的重要性,其次,要听障儿童知道获得并维持真挚的友谊。

(九) 听力障碍儿童的家庭训练指导

家长是孩子的第一任老师,家长在听障儿童康复中起着至关重要的作用。语言源于生活,家长同孩子生活在一起。有共同的生活环境,能够参与到听力障碍儿童康复的每一天,对听障儿童语言康复的帮助无疑是巨大的。

要对父母说明家庭训练非常重要,每天要设定 1 小时左右的课程,依据言语治疗师制订的计划进行家庭指导,同时说明每个训练课题的目的及内容、教材、程序等,同时演示训练场景,予以示教。讲解训练房间、场面、时间的要求,帮助准备适合的教材,一边具体讲解程序,一边帮助父母实施。另外,指出训练过程中应观察的重点和记录方法。

日常场景训练的最终目标是帮助孩子在实际生活中能够应用词汇,能准确表达自己的经历及思想。为此,根据句子构造在日常生活中的应用有意识地准备相应的活动场景及相互交往、相互说话的游戏场景,早期设定"要"的手势来传递东西等的场景,要设定与场景相符的手势进行交流。然后,从手势的传递活动发展到音声信号的传递活动,使传递功能更加扩展。

从游戏及饮食等场景中实际使用已掌握的语言。通过外出活动、看电视及看图书等活动,丰富言语及非言语性经历。另外,使用图画表达自己的经历,进而可设定过家家游戏,以形成对言语指令的理解及向别人传递的能力,逐步提高问答能力。

要向家长讲述语言训练的必要性和训练的目标,目前家长需要做什么等,需反复向家长说明直到其弄懂为止,然后使父母理解在促使聋儿形成丰富的语言能力和自立方面父母所肩负的责任与应该发挥的作用,使之积极参与到训练计划之中去。

第四节　口吃

(一) 口吃的定义

口吃是一种言语节奏的紊乱,即流利性障碍患儿因不自主的声音重复、延长或中断无法表达清楚自己所想表达的内容。口吃一般在儿童早期发生,2~5 岁是口吃发生的高峰年龄,这一阶段的儿童处于"词汇爆炸期",其中 5 岁儿童口吃的流行率约为 2.4%,学龄期儿童为 1%,且男女比例为 3∶1 或 4∶1。青春期后口吃的发病率降低。

(二) 儿童口吃的临床表现

1. 声音的重复　是指相同的声音重复一次以上,包括词的部分重复、整词重复和短

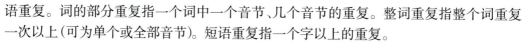

语重复。词的部分重复指一个词中一个音节、几个音节的重复。整词重复指整个词重复一次以上（可为单个或全部音节）。短语重复指一个字以上的重复。

2. 延长　是指一个音或音节被拖得很长，或只有发音动作而不出声，包括有声延长和无声延长。有声延长是指发音时，某些音或音节比一般言语时延长更长的时间。无声延长是指做好发音准备但并没有发音，只是延长了发音的动作，例如，发"pot"中的 /p/ 音时，/p/ 的发音准备时间很长，可能是嘴唇肌肉运动过于紧张引起。

3. 异常呼吸　是指在说话前的急速呼吸，同时，这也经常导致了口吃患儿异常的起音方式。甚至，有时会造成口吃患儿面红耳赤，但却一言难发的尴尬场面。

口吃的口语表达障碍表现也是多种多样（表 7-5），以上仅是口吃患儿经常出现且容易被发现的几种言语症状。

表 7-5　口吃言语症状

略语	口吃言语症状
SR	音、音节的重复（sound and syllable repetition）
PR	词的部分重复（part-word repetition）
CR	辅音部延长（consonant prolongation）
VR	元音部延长（vowel prolongation）
ST	重音或爆发式发音（stress burst）（在不自然的位置当中出现）
DS	歪曲或紧张（distortion tense）（努力发声结果出现歪曲音，或由于器官的过紧张而出现的紧张性发音）
BR	间断（break）（在词中或句中出现）
BL	中断（block）（构音运动停止）
Prep	准备（preparation）（在说话前构音器官的准备性运动）
AR	异常呼吸（abnormal respiration）（在说话前的急速呼吸）
WR	词句的重复（word and phrase repetition）（词句以上连贯的重复，并非是强调或感动的表现）
Er	说错话（error）（言语上的失误，也包括朗读错误）
Rv	自我修正（revision）（包括语法、句子成分等的修正、反复）
Ij	插入（interjection）（在整个句子中插入意义上不需要的语音、词、短句等）
Ic	中止（incomplete）（在词，词组或句子未完时停止）
Pa	间隔（pause）（词句中不自然的间隔）
Rt	速度变化（change of rate）（说话速度突然变化）
Voi	声音大小、高低、音质的变化（change of loudness, pitch and quality）（由于紧张在说话途中突然变化）
RA	用残留的呼气说话（speaking on residual air）（用残留的呼气继续发音）
oth	其他（other）

而且,口吃患儿的言语症状可能反反复复。口吃的孩子在一段时间内可以很少出现口吃的症状,但是过一段时间,口吃的言语症状又复发了。而且,具体的言语症状可能会有所改变。

4. 口吃的伴随症状　口吃伴随症状包括当口吃出现时,患儿无法中止口吃而有意转换到其他动作以使发音完成,这些语言相关的运动性障碍表现可以发生在颜面部,也可发生在颈部、躯干以及四肢。具体表现为抽噎、呼吸中断、吸气时发声、挤眉弄眼、用力闭眼、伸舌、跺脚、脖子向前后运动、头或手等身体部位抽搐(表7-6)。

表 7-6　口吃的伴随症状

伴随症状	正常说话所不需要的运动
构音、呼吸系统伴随紧张、运动	喘气,伸舌,弹舌,嘴歪,张嘴,下颌开、合
颜面所出现的表现	眨眼、闭眼、睁大眼睛,抽噎,张着鼻孔,颜面鼓起来
头、颈运动	脖子向前、后、侧面等乱动
躯干运动	前屈,后仰,坐不稳,四肢僵硬
四肢运动	手舞足蹈,用手拍脸或身体,用脚踢地,握拳,四肢僵硬

口吃患儿还存在回避行为,是指由于对口吃的恐惧,患儿意识到自己在说某个词、语音或在某种情境中会口吃时,通过采取各种手段和活动避免口吃。例如,患儿意识到自己想说的话中某个字难以发出时,用别的词代替或掺入不必要且没有意义的插入语如"恩""呃"等回避口吃(表7-7)。

表 7-7　口吃的努力性表现

名称	目的	具体表现
解除反应	努力从口吃中解脱出来	用力,加进拍子,说话暂停,再试试
"助跑"现象	为了不口吃,努力想办法"助跑"	伴随运动、插入、速度、韵律方面出现问题时有目的地使用,重复开始的词句
延长	想办法将发的困难音延长	放弃说话,或用别的词代替,或貌似思考,突出间隔
回避	尽量避开该发的音	放弃说话,或用别的词代替,或用"不知道"回答,使用言语以外的方法如手势语等

(三) 儿童口吃的心理异常表现

口吃患儿可在预感口吃、吃饭时或吃饭后在态度、表情、视线等情绪表现上出现各种反应,它们就是情绪性反应(表7-8)。

口吃患儿的情绪性反应,也进一步证明人的心理状态变化与口吃有密切的关系。其一,情绪作为心理状态的一部分,情绪的变化则是心理状态变化的表现之一;其二,情绪性反应作为口吃患儿症状之一,同时反应着患儿口吃的情况。故通过情绪性反应,我们也可以知道口吃对人的心理状态的影响。

表 7-8　口吃的情绪性反应

情绪性反应的表现侧面	具体表现
表情	脸红、表情紧张、表情为难
视线	将视线移开、视线不定、偷看对方、睁大眼睛(吃惊的样子)、死死地盯住对方(吃惊的样子)
态度	故作镇静、虚张声势、采取攻击的态度、作怪相、很害羞的样子、心神不定
行为	像害羞似地笑、焦躁、手脚乱动、屏息不出声、假咳嗽、从这个地方逃走(有此意图)、癫痫发作、事先避开这种场面或对方
说话方式	开场很急、说话量急速变化、声音变小、说话单调、将要说的又咽回去

（四）导致口吃的原因

1. **心理行为因素**　心理障碍是长期口吃者最大的困扰和最难解决的问题之一，并且口吃的复发与心理状态密切相关。

2. **模仿的诱因**　儿童口语发育完善期(6 岁内)要尽量避免接触口吃者。

3. **神经生理因素**　包括脑功能分化障碍假说和内部构建能力缺陷假说。

4. **遗传因素**　持遗传说观点的学者认为口吃与遗传有关。

5. **特殊场景经历**　指在经历特殊场景时，当事者在心理上受到刺激而导致口吃行为。包括受辱、惊吓、惊喜等。

（五）口吃的评定

1. **口吃相关病史采集**　必须了解从开始口吃到目前的发展经过，另外口吃的发生、进展以及与环境因素的关系也要考虑，还必须详细了解居住环境、家族史、语言环境及其变迁情况，及这些与本人的关系等。除此之外，随着口吃的进展，会出现心理方面的问题，所以要了解患儿自己觉察到有口吃的情况下对口吃如何考虑，还要进一步了解患儿的自我评定如何。

2. **搜集语言材料**　就诊时的语言材料，对患儿在治疗室与治疗师或家人的谈话进行录音，这需要治疗师的诱导；非就诊时的语言材料，可指导孩子的父母平时在家中或户外活动时的说话情况录下来，推荐视频录像的方式。

3. **无阅读能力儿童的评定方式**　一般将其阅读能力低于小学三年级的儿童视为没有阅读能力。以下项目适合这些儿童：

（1）会话检查：可以由检查者和孩子进行会话，也可观察其与家长的会话，从而判断口吃患儿在实际生活当中的说话情况，还可了解口吃患儿是否有回避现象。另外在会话过程中，让口吃儿童与治疗师建立亲近的关系，为下一步检查做准备。

（2）图片单词句检查：根据孩子的年龄选用 10~20 张名词和动词图片，可在命名和动作描述中了解其词头音出现口吃的情况和特征。

（3）句子水平图片描述检查：选用 8~10 张情景图画片让口吃患儿描述，目的在于了解其在不同句子长度及不同句型当中口吃的情况。检查中注意给孩子一定的时间来反应，必要时可以给一两句的引导语以诱导孩子。

（4）家长询问检查：此检查法适合年龄较小的儿童和不配合检查的孩子，有时也适合

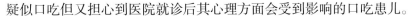

疑似口吃但又担心到医院就诊后其心理方面会受到影响的口吃患儿。

4. 有阅读能力儿童的评定方式

(1)自由会话检查:与口吃患儿进行日常会话,以了解其日常生活中的说话状态,根据其言语症状的表现了解其口吃的特点。

(2)单词命名与句子描述检查:用名词、动词和情景图画片进行检查,以了解不同层级语句中口吃患儿口吃的表现及其发生频率。

(3)单词朗读检查:让口吃患儿朗读单词字卡,然后将本项检查结果与单词命名与句子描述检查的结果进行比较,检查者尤其可以关注两者间在词头音口吃表现中的不同。

5. 句子朗读检查　让口吃患儿朗读句子卡片,以了解其句子朗读时口吃的状态,并了解口吃在句子内的位置及不同语法难度对口吃的影响,还可以了解口吃一致性和适应性效果。

6. 问答会话检查　让口吃患儿回答简单的日常问题,以了解其解答问题时的说话状态及口吃的状态。

7. 口吃的评定内容

(1)主观评定的项目内容主要包括:

1)口吃的言语症状:口吃言语症状主要是流畅性障碍,包括说话前准备,韵律、音质等方面的变化(表7-3)。

2)口吃的伴随症状:为了克服流利性障碍而产生的身体某一部位或全身的紧张,导致做出不协调动作的症状(表7-4)。

3)口吃的努力性表现:口吃的努力性表现有4类——解除反应,助跑现象,延长,回避(表7-5)。

4)情绪性反应:口吃心理的情绪性反应具体见表7-6。

5)波动:口吃的流畅期与非流畅期的交替现象称为"波动"。多因素均能导致口吃的波动。

6)适应性、一惯性:适应性是指在同一篇文章中反复朗读时口吃频率会降低的表现。而一惯性是指在同一篇文章反复朗读时,在同一位置,同一音节中出现口吃表现。重度口吃患儿的适应性较低,而一惯性较高。

(2)口吃的客观评估:可采用口吃严重程度分级量表,常用的口吃评估工具是儿童及成人口吃严重程度分级量表第3版(Stuttering Severity Instrument for Children and Adults-Third Edition,SSI-3),该工具是一种适用于成人与儿童的标准化评估工具。SSI-3主要包括口吃的频次、阻塞的时长和伴随症状三大评估项目。具体评分细则为:

1)口吃频次的百分比(percentage)计算;

2)阻塞/阻塞时长的计算:从患儿阻断/阻塞的时刻中,选取阻塞/阻断时间最长的3次,计算其平均值;

3)口吃伴随症状的评定分6个级别,分别为0~5,伴随症状包括说话时加入插入语、面部肌肉活动过度、头向前后频繁运动、肢体运动过多;

4)没有识字能力的成人和儿童可通过描述图片的方式进行评估。

(六) 口吃的治疗

口吃治疗重点不在口吃本身,而应尽可能地运用合适的指导性技巧,教口吃儿童如何发起始音或起始词时使口唇处于放松状态。

学龄前儿童对口头指令理解较少，许多儿童即使在游戏中也难以顺从医生的指导。所以，对于这个年龄阶段的儿童，通常不教他们感到"太容易"或"太难"的词。对年幼的儿童来说，一个棘手的问题是如何寻求一种游戏，医生能通过游戏一定程度地控制儿童说话方式的技巧。当儿童意识到自己说话费力，就愿意服从医生的指导，只要口吃稍有改善，就认为"口吃能控制了"，然后就无拘无束地玩耍去了。然而，医生应该继续努力，运用下面的技巧确保更流畅的言语。当儿童感到交谈非常愉快，口吃治疗也就成功了。下面讲述的每一个技巧，儿童能练习上 3~5 分钟即可。

面对面的治疗方法应用之前，应向其父母解释口吃治疗的必要性与重要性，同时解释说话是一个复杂的过程，孩子目前不能进行流畅地说话，还存在一些问题，需要进行积极的治疗。根据儿童的异常情况进行针对性治疗。治疗方法与原理如下：

1. 语速与节律　口吃患儿常常有不良的语速与节律，如"波浪"（时快时慢）似的语速与节律，越来越快后阻塞的语速与节律等。这时候，语言治疗师需要设计一种缓慢说单词或短语的游戏，要求孩子缓慢地说话并示范如何缓慢说话。如唱歌游戏，我们可以选唱节律缓慢，词句简单的歌，唱歌时可以用拍手获得缓慢的节奏。这样减慢语速可减少单词重复的次数，易化起始音的发出。

2. 音量设计　在治疗中，治疗师设计一种让口吃患儿说话柔和的训练。治疗师要求口吃患儿轻轻说话时，许多时候，患儿只会说悄悄话（声带不震动而用呼吸声说话），这是可以接受的，但不希望患儿是大声低语，因为那样会增加肌肉的紧张度而出现喉部和膈肌发紧现象。如喉部还未达到预期的放松状态，轻柔、缓慢地说话有可能导致轻微多次"阻塞"或"重复"现象，而没有气流中止的"阻塞"现象，那么也认定口吃已经得到改善。当阻塞时间短或仅有"重复现象"，临床观察发现儿童拖词或重新整理句子的可能性就小，也就可能继续发出目标词或当目标词出现时对口吃的影响也比较小。要让患儿针对性练习治疗师选择出的可以达到训练目的的词汇，最大限度提高喉功能。

3. 语音　口吃儿童说话时，要关注词的起始音和终止音对口吃的影响，许多儿童当遇到起始音为元音或双元音时，口吃更加严重，有时发起始词困难，出现停顿现象。国外临床经验发现，当起始词为浊辅音时，儿童语言更加流畅，一般情况下不需要让口吃患儿知道哪些词会说起来比较困难。

4. 呼吸与气流的控制　深呼吸、喉头与口腔气流中止、喘气、说话气流不足、长句"拖延"为某些口吃患儿的常见症状。对儿童来说，气流的控制可能较难，因此，治疗师需要设计一种让口吃患儿可以放松呼吸，回到正常呼吸模式的训练。以下是其中一种训练方式，首先，我们做不需要说话的活动，如治疗师和口吃患儿背对背坐着，放松地看着天花板，极轻松地吸气、呼出，不改变正常的呼吸模式。放松后，再以极小量轻柔地呼出气体。接着，我们以"气息音"的方式发 /o/、/u/ 音。若口吃患儿较为配合，治疗师可用同样的方式说一些数字或词，再让口吃患儿模仿。开始时，每次呼气发一个单词，再后，每次呼气说出短语和短句，保持气流和发音的连续性。

5. 肌肉紧张度　有时口吃患儿说话时似乎在挤出某个单词，胸腹部僵硬紧张。此时，治疗师可一边轻轻按摩其腹部，一边说"保持你的肚子软软的"，这一方法对某些口吃患儿比较有效。

6. 态度　需要让患儿明白当说话出现口吃也不是一件大事,我们能够改正这个错误。另外,这个错误也并非"坏事",治疗师与儿童进行口头交流时需要尽量不用评价性单词,如"正确""错误""好""坏"等,而以称赞性话语取而代之,减轻口吃患儿对开口说话的心理负担。

(七) 家长的家庭训练指导

下面这些方法是教父母如何鼓励孩子在放松的语言环境下说话,治疗人员与父母共同努力实施治疗方案,尽可能解决口吃问题。

1. 语速　影响流畅性的因素之一是口吃儿童及倾听者们的语速,口吃儿童经常加快语速以紧跟成人的语言节奏。当儿童语速加快时,特别是2~4岁的小孩,他们可能出现重复和拖音现象,因为其口唇和下颌不能快速移动;同时,在快语速时很有可能出现语音形成与呼吸的不协调。孩子一旦学会快速说话,要减慢速度较难,如果我们能减慢语速,那么他们就有可能相应地减慢语速。当有些孩子语速加快时,言语尽管流利,但不清晰。当他们处于较兴奋状态时,某些言语就难以理解。语速可能快到使单词连在一块,言语变得模糊,音节被省略。儿童说话极快,可出现起始词重复,词部分重复或连接词重复,如:"那⋯⋯,和⋯⋯",从而保证他们自己充分的思考时间。

2. 语言交流方式　当提问问题数量很多时,儿童非流畅性言语增多,许多成人与儿童的交流为提问式,而这些问题常常把儿童卡住。现在认为改变口语交流方式,减少提问次数,如减少50%问题数量,效果较佳。已发现陈述句方式对减少孩子口吃非常有益。如:当孩子在玩时,父母用一些简短的句子与孩子谈论他在做什么,想什么,有什么感受,说话语气要适中,不要让孩子感觉到你在给他做训练,否则孩子可能会拒绝。

3. 语言交流内容　家长与孩子进行交流时,如能经常谈论当时发生的事情,孩子的流畅言语会增加。当谈论的物体摆在孩子面前或者谈论正在发生的事情时,孩子发音更加流畅,获取词汇速度加快。如要孩子回忆昨天或两小时前做了什么,看到了什么,孩子如果搜寻名字或单词来表达自己的想法,可能不利于流畅性语言的表达。实物特征可能会促进口语形成,当然,也可以用图画代替实物,与孩子一块看书时,避免采用"合上书考试"的方式,可以问"这是什么?"或"小狗有尾巴吗?"等。可以给绘画命名或描述图画的特征或评论图画上的行为,如孩子能自发给图画命名或进行评论,那么更容易诱导出流畅性语言。

4. 倾听与关注　当孩子要求父母注意听他们说话时,其言语非流畅性增加。许多孩子说话时,要求父母看着他们,注视他们的眼睛,不希望我们边听边做别的事情。如果当时父母不能集中全部注意力来听孩子说话,可以让孩子稍等片刻。

(八) 口吃的预防

1. 一级预防　在平时日常生活中,防止孩子进行能诱发口吃的特殊行为,特别是模仿的行为。其次,避免孩子经历一些诱发口吃的特殊场景,防止孩子产生过度的心理刺激而导致口吃。

2. 二级预防　若发现有轻微口吃症状的孩子(包括口吃的言语症状、伴随症状、努力性行为、情绪性反应),都要立即记录其口吃表现最初发现的时间,出现了哪些口吃的症状等与口吃相关的情况,并且尽早到医院就诊,做到早发现、早诊断、早治疗。

3. 三级预防　对于已发展为口吃的患儿,采取综合治疗措施,以防止口吃的进一步发展。对已经发生由心理行为相关因素造成的口吃,需要先留意孩子的异常心理表现种类,据此摸索合适的交流方式,然后尽力理解造成孩子口吃对应的心理行为相关因素,据此消除根本原因。同时,要到专业的语言康复机构就诊,给予口吃纠正的综合治疗。

作为家庭成员给予口吃孩子心理支持是至关重要的。支持口吃孩子多与他人交流,给予孩子适当的交流引导。

我们需要摆正对口吃的态度。当我们说话出现口吃现象时也不是一件大事,我们能够改正、改善。所以,我们在与口吃孩子交流时需要尽量不用评价性词语,如"正确""错误"等,而以称赞性话语取而代之,以此来驱赶孩子对口吃的不良感受,摆正对口吃的态度,然后勇敢面对,努力跨越这个难关。

第五节　腭裂所致言语障碍

(一) 腭裂的定义

腭裂是颌面部最常见的先天性发育畸形,主要由胚胎发育期间面部球状突、上颌突、腭突之间未完全融合引起,表现为颜面畸形、鼻腔与口腔连通、上颌牙槽突骨质缺失等,除影响患儿面容、发音、营养摄取等功能,也会产生不同程度的心理问题。目前,全世界发病率约 1‰,在我国,腭裂的发病率仅次于先天性椎管疾病。据相关资料显示,我国每年的唇腭裂新生儿约 25 000 名。

(二) 导致腭裂的原因

腭裂的发生一般认为与母体激素水平紊乱、使用精神类药物、维生素叶酸缺乏、组织缺氧、吸烟、母体超重及环境等多因素相关。

目前腭裂的主流治疗方法仍是序贯治疗,通过手术纠正畸形,并进行术后发音矫正治疗及心理干预等措施,解决患儿面容和发音问题。家人对患儿发音异常的反复纠正和强调,会导致患儿产生自卑、抵触、焦虑等心理问题,表现为声带紧张、音调升高、拉长音、重复率高,严重影响语句表达的流畅性和节奏性,导致语言纠正难度加大。因此,临床腭裂患儿更为突出的发音异常是目前整体治疗过程中的重点。

(三) 腭裂的分型

1. 软腭裂　仅软腭裂开,有时只限于腭垂。不分左右,一般不伴唇裂,临床上以女性比较多见。

2. 不完全性腭裂　亦称部分腭裂。软腭完全裂开伴部分硬腭裂;有时伴发单侧不完全唇裂,但牙槽突常完整。本型也无左右之分。

3. 单侧完全性腭裂　裂隙自腭垂至切牙孔完全裂开,并斜向外侧直抵牙槽突,与牙槽裂相连;健侧裂隙缘与鼻中隔相连;牙槽突裂有时裂隙消失仅存裂缝,有时裂隙很宽;常伴发同侧唇裂。

4. 双侧完全性腭裂　常与双侧唇裂同时发生,裂隙在前颌骨部分,各向两侧斜裂,直达牙槽突;鼻中隔、前颌突及前唇部分孤立于中央。

5. 其他　少数非典型的情况:如一侧完全、一侧不完全;腭垂缺失;黏膜下裂(隐裂);

硬腭部分裂孔等。

（四）腭裂的临床表现

1. **腭部解剖形态的异常**　软硬腭完全或部分由后向前裂开，使腭垂一分为二。完全性腭裂患儿可见牙槽突有不同程度的断裂和畸形。在临床上偶尔可见一些腭部黏膜看似完整，但菲薄，骨组织缺损，这类患儿的软腭肌肉发育差，腭咽腔深而大，常常在临床上以综合征形式表现较多见，如可同时伴听力障碍，或伴先天性心脏病等先天性疾患。

2. **吸吮功能障碍**　由于患儿腭部裂开，使口、鼻腔相通，口腔内不能或难以产生负压，因此患儿无力吸母乳，或乳汁从鼻孔溢出，从而影响患儿的正常母乳喂养，常常迫使有些家长改为人工喂养。

3. **腭裂语音**　这是腭裂患儿所具有的另一个临床特点。这种语音的特点是，发元音时气流进入鼻腔，产生鼻腔共鸣，发出的元音很不响亮而带有浓重的鼻音；发辅音时，气流从鼻腔漏出，口腔内无法或难以形成一定强度的负压，使发出的辅音很不清晰且软弱。腭裂语音不同程度影响与他人的交流，从而加重患儿的性格缺陷，影响患儿的生活质量。

4. **口鼻腔自洁环境的改变**　由于腭裂使口鼻腔直接相通，鼻内分泌物直接流入口腔，容易造成或加重口腔卫生不良；同时在进食时，食物往往容易逆流到鼻腔和鼻咽腔，既不卫生，又容易引起局部感染，严重者造成误吸。临床上需特别注意腭裂患儿的喂养指导。

5. **牙列错乱**　完全性腭裂往往伴发完全性或不完全性唇裂，牙槽裂隙宽窄不一，有的患儿牙槽突裂端口可不在同一平面上。腭裂修复后，部分患侧牙槽突向内凹陷，牙弓异常；同时，由于裂隙两侧牙弓前部缺乏应有的骨架支持而致牙错位萌出，由此导致牙列紊乱和错位。在临床上常常可见裂隙侧的侧切牙缺失或出现牙体的畸形。

6. **听力障碍**　腭裂造成的肌性损害，特别是腭帆张肌和腭帆提肌的附着异常，其活动度降低，使咽鼓管开放能力较差，影响中耳气流的平衡，易患分泌性中耳炎。同时由于不能有效地形成腭咽闭合，吞咽进食时常出现食物反流，易引起咽鼓管及中耳的感染，因此，腭裂患儿中耳炎发生率高，部分患儿伴有不同程度的听力障碍。

7. **上颌骨发育障碍**　有相当数量的腭裂患儿常有上颌骨发育不足，随年龄增长越来越明显，导致反𬌗或开𬌗以及面中部凹陷畸形。也有部分患儿的下颌发育过度，这些患儿的下颌角过大，颏点超前，有时呈错𬌗，更加重了面中部的凹陷畸形。

（五）腭裂的评定

1. **一般检查**　常规的检查包括头围、面部眼、鼻、口唇、下颌、耳朵的形态学检查等。如果有条件的话应该进行包括听力、视力、心脏系统、神经系统、脊柱等在内的检查。

2. **口腔、腭咽部检查**　被检查者处坐位，头后仰 40°~45°；使用手电筒、压舌板检查患儿的软腭、硬腭、牙槽的形态及连续性等；观察咽侧壁形态，以及在发音时软腭、咽侧壁的收缩情况，重点观察它们的活动是否有力、活动度是否够大，能否形成一定的闭合，腭咽腔有无过深，活动时双侧腭咽部和软腭肌层是否对称。

3. **腭裂语音学检查**

(1)主观评估：主要通过主观判听来完成，其判听材料，一是语音清晰度字表（或音节表），二是语音试验句。主观语音评价主要包括两方面：一是语音清晰度测试，二是发音错误类型测试。国外这方面的研究开展较早，如爱荷华压力清晰度测试和坦普林 - 达利语

高度。临床上大部分患儿有反牙合,腭弓高而狭窄。其发音特点是在发擦音或弹音时舌背呈卷曲状。/z/、/c/、/s/、/n/、/l/ 等音中最容易检测。它的临床特点是:发生率高,语音清晰度也高,腭咽闭合功能正常。因此并未引起人们的广泛重视,腭化构音在正常人群中占一定的比例。

(2)侧化构音:在临床上较为常见。部分患儿的腭穹窿较高,在发 /j/、/q/、/x/、/sa/ 等音时极易检测。在发这些异常语音时,患儿口角有明显收缩运动,气流也从一侧或两侧牙间溢出。侧化构音也是唯一一种有单侧和双侧之分的异常语音。

(3)鼻腔构音:特别指出的是鼻腔构音与过度鼻音完全不同,后者是腭咽闭合功能不全所致,而前者的腭咽闭合功能完全正常。临床上最常见是把 /n/ 发成 /kun/,另外在检查和 /i/、/u/ 相关的音时容易出现鼻腔构音。鼻腔构音是在临床最容易被检测到的一种异常语音。具体方法是嘱患儿发上述敏感音时,捏住患儿的鼻孔就难以发出。

(4)其他异常语音如置换音:常见的是把 /k/、/g/ 发成 /t/、/d/。学龄前,在正常儿童中是较常见的异常语音。还偶可见于一些咽成形术后,由于咽后壁组织转移瓣设计过宽时,可闻及闭鼻音。根据以上,具体分类及特点见表 7-9。

表 7-9　腭裂语音的分类和音声特点

异常语音分类	鼻漏气	语音清晰度	敏感音	治疗方法
腭咽闭合不全型				
声门爆破音	有	低	/z/、/c/、/s/、/j/、/q/、/x/、/g/、/k/ 等辅音	改善腭咽闭合不全后,语音治疗
咽喉爆破音	有	低	/k/、/g/ 等音	改善腭咽闭合不全后,语音治疗
咽喉摩擦音	有	低	/z/、/c/、/s/、/j/、/q/、/x/ 等音	改善腭咽闭合不全后,语音治疗
非腭咽闭合不全型				
腭化构音	无	高	/z/、/c/、/s/、/n/、/l/ 等音	语音治疗
侧化构音	无	高	/j/、/q/、/x/、/sa/ 等音	语音治疗
鼻腔构音	无	高	/n/、/i/、/u/	语音治疗
置换音	无	高	/k/、/g/	语音治疗

(八) 腭裂序列治疗时间(表 7-10)

表 7-10　腭裂序列治疗时间

年龄	口腔颌面外科手术	正畸治疗	口腔修复	语音治疗
3 个月	唇裂(单侧)			
6 个月	唇裂(双侧)			

续表

年龄	口腔颌面外科手术	正畸治疗	口腔修复	语音治疗
1 岁	腭裂			早期干预
1.5 岁		第一阶段治疗		家庭辅导
2 岁		无牙期		
3 岁	咽成形术			语音治疗
4 岁				定期指导
5~6 岁				
9 岁	牙槽裂植骨术	第二阶段治疗	暂时修复体	
10~14 岁	唇、鼻修整术	无牙及混牙列期		定期随访
15~ 成年	颌骨矫正术	第三、四阶段治疗	永久修复体	语音治疗

(九) 腭裂语音治疗的原则及注意事项

1. 个体化原则　腭裂语音的特点主要表现为鼻漏气、声音共振异常、口辅音压力减弱、代偿性发音。在实际的临床工作中,我们发现,这些发音特点并非所有腭裂术后语音障碍的患儿会同时出现,可以单独或几种共同存在。所以,对于腭裂术后患儿进行语音治疗,必须根据每位患儿的不同发音特点来制订个性化的治疗方案。

(1) 早期治疗原则:患儿在腭裂修复术后,腭部知觉在 2~3 个月开始恢复,因此训练在 1~2 个月开始进行.此时手术切口已完全愈合,腭咽闭合不全的器质性病变已修复。是开始语音训练的合适时机。因此,在患儿术后 1 个月就应开始进行语音训练,这时患儿的异常语音习惯还未形成牢固,此时进行早期干预,对异常发音进行矫正治疗,可取得事半功倍的效果。

(2) 家长积极参与原则:在训练过程中家长的参与是非常重要的环节,语音训练是一个漫长而持久的过程,患儿仅局限于语音师的指导远远不够,在日常生活中要鼓励患儿多说多练,所以需要家长的支持与配合,持之以恒地做好院外家庭治疗,及时纠正生活中讲话的错误。

(3) 坚持不懈原则:语音治疗是一项长期而烦琐的工作,语音训练是一个条件反射形成的过程,坚持不懈地努力是语音恢复的唯一途径。

2. 语音治疗的适应证

(1) 由于存在腭咽闭合不全导致的鼻漏气而出现代偿性语音。

(2) 一些特定音素的错误构音而出现气流从鼻腔漏出或者鼻音过重。

(3) 失用症而导致的鼻音过重或者构音共鸣异常。

(4) 手术矫正后仍存在鼻音过重、鼻漏气等。

3. 语音治疗的注意事项

(1) 不要采用捏鼻子的方式改善腭咽闭合功能:关闭鼻腔实际上并不可能让软腭抬高。只有当孩子存在腭咽闭合不全而手术治疗因种种原因不能进行时,才考虑使用鼻夹或捏鼻子的方法进行言语训练。

（2）运用普通的构音流程来建立正确的构音部位：对很多患儿来说，建立正常的口腔气流途径是必要的。

（3）要确保患儿能在家里进行常规的反复训练。如果经过一段时间的言语训练但成效不大，应暂停训练，转而寻求专业人士的再次评估与指导。

（十）腭裂的语音治疗

腭裂患儿语音训练分为 3 个阶段进行，第一阶段为功能性训练；第二阶段为针对性训练；第三阶段为综合训练。

1. 第一阶段训练　腭裂患儿由于术后瘢痕导致腭咽闭合不全，因此术后 1 个月常规应进行第一阶段腭咽闭合功能训练、唇、舌灵活度训练及节制呼气功能训练。

（1）腭咽闭合功能训练：

1）按摩软腭：治疗师用中指指腹沿着瘢痕边缘由硬腭后缘向悬雍垂方向轻轻按摩，这种按摩可使软腭增长，使瘢痕软化。再练习发"阿"的音，以抬高软腭，使悬雍垂与咽后壁接触。

2）吹气训练：练习正常的呼吸方向，以口腔中吹出，练习一段时间后，可直接用口吹气，使吹气时间延长。通过吹气球、吹泡泡等游戏方式进行；练习初期，用手将鼻翼捏住，使气流只能从口腔中呼出；逐渐放开手指独立练习；吹水泡时要求深吸气、慢吐气，控制水泡的大小，要求水泡持续出现，并维持一段时间。

（2）唇、舌灵活度训练：唇舌部的肌肉与正确的发音有密切的关系。腭裂患儿在发音时常常选用唇舌运动强行代偿，因此必须重新训练。通过训练，使唇舌变得灵活协调，为语音训练打好基础。

1）唇运动功能训练：目的是提高唇音的发音器官感知能力与运动协调能力，增强唇周围肌群的灵活性，方法如下：咧唇与噘唇交替练习，发音练习"i—u"；从内卷绷唇至迅速张口，类似打"啵"音；提高唇肌肌力练习，可用双唇力度夹住小东西，如纸片、尺子、压舌板等，双唇打嘟噜发声等。

2）舌运动功能训练：目的是增强舌的灵活运用能力，提高舌肌运转能力。方法如下：舌外伸、内缩，左右运动移向口角，舌尖上抬抵上腭，由后至前运动，舌在口内移动推抵两侧颊部做弧形运动等。

（3）节制呼气功能训练：让患儿练习吹口琴、笛子等乐器，训练持续而有节制的呼气。训练前必须根据每位患儿言语障碍的特点及程度制订治疗方案，由简到难，循序渐进。

2. 第二阶段训练　首选音素矫治练习及构音行为矫治练习。

（1）音素矫治练习

1）强化送气练习，可以 /p/ 为训练入口点。对于部分在控制送气、双唇力度及声带振动不能同步的患儿，可先诱导其发无声 /p/，然后再引导其发轻声 /p/，再到有声 /p/，待患儿可发出正确的 /p/ 音后，反复巩固，强化正确的发音方法和发音部位。

2）对于部分舌根与软腭无法接触的患儿，表现为 /g/、/k/ 脱落，可从训练 /k/ 的正确发音开始，建立舌根与软腭接触的正确部位；舌发音部位后移的腭裂患儿发音时无气流或气流很弱，表现为声门爆破音，辅音脱落近似 /i/ 音，训练时应建立舌面与硬腭前部正确的对应位点，控制舌位后缩，保持发音时舌位正确及气流稳定，可选择矫治音素 /x/。

3）对于舌尖前音患儿发音时无气流或气流弱，伴有自主性鼻漏气，清擦音 /s/、/c/、池

塞擦音 /z/、/r/ 表现为弱化或脱落,训练时以建立舌尖与上下牙齿前部正确接触点为重点;纠正自主性鼻漏气习惯,首选矫治音素 /s/。发音时无气流或气流弱,常表现为 /zh/ 脱落,类似池辅音 /r/,则需矫治舌尖后音,首选矫治音素 /sh/,以建立舌尖与硬腭前部的正确对应位置。

(2)构音行为矫治练习:构音行为异常矫治包括送气音替代和舌位异常。

1)送气音替代矫治可让患儿将手背放在治疗师口前或用一张纸放在患儿口前,比较发送气音和不送气音时纸的摆动幅度。

2)舌位异常矫治主要是纠正舌后缩、舌背抬高、卷曲、舌偏斜等导致语音异常的错误发音习惯。对此构音习惯的矫正主要是使舌体居于口腔正中并平展前伸,强化舌尖的作用,可通过齿间音 /θ/、舌肌肌力对抗法破除原有的舌运动习惯。舌尖音与舌根音两个极端位置的置换也是不良构音习惯的常见表现,如 /d/-/g/、/t/-/k/ 替换,可通过压舌后推法使舌根被动上抬,控制舌尖的异常运动。

3)声门、咽部异常是由于腭咽闭合不全导致的代偿性构音习惯,声门塞音是由于后移成阻位置将气流控制在声门及声门以下部位,通过控制声门的开放以纠正错误发音习惯。

本阶段矫治因素和构音异常训练周期为 3~6 个月,训练频率每周 1~2 次。

3. 第三阶段综合训练　主要以相同声母词组、短句组合练习,不同声母词组、短句综合练习,儿歌练习,日常会话等,以患儿自己高声朗读为主,此时只要求患儿能够清晰准确地发音,而不要求语速。此阶段的训练周期为 1 个月,每周 1~2 次。

4. 语音治疗完成标准

(1)语音清晰度在 70% 以上,所有辅音发音部位和发音方式正确。

(2)能顺利发出各辅音与不同元音组合的音节。

(3)能正确、慢速发出各类词组、短句及简短歌谣。

(周平秋　胡继红)

参考文献

[1]李胜利,卫冬洁.口吃的治疗.2版.北京:华夏出版社,2006.
[2]陈卓铭,刘巍.特殊儿童的语言康复.北京:人民卫生出版社,2017.
[3]魏霜,黄昭鸣,陈茜,等.前语言期听觉言语康复听障儿童语言发展中的重要性.中国听力语言康复科学杂志,2006,27(17):27-29.
[4]金星明.听力障碍儿童的语音和语言干预.中国临床康复,2003,7(3):466-467.
[5]张风华,金星明,沈晓明,等.听力障碍婴幼儿语言、语音及认知的早期干预.中华医学杂志,2006,86(40):2836-2840.
[6]郗昕,卜行宽.助听器验配技术指南.中华耳鼻咽喉头颈外科杂志,2010,45(4):273-276.
[7]张蕾,孙喜斌,周丽君,等.人工耳蜗植入儿童言语语言康复效果跟踪评估.中国耳鼻咽喉头颈外科杂志,2011,18(2):73-76.
[8]刘春阳,梁爱民,沈瑞云,等.2~10岁儿童慢性口吃危险因素研究.中国康复理论与实践,2007,13(6):558-560.
[9]刘盈,李晓东,王玉,等.不同性别口吃患者情绪状态、人格特征及疗效研究.中国心理卫生杂志,

2003,17(9):632-634.

[10] 黄昭鸣,曹艳静,刘巧云,等.口吃的定义与评估.中国听力语言康复科学杂志,2013,11(5):387-390.

[11] 陈世璋.儿童唇腭裂语音治疗现状.中国听力语言康复科学杂志,2016,8(2):106-109.

[12] 王国民.腭裂术后异常语音的治疗和评价.中华口腔医学杂志,2010,45(10):607-609.

[13] 陈礼华,刘雪清.腭裂术后患儿言语治疗的效果观察.中国康复理论与实践,2010,16(11):1064-1065.

[14] 冯兰云,王淑凤,王知丰.腭裂儿童早期术后语音治疗与分析.中国康复理论与实践,2010,18(10):965-966.